松林

回忆录

霍松林 著

The Memoirs of Huo Songlin

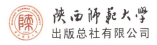
陕西师范大学
出版总社有限公司

图书代号　WX14N0281

图书在版编目（CIP）数据

松林回忆录 / 霍松林著. —西安：陕西师范大学
出版总社有限公司，2014.3
ISBN 978 - 7 - 5613 - 5986 - 0

Ⅰ. ①松… Ⅱ. ①霍… Ⅲ. ①霍松林—回忆录
Ⅳ. ①K825.6

中国版本图书馆 CIP 数据核字（2014）第 046151 号

松林回忆录

霍松林　著

责任编辑 /	冯新宏	
责任校对 /	谢勇蝶	
封面设计 /	王　渭	
出版发行 /	陕西师范大学出版总社有限公司	
	（西安市长安南路 199 号　邮编 710062）	
网　　址 /	http://www.snupg.com	
经　　销 /	新华书店	
印　　刷 /	西安创维印务有限公司	
开　　本 /	787mm×1092mm　1/16	
印　　张 /	27.5	
字　　数 /	320 千	
版　　次 /	2014 年 3 月第 1 版	
印　　次 /	2014 年 3 月第 1 次印刷	
书　　号 /	ISBN 978 - 7 - 5613 - 5986 - 0	
定　　价 /	88.00 元	

读者购书、书店添货如发现印刷装订问题，请与本社高教出版分社联系调换。
电　话：(029)85303622（传真）　85307826

目录

目录

第一章

缅怀童年

一

1921年9月29日（农历八月二十八日）凌晨，我出生于甘肃天水琥珀乡霍家川。

"川"，家乡人指平地。我出生的"川"，四山环抱，宛似天然屏障。主山以"蟠龙"命名，耸立东方，山麓建有雄伟壮丽的圣境寺。圣境寺前，便是一眼可以看清的圆圆的小平川，人称"圆川子"。依北山而建的村子叫霍家川，但这只是霍家川村的主体，另有三十多户分住在圣境寺北侧的坪上和西山脚下的大地里等处。靠南山而建的村子叫罗家庄，比较大，偏东的叫罗家上庄，偏西的叫罗家下庄。渭河从甘谷

▼圣境寺山门匾

东川蜿蜒而来，直入两山之间的峡口，悬崖百尺，飞流直泻，十分壮观。

在我的记忆中，我童年时代的霍家川虽然偏僻，但并不闭塞。首先，这里有一条大路，西至甘谷、武山、陇西、兰州，东至天水、宝鸡、西安、郑州。其次，东边的蟠龙山脚有一集镇，叫琥珀镇，南北走向，两边是商铺、饭馆、客店、染房、铁匠铺、木匠铺、豆腐坊等等，中间是狭长的街道。每旬一、四、七逢集，街道两边，摊贩一家挨一家，叫卖之声盈耳。那时候，霍家川村和附近的几个村子，家家种植棉花，家家的妇女都用自种的棉花纺线、织布。我还记得一匹布长四丈二尺，宽约一尺；也

▲圣境寺大殿内匾

知道从种花、摘花、脱籽、弹花、纺线到织成一匹布，要付出多少辛勤的劳动。我家织的布比较细密，质量高，逢集的时候，母亲抱上布，我跟在后面，到街上卖给甘谷来的布贩子。布贩子多，这个压价，便找另一个。经过多次的讨价还价，一匹布能卖两个银圆再加几串几百麻钱。母亲给我买一个刚刚煎出的油饼，我一边吃，一边跑在母亲前面，跳跳蹦蹦地回家。

在我的记忆中，我童年时代的霍家川虽然贫穷，但并不落后。这得从我的祖父说起。

我没有见过祖父，关于祖父的事，是从父亲那里听来的。

祖父是个不识字的庄稼汉，由于个儿高，更由于他经常做好事，赢得一个具有双关意义的绰号："霍长人"。他只要路见不平，就敢拔刀相助，但终于因此吃了大亏。那时候，清朝政府常从渭水上游放官筏下来，运输木料。有一次，官筏在霍家川的上峡被撞翻，全部木料被湍急的浪涛冲走了，官府却要当地人赔。祖父出头"告皇状"，被鞭打绳捆，下在牢里。后来，他把告状失败的原因归结为家乡没有读书人，不会写状子。因此，他便拼全力供我二伯父刻苦攻读，总算考了个秀才，在家乡教私塾。据说从这时开始，霍家川一带才有了读书人。

父亲兄弟七人，他是老七；二伯父教私塾的时候，他正是该上学的年龄，就要求念书。但家里要他放羊，不准念。直到十三岁，他硬缠住祖父，祈求说："你老人家不是常说，不识字就是'睁眼瞎'，受人欺侮吗？趁你还活着，让我念几天书，识几个字吧！"祖父回想起自己的遭遇，激动地说："你就去念，我放羊！"这一下，父亲的几个哥哥慌了，一同商量说："出了一个念书的，全家人挣断了脊梁骨，哪里还能让他念？得想个法子啊！"二伯父想了想说："老七准是认为念书轻松，才想上学的。就叫他来，每天多教几行，逼他背，背不了就打板子，顶多十天，就放羊去了。"这一招似乎很高明，却没有收到预期的效果。父亲一得到念书的机会，就抓住不放。每天认的生书虽多，但不到吃午饭的时候就念熟了，找二伯父去背，一背完就要求认新的。过了半个月，二伯父只好改变主意，对他的几个兄弟说："看来，这还真是一块读书的料，能念出名堂来，就让他念吧！"并向祖父提出："我文墨不多，怕耽误了他，不如送进城到我老师那里去学。"父亲在名师指导下苦学三年，就考中了前名秀才。

大约在我二伯父中秀才后不久，同村唯一的富户也送两个儿子进城读书，只因作不好八股文而改学武艺，双双考中了武秀才。小小的霍家川村出了两个文秀才、两个武秀才，不简单！

还有，晚清废科举、兴学校以后不久，即在琥珀镇偏北不远处创建了琥珀小学。属于琥珀乡的许多村庄都有不少孩子入学读书，毕业后升学的不多，大多数回家务农，做有文化的农民。我

第一章 缅怀童年

们那里是秦腔的天下，秦腔常演的戏，被印成《秦腔大全》《秦腔精选》，几乎村村都有。每年腊月，正是农闲之时，村村都有戏班排练大戏，生、丑、净、旦，各有名家，各村之间互相学习，也互相攀比，尤以霍、罗、马三村的戏班最出色。霍家川村的家庙里有固定的戏台，从正月初一到正月十五，每晚都演戏。其他各村也一样。这期间，村与村还互相交流。马家坡的戏班到霍家川来演戏，其场面最好看，我多次站在我家门外看：从山顶上露出一盏红灯笼，紧接着，第二盏，第三盏，足有一百几十盏，形成一条蜿蜒起伏的红龙，沿山而下。这时候，从霍家川村村边冒出一盏红灯笼，紧接着，第二盏，第三盏，足有一百几十盏红灯笼组成的长龙向山脚移动。两条长龙即将碰头之时，只见忽上忽下、忽上忽下、忽上忽下，然后两条红龙渐渐合拢，向戏台方向前进，村里忽然鞭炮炸响，锣鼓喧天，烟花迭起。两边的队伍是事前组织好的，因为天黑，看不见人，只见红灯笼。红灯笼忽上忽下，那是"作揖"。

夜间演戏，全村绝大多数人都去看，农民的历史知识，主要来自看戏。白天，耍狮子、舞龙灯、踩高跷、划旱船，也吸引了不少观众，特别是妇女和青少年。丰富多彩的民俗文艺为我村及邻村的新年增加了许多喜庆气氛。

二

父亲霍众特，出生于清光绪五年，公元 1879 年。中秀才后入陇南书院师从任山长深造。任山长（1830—1900）名其昌，字士言，清同治四年（1865）中进士，授户部主事。目睹吏治腐败、外患频仍，毅然告假归里，主讲陇南书院近三十年，广育英才，被誉为"陇南文宗"。任山长著有《八代文钞》《史臆》《史评》《三礼会通》《敦素堂文集》《敦素堂诗集》及《秦州新志》等，《清史稿·文苑传》有传。父亲住陇南书院多年，亲承任山长教导，品学兼优，是当时年纪最轻的高才生，每月"月课"，都能得到大半两银子的奖金，可供自己及小家庭生活之用。据《清史稿》所载，任山长"天资高迈，博闻强识"，"教人先经史，旁及古文辞，尤以躬行为本"。这对父亲的影响非常深远。

晚清废科举以后，父亲回到老家。祖父母年老多病，请过好几个医生，一直治不好。父亲发奋自己学医，进城买来多种中医名著，日夜钻研，终于治好了祖父母的病。距霍家川约三十华里的关子镇是个大镇，新建了一所私塾，慕名聘请父亲去教书。父亲欣然前往，教了一个月，竟陆续来了三十多个学生。主持者大喜，竟在镇子上给父亲拨了一个小院子。父亲于是回家接我母亲及我的长兄去，在那里安了家。

父亲在关子镇安家不久，惊悉祖父病危，立即回家侍奉汤药，日夜不懈。那时候的大家庭，老人一去世，儿子们便闹着分财产。祖父病逝后，这种事也未能幸免。父亲早已接受了儒家"父慈子孝，兄友弟恭"的教育，又信守任山长的教诲，力求"躬行"，因而明确表态："一切家产全归各位兄长。"祖父安葬之后，他仍回关子镇教书。

父亲在关子镇教书多年，略有积蓄，便回归故里，买了地，在南距琥珀镇不远处修了相当不错的四合院，我就出生在这个院子里。这时，父亲已经四十二岁了。母亲比父亲小一岁，父亲中秀才的第二年生一男孩，因而取名连喜，是我的长兄，他的后嗣多，第三、四代都有大学以上的学历，在北京、南京等地工作。

我有两个姐姐，大姐出嫁不久即病逝。二姐只比我大三岁，

我们是一起长大的。她的两个孙子都取得博士学位，各有特长。小孙子马如云现任西北师范大学数学教授、博士生导师，是全国有名的数学家。

父亲回归故里后不再教私塾，一面种田，一面看病。他看病不是为了挣钱，而是出于"怜贫惜老，治病救人"的仁爱之心。他曾有过"假药误真方"的教训，因而亲赴县城，在批发药材的商店选择新鲜的、优质的常用药材，一大包一大包地运回来，这就保证了可靠的疗效。那真是"民穷财尽"的时代，看病的多是穷人，假如看了病取了药就要交钱，谁有钱交？因此，父亲的办法是先记账，年终再交钱。有些患重病的无法前来就诊，父亲便拿上他很结实的长棍，即刻出诊。他拿长棍，并不是要它起手杖的作用，而是因为有时出诊要爬十几里山路，怕夜间回来遇上狼。

关于父亲治病救人的经历，退休久住兰州的王纯业老人在他的《顽石斋杂记·岁月悠悠，劲松挺秀》中有如下记述：

更令人敬佩的是霍老见农民求医困难，开了诊所。霍老行医不为发家致富，而重治病救人。那时农村经济凋敝，一般农民无现金求医治病，只要上霍老先生的诊所，诊病不收费，取药可记账赊欠。一些素不相识的农民，只凭口述住址姓名即可记账取药。那时民风淳朴，没有赖账行为。有的人多次欠账取药自觉难为情，先生便好言安慰打消他的顾虑。农村在年终习惯地清理债务，患者无力清账时便上门讲明情况。老先生慈祥地笑着说："给你免了吧！"边说边掀开账本挥笔勾销。他给穷人治病垫付药费造成药房运转困难，有时以富济贫，填补亏空。琥珀乡有名的马绅士身染沉疴，进县城求医不愈，病情恶化后转向霍老求治。经辨证施治，不多几服汤药，病体康复。患者合家欢庆，备好丰盛宴席答谢。席间老绅士询问药费多少？霍老想到给穷人治病造成了亏空，何不用富人的钱来填补，再者马绅士有隐形收入，以富济贫也符合仁道，便诙谐地回答说："老绅士身体值价，当然，病也值价，图个吉利，给两个整数吧！"绅士迷惑不解地注目。先生解释说："你进城几次花一百多元治不好病，现在治好了，出二百元较为合适，况且人命千金难求，这还是少算着哩！"那时一个银圆可买六十斤小麦，老绅士皱起眉头不语，面有难色，他的小儿子起身向霍老敬酒，请求减少药费。老先生秉性宽厚豪爽，接过酒杯风趣地说："这杯酒是琼浆玉液，价值高昂，药费减少一半吧！"话音刚落，全家道谢。这件事不胫而走，一时脍炙人口。新阳乡老人王继武回忆往事，绘形绘声，赞不绝口。

这里须要解释的是：马绅士并非一般意义上的绅士。那时候，天水人把乡长叫"绅士"，马某当乡长多年，以贪污发家致富。父亲以"从善如流，疾恶如仇"出名，对于损公肥私、害民利己的马绅士之流，自然不可能有什么好感，所以马绅士患病之初原想登门求医，却怕碰钉子，只好进县城请"名医"。县城有个医生的确很有名，他本来是北京皇宫里的"御医"，因给一位宫女看病时要求看舌色（这是中医看病的常规），人家伸出舌头，他忍不住凑上去含在口里，人家忙收舌头，他用上下牙咬住，因而被逐出皇宫，回到天水县城行医，以"吴舌头"的绰号闻名遐迩。父亲每隔数月，便进城购买药材，住在批发药材的商店里。经过店主人的宣传，常请"吴舌头"治病的人便请父亲治病，父亲只用几服药就把好久治不好的病治好了，病人常备厚礼致谢。由于父亲的处方就在他住的药店里取药，店主人也高兴，父亲的一日三餐，都是他恭恭敬敬送来的。不高兴的只有"吴舌头"，思来

想去，只好放下"御医"的架子，来药店里看望父亲，请父亲吃馆子。酒过三巡，他低声说："久闻大名，如雷贯耳！不过，我今天并不想给你戴高帽子，而是对你说几句知心话。你用药太狠，恨不得把病一下子治好。这一点，我认为值得你认真考虑。首先，这难免冒风险；其次，你只用几服药就把人家的病治好了，人家就不再给你送钱了；还有，人家会认为，他的病本来就不重，很容易治好，所以，连谢礼也不送。妥善的办法是：不断用药，或不见效，或见效，见效也不显著，就这样把他的病拖着、养着。"最后，"吴舌头"慎重声明："这不是我的发明，更不是少数人的秘密，在我们的同行中，谁还不知道？"父亲长叹一声说："非常惭愧！我是自学医术的，本来不是你们行中人，不懂行！"

父亲为穷人减免医药费，那是常有的事，我亲眼见过；但从总体上看，有时也赚点儿钱。

10　　1931 年前后，军阀马廷贤盘踞天水，要求农村广种罂粟，征收鸦片牟取暴利。因此，家家藏有少量的鸦片。这东西有剧毒，吞食过量，便可把人毒死。那时的农村，虐待儿媳的现象相当普遍，不堪虐待的吞食鸦片自杀，家里人便跑来请父亲抢救。父亲痛恨虐待妇女，对被虐待者无限同情，因而自己调配了一种抢救吞食鸦片者的特效药，名叫"六仙散"，一包一包地包好。求救者一进门就给一包，要他跑回去立刻给病人用温开水冲服，只要肠胃尚未明显受损，都能救活。凡救活的人，家里人来交钱，药价较高，不但分毫不减，还要当面斥责。

三

父亲熟读儒家经典，胸怀"治国，平天下"的理想。十六岁中秀才以后，就渴望把这种理想变成现实。孰料生逢乱世，内忧外患纷至沓来，蹉跎半生，常有壮志未酬的慨叹。我出生以后，母亲没有奶，只能喂米汤。稍大一点，父亲抱上我，给我喂他咬碎嚼烂的炒蚕豆，由一颗两颗增加到好多颗；然后教我说话，指着口要我说口，指着母亲要我喊妈妈。在教我说话的过程中，觉察到我还不笨，便把希望寄托在我身上，下决心教育我成材。

大约在我两岁以后，父亲把笔画少的字用毛笔工楷写在方块纸上，教我认。认了两百多字以后，又用毛笔工楷写了好几首短诗教我读。其中一首是这样的：

一去二三里，烟村四五家。

亭台六七座，八九十枝花。

这首诗，把从"一"到"十"的十个笔画少，又常用的字巧妙地组织在诗句中，有景有情，好认，易记；押平水韵的"六麻"韵，平仄也合律，是一首合格的五言绝句。

在认了几百个常用字之后，父亲便教我熟读背诵了《三字经》《弟子规》《百家姓》和《千字文》，然后读"四书"。包括《论语》《孟子》《大学》《中庸》在内的"四书"是儒家的经典，旧时代的读书人都要读。对于"四书"，父亲也特别重视，在他指导下，我反复地熟读背诵。至于"五经"，我只熟读了《诗经》，其他的没有读熟，却熟读了《千家诗》《唐诗三百首》《白香词谱》《古文观止》《子史精华》《幼学故事琼林》和张载的《西铭》，还阅读了《水浒传》《三国演义》《聊斋志异》等小说和中医的经

11

第一章 缅怀童年

典著作《内经》《伤寒杂病论》。农忙季节，父亲便带我下地干活，要我"知稼穑之艰难"。我家只有三十几亩地，父亲讲究精耕细作，也比较讲科学，比如：种小麦，用的种子比别人少，麦苗比较稀疏，通风透光；玉米和高粱，株距也比别人的宽，经过几次锄耘，长势喜人。因此，收成都比较好。父亲务棉花的技术是自创的，引起了别人的注意，都来学。前面讲过，自种棉花，家家妇女纺线、织布，是当地人唯一的经济来源。

父亲很重视书法，因为他曾经走过一段弯路，吃过亏。他开始描红的时候，老师没有认真地教他如何摆正姿势、如何执笔运笔、如何分析每一个字的间架结构，只要"描"得惟妙惟肖，便给双圈。他为了多"吃圈"就着意"描"。下腿没有垂直，双脚没有踏稳，上身倾斜，笔管歪在右侧，头低得几乎接近桌面，看一画，"描"一画，每一画都不是一笔写出的，而是反复"描"成的。由于方法错了，所以虽然在练字上花费了不少时间，但字还是没有写好，考试时文好字劣，文章受到字的拖累。后来得到一位书法家的指正，才有了进步。他从自己的经历中汲取了教训，用来指导我练字，从描红到看帖、临帖，进行了严格的训练，所以我进步比较快。大约十来岁的时候，邻居们就要我为他们写春联了。

到了六七岁，父亲就开始教我作诗作文，以眼前景、身边事为题，先要求造一两个句子。过一段时间，再前进一步，要求造几个句子，表达一个完整的意思。……到了十二岁的时候，勉强可以完篇。那时候，我基本上懂得了平仄，也会对对子，但父亲并不让我作律诗，而要我作五古、七古和杂言体的歌行。理由是：先学律诗，束手束脚，不但律诗作不好，将来作古诗，写出的东西也格调不高。相反，先作好古诗，再"运古入律"，写出的律诗也神完气足，不同凡响。

我童年的生活是幸福的，快乐的，值得怀念的。我是父母的老生儿，父母最疼爱。家里靠种田吃饭，缺劳力，却让我读书，还希望我上大学，这就是爱我的体现。父亲教我读书，也有劳有逸，每天该读熟的书提前背过了，就让我出去玩。我有许多玩伴，玩伴碰在一起，便有各种各样的玩法。我在作于1985年的一首诗中说：

> 儿时在农村，顽皮不殊众。
> 捕雀上高枝，逐兔入深洞。
> 打仗领一军，陷阵杀声动。
> 徒手擒敌酋，受伤不呼痛。
> …………

我能爬上很高的树，树枝上的鸟窝里孵出小麻雀，便捉一只关在鸟笼里喂，喂大后放出去，看它飞向高空，飞向远方，便乐得合不拢嘴。

父亲教我，主要是在家里读书；但他也变换教学方法，懂得儿童心理学。当他出门给人家看病或者干其他事情的时候，往往带上我，一路上谈山论水，说古道今。有一次，我跟着他爬上骆驼峰，在一棵大松树下歇凉。下视，渭水从上峡口喷涌而出，转了个大弯子，又翻波滚浪，滔滔然向下峡口流去；环顾，往日在家门口望不到顶的群山丛岭，这时都仿佛低下了头。这是我有生以来第一次爬上这样高的山峰，所以感到十分新鲜，提出了一些只有儿童才能提出的问题。父亲正中下怀，就打开了话匣子。问我："读过的书里面有讲登山的没有？"我说："有的。"接着背诵了《孟子·尽心》里的"孔子登东山而小鲁，登泰山而小天下"。他满心欢喜，先解释了为什么"登泰山而小天下"，又引了杜甫的诗句，说明一个人从幼年开始，就应该有"会当凌绝顶，一览众山小"的志向，然而"行远必自迩，登高必自卑"，好高骛远是不行的，必须脚踏实地，循序渐进。我问："泰山真有那么高大吗？"他说："当然啰，那不是一般的山，而是'岳'啊！"于是捡起枯树枝，在地上写了五岳的名称，然后说："'五岳归来不看山'，你将来游了五岳，再看这骆驼峰，就像看骆驼背上的肉疙瘩一样！"现在想来，他老人家讲这些，主要是为了向我灌输治学、做人的道理；但在我幼小的心灵里，却唤起了对五岳的向往。

我们村的居民都靠种田吃饭，施肥

▼圆川子西侧凹下去又突起的便是骆驼峰

多，田禾就长得好。养羊能积肥，所以不少人家都养羊。我家也养了一圈，雇了个放羊娃，每当放羊娃赶羊出圈时，我都想跟他去放羊。有时放羊娃有事回家了，我便顶替他。挥动鞭子，赶羊上山，看见自家的羊与别家的羊靠拢后低头吃草，便与别的放羊娃一起去疯。逮松鼠，追兔子，捉蚂蚱，摘野果，满山跑，直乐得心花怒放。

父亲喜欢种树，我也喜欢种树，更喜欢种果树，还会嫁接。我嫁接的优种桃，都结了果，又大又红又香甜。我家的院子周围有父亲修建房院时栽的梨树、枣树、杏树、核桃树，都已经长得很高大，杏树尤其高大，杏子成熟时，我每天都爬上去两三次，

摘最大最红的吃。距院子两百多米处是我家的桃园，更远处是别人家的桃园，园园相接，春天桃花盛开，像艳丽的朝霞，非常好看。我往往拿上书，在桃园中默诵。桃子成熟的时候，我便爬上树摘最好的吃，吃得很多，不想吃饭。

父母亲讲究过节，每逢节日，母亲做了应节的美食，首先给我吃。我最怀念的是过中秋节：我家的院子比较大，在院子正中放一张桌子，全家人坐在桌子周围的凳子上，一边吃月饼，一边赏月亮。由于东边是高大的蟠龙山，月亮出来得晚，首先看到的是满天星斗。天，蓝得不能再蓝；星，亮得不能再亮。哈！月亮出来了，那么大！那么圆！那么亮！亮得星星都让步了，退却了。

我已年逾九十，不敢出远门，好多年没有回老家，住在大西安，经常在沉沉雾霾中过日子。真怀念我的童年，怀念我童年时代的霍家川，怀念抚养我、教育我、疼爱我的父母亲！

第二章

小学、初中、高中

一

　　我从两岁多开始认字、读书、学习，直到十二岁，父亲认为已经奠定了必要的基础，必须进学校接受现代教育，却不了解天水全县哪一所小学最好。他老人家是"陇南文宗"老任山长教育成材的，深知"师高弟子强"是颠扑不破的真理。如果老师缺乏应有的学养，"以己昏昏"，怎能"使人昭昭"？因此，他领我走了八十多里山路，进城住在常住的那个药店里，走访他的老同学。人家笑着说："你真是舍近求远，不怕跑路！全县最好的小学，不就是大名鼎鼎的新阳完小吗？"父亲大喜："哈哈！原来如此。"

　　新阳小学是兼有初小、高小的完全小学，经费充足，师资优秀，创办者不是别人，正是父亲的老同学胡汝翼。父亲领我从县城回家，给我换上新衣，给了点儿钱，带上被褥及母亲为我准备的干粮，就直奔新阳小学。进得校门，会见了校董胡汝翼先生、校长赵子甲先生、教语文的胡世生老师、教算术的周兆西老师、教历史的周支九老师和教地理的胡协甫老师，等等。父亲讲了我的学习情况以后，校长决定让我上四年级，又叫人领我看了教室，占了座位，然后提上我的行李，让我住在西斋的一个房间。当天下午，父亲留下我，独自回家了。

　　上了几天课，语文、历史、地理等都能适应，只有算术遇到了困难。老师指定两位高才生辅导，很快便解决了。

　　新阳小学在新阳川偏南的新阳镇大街附近。《新阳学校校歌》里有这样两句："凤山南峙渭水东，卦台肇文明。"实际情况是：雄伟秀丽的凤凰山耸峙在新阳小学南面；渭水从西边的霍家川经过马家峡从新阳小学北面流向三阳川；渭水流入新阳、三阳的交界处偏南有一座不太高大的山，相传伏羲在山巅画八卦，因名"卦台"，建有伏羲庙。校歌说"卦台肇文明"，如今已是海内外华夏儿女寻根问祖的重要基地。

新阳川也四面环山，但那个"川"比我们霍家川所在的"圆川子"大好几倍。新阳镇是个名镇，每旬三、六、九逢集，商贩云集，也远远超过我们的琥珀镇。新阳小学学生来自四面八方，家距学校十里以内的，一般回家吃饭或自带中午饭，不住校；家距学校十里以外乃至二三十里的，都住校。学校有学生食堂，住校生多数上食堂，一月要交不少钱。我是住校生，却无钱上食堂，只好每星期六下午上完最后一堂课后赶回家住一夜，第二天下午背上米面、木柴和母亲为我烙好的锅盔，赶回学校。早起啃一块锅盔；中午熬一碗米汤泡锅盔；下午下课后时间多，所以，晚饭比较认真，或做面条，或揪面片子，煮熟了调点儿盐和辣子，还吃得很香。母亲每月也给点儿零钱。每当上午下课后，校门外便有一位名叫秋海的卖凉粉，旁边有一位名叫福贵的卖油饼，我偶然坐在凉粉担子前低矮的条凳上吃一碗凉粉，再吃一个油饼，就不需做午饭，高高兴兴地打篮球去了。

新阳小学的老师就是好，每门课都讲得很清楚，一听就懂。我背过多年书，记忆力强，语文课的范文，历史、地理课本的章节，读几遍就能记住。算术也不难，入学两月后，就把辅导我的高才生抛在后边了。每周一次作文，当堂完篇。我的每次作文，胡世生老师都圈圈点点，加上批语，贴在过厅里的墙上，让同学们观摩，这叫"贴堂"。期终考试，每门课我都得高分，发榜后同学们争看，我总是甲等第一名。前三名发奖，奖品不过是几支毛笔，却深感光荣，别人也很羡慕。

胡协甫老师是当地的大书法家，也擅长绘画，他教美术课，

我认真学习，给人家画过四扇屏。第一幅画牡丹，第二幅画荷花，第三幅画菊花，第四幅画梅花。

学好各门正课，花费的时间并不多，大量时间，都用于读课外书。从入小学四年级到六年级毕业，所读的课外书至今印象最深的，一是冰心的《寄小读者》，它强化了我热爱慈亲的崇高感情；二是严复翻译的《天演论》，其中关于物竞天择、优胜劣汰的论述，强化了我自强不息的毅力；三是梁启超的《饮冰室文集》，其《新民说》《少年中国说》曾引起我对祖国前途的思考，其晓畅汪洋，纵横驰骋，热情洋溢的文风，对我写散文有深刻影响。

从老家到新阳小学，虽然只有十五华里，却要连翻两座大山，不轻松。在新阳小学学习整三年，翻山越岭几百趟，才领来一纸毕业证书，不轻松。值得一提的是：那时候拿到高小毕业证书，就像科举时代中了秀才，有专人赶到大门外放鞭炮、贴喜报、讨赏钱；农村有办喜事、祭祖先之类的重要活动，便有人来请，我穿上长衫，戴上礼帽，被请去当"礼宾"、吃酒席。当然，这不过是当时的时尚，最重要的，还是我切切实实地学到了不少有用的东西。

二

从新阳小学毕业不久，省立天水中学招生，我便进城报考，考试时发挥正常，发榜后名列前茅。那时陇南十四县只这一所省立中学，各县的高小毕业优秀生都来参加考试，要考上很不容易。

我是父母的老生儿，先天不足；出生后母亲没有奶，营养不良。七岁多又遇上陕甘历史上有名的大饥荒，吃野菜，吃树叶，吃树皮，忍饥挨饿大半年，幸而没有饿死；但体质欠佳，个子也没长高，给我一辈子的发展带来了负面影响。天水中学一开学，我就赶来报到、上课。国文、数学、英语等许多课，对我都有吸引力，可是，只学了一个多月便生病了。住在四人合住的宿舍里，没吃、没喝、没钱，当然，更没有人请医生给我看病，只好请假回家。

回到家里，父亲对症用药，母亲自做可口的菜饭，又能舒心地静卧休息，不到半月，便可出门干活。当时，除我在外地上学，家中有父、母、兄、嫂和两个侄儿、一个侄女，主要靠种田吃饭。我反复思考：我家的经济状况已不可能有所好转；父母越来越老，自然越来越无力管我；父亲虽然要我继续上学，即使勉强供我读完初中、高中，也绝对没有可能供我上大学。因此，除了弃学务农，别无选择。我把这些想法向父亲说明，父亲坚决反对："我一定要供你上大学，还要留洋。"我说："我只向校长请了病假，没有申请保留学籍，现在已经超假很久，不能复学了。要我继续上学，只能明年重考。"父亲说："重考就重考，来日方长，怕什么！"没想到，就在第二天，琥珀小学的新任校长来我家下聘书，聘我担任该校教师，教高年级的语文。我欣然接受，父亲也高兴。

琥珀小学离我家只有几百米路，上完课便回家，依旧下地干农活。身居农村，亲自务农，自然与农民群众情感相通，久旱不雨便发愁，久旱落雨便高兴。下面抄三首我这一时期作的小诗：

苦 旱

吾乡渭河流过，原可引水灌田，奈无有力者倡导；受制于天，良可慨也。

吃饭穿衣总靠天，天公亦自擅威权。

云霓望断无甘雨，忍看良苗萎旱田！

久旱喜雨

骄阳灼万卉，四野遍伤痕。

老圃肌将烂，小农发已鬓。

云头出河汉，雨脚下昆仑。

蛙鼓催檐马，欢声闹远村。

炎夏喜雨

陇山重叠大麦黄，收谷争如布谷忙。

万户欢腾一夜雨，叱牛牵马趁朝阳。

从天水中学请假回家，将近一年的时间，在家乡教书、务农。1937年暑假，又一次考入天水中学。开学之时，"七七事变"已经爆发，卢沟桥一声炮响，震撼了辽阔的中华大地，也震撼了四万万华夏儿女的心。捷报不断传来，天水全市，掀起一阵又一阵抗日救亡的热潮；胜利的消息，杀敌的实况，用浓墨白纸抄写，到处张贴；"起来！不愿做奴隶的人们，把我们的血肉筑成我们新的长城。……""大刀向鬼子们的头上砍去，全国爱国的同胞们，抗战的一天来到了！……"高亢激扬的歌声，响彻了全市的大街小巷。

开学后第一次作文题是《寄抗日将士的慰问信》，我首先交卷，老师看完后立刻送《陇南日报》，第二天，即刊发于该报重要位置。这激发了我的创作热情，于是以抗日救亡为主题，写散文，写新诗，作旧体诗，不断向《陇南日报》投稿，大多数被采用，陆续发表。报社每天送一份报纸给我，我因而能够及时了解抗日战争的实况。

下面抄几首我在抗战初期所作的抗战诗：

卢沟桥战歌

侵华日寇愈骄矜，救亡大计误和亲。东北已陷热河失，倭骑三面围平津。燕台西南三十里，宛平城外起妖氛。

22

卢沟桥上石狮子，饱阅兴亡又惊心。　"七七"深宵巨炮吼，永定河畔贪狼奔。攻城夺桥势何猛，欲将城桥一口吞。阴谋控制平汉路，南北从此断车轮。伟哉我守军，爱国不顾身。寸步不让寸土争，直冲弹雨摧枪林①。守桥健儿力战死，守城壮士分兵出西门。挥刀横扫犬羊群，左砍右杀血染襟。以一当十十当百，有我无敌志凌云。征尘暗，晓月昏。屡仆屡起战方殷。天已亮，炮声暗。城未毁，桥尚存。守军有多少？区区只一营。竟使强虏心胆裂，一夕丢尽大和魂。朝阳仍照汉乾坤，谁谓堂堂华夏真无人！

注：① 我冀察当局命令我驻军团长吉星文率领一营部队加强卢沟桥防御，"确保卢沟桥及宛平县。日军一兵一卒也不许进入，一寸国土也不许放弃。守土有责，卢沟桥及宛平城就是我军官兵的坟墓，要与城、桥共存亡。"

哀平津，哭佟赵二将军①

失桥夺桥战正酣。撤军军令重如山。妄说和平未绝望，欲将仁义化凶顽。元戎已订约，将士仍喋血。敌酋暗指挥，贼兵大集结。一夜鼙鼓渔阳震，虏骑长驱风雷迅。疲兵再战勇绝伦，十荡十决挥白刃。滚滚贼头落如驶，纷纷贼众来不止。孤军力尽可奈何，白虹贯日将军死！将军战死举国哭，平津沦陷何时复？玉池金水污虾腥，琼殿瑶宫变贼窟！将军者谁赵与佟，名悬日月警愚蒙。鸣呼，安得军民四亿尽学将军勇，一举歼敌清亚东！

注：① 佟赵二将军，指第二十九军副军长佟麟阁和第一三二师师长赵登禹。

闻平型关大捷，喜赋

平津既陷寇氛张，欲使中国三月亡。速战速决纵侵略，虏骑所至烧杀奸淫抢掠何疯狂！夺我南口复夺张家口，

长城防线大半落敌手。板垣率兵掠晋北，千村万落无鸡狗。直闯横冲扑太原，中途入我伏击圈。平型关上军号响，健儿突起搏魑魅。机关枪扫炸弹飞，杀声震天地摇晃。人仰车翻敌阵乱，我军乃作白刃战。追奔逐北若迅风，刀起刀落如闪电。一举歼敌过一千，捷报传来万众欢。转败为胜时已到，地无南北人无老幼奋起杀敌还我好河山！

八百壮士颂

"中国不会亡"，歌声传四方。八百壮士守沪渎，七层楼上布严防①。倭贼冲锋怒潮涌，壮士杀贼如杀羊。倭贼轰楼开万炮，壮士凭窗发神枪。倭贼凌空掷巨弹，壮士穿云射天狼。倭贼围困断给养，市民隔岸投干粮②。倭贼纵火火焰张，壮士举旗旗飘扬③。激战四昼夜，愈战愈坚强。热血洒尽不投降，以身许国何慨慷④！堂堂壮士，壮士堂堂。四夷望汝正冠裳，中华赖汝扬国光。士气为之振，民气为之张。"八百壮士作榜样"，一曲颂歌传四方。颂歌传四方：

▲天水中学二年级时的作者

"中国不会亡！"⑤

注：① 日寇自"八一三"进犯上海，我军顽强抵抗，激战近三月。为了掩护大部队撤退，谢晋元将军率领四百一十一名官兵进驻苏州河北岸的一幢七层大楼，布防坚守。上海市民不知实际人数，呼为"八百壮士"。

② 大楼对岸就是公共租界，谢晋元将军呼吁接济粮食，住在租界的上海人民便隔岸投掷面包、罐头。

③ 上海市商会为了表达市民们的敬意，派出一位女童子军从一家杂货店后壁潜入大楼，献上一面国旗。

④ 壮士们初入大楼布防，公共租界的记者闻讯采访，谢晋元坚决表示："以身许国是我军人的天职。"

⑤ 正当壮士们与敌激战之时，租界里的上海人民已经谱出歌颂壮士的歌曲，很快在全市的大街小巷里传唱，不久传遍四方："中国不会亡，中国不会亡，你看那民族英雄谢团长！……宁愿死，不退让；宁愿死，不投降！……同胞们起来，同胞们起来，快快赶上战场，拿八百壮士作榜样。"

惊闻南京沦陷，日寇屠城（二首）

虎踞龙盘地①，仓皇竟撤兵。

元戎方诱敌，狂寇已屠城。

血染长江赤，尸填南埭②平。

此仇如不报，公理更难明！

嘉定三回戮③，扬州十日屠④。

暴行污汗简，公论谴狂胡。

忍见人文薮，又成地狱图！

死伤盈百万，挥泪望南都。

注：① 诸葛亮论金陵形势，有"钟山龙盘，石城虎踞"语。

② 南埭（dài）：即南京鸡鸣埭。埭，水坝、水闸。李商隐《咏史》云"北湖南埭水漫漫"，北湖、南埭连用，统指玄武湖。

③ 顺治二年（1645）清军南下江南，在嘉定（今属上海市）进行三次大屠杀，史称"嘉定三屠"。

④ 顺治二年清军南下，明将史可法坚守扬州，城破后清兵进行十日大屠杀，惨绝人寰，史称"扬州十日"，详见王秀楚《扬州十日记》。

喜闻台儿庄大捷

大明湖畔角声死，千佛山上佛亦耻。"长腿将军"① 丢济南，望风逃窜急如驶。倭贼乘虚南下夺徐州，烧杀掳掠鬼神愁。岂料未到徐州先遇阻，中华健儿誓死守国土。倭酋咆哮驱三军，天上地下齐动武。台儿庄上阵云黄，贼机结队如飞蝗。台儿庄前尘土扬，百门贼炮巨口张。更驰坦克作掩护，贼众狼奔豕突冲进庄。守庄将士目炯炯，满腔热血怒潮涌。再接再厉胆更豪，屡仆屡起气愈勇，白日巷战短兵接，黑夜奇袭捣贼穴。粮将尽兮弹将绝，伤亡过半不退却。觥觥李将军②，指挥何英明！十万火急调援兵，违令者斩不留情。守军忽闻友军到，震天吹响冲锋号。内外夹击山海摇，蠢尔倭贼何处逃？弃甲遗尸抛辎重，嚣张气焰一时消。举国闻捷齐欢忭，海外纷纷来贺电③。稍洗南京屠城冤，喜作台庄歼敌赞。

注：① 1937年冬，日军攻济南，国民党第三集团军司令兼山东省主席韩复榘不战而逃，被讥为"长腿将军"。

② 指第五战区司令长官李宗仁。

③ 台儿庄大捷，海外华侨和国际友人纷纷来电祝贺。

从"七七事变"到1945年8月抗战胜利，我以抗日救亡为主题创作的旧体诗将近二十首。还有不少诗虽未集中写抗战，但也洋溢着抗战激情。例如，1938年寒假回家后所作的《移竹》：

曾无千章万章松，摩空擎日判鸿蒙。

安得千竿万竿竹，拂云浮天接地轴。

我家门迎渭川开，畴昔千亩安在哉？[①]

化龙之笋没榛莽，栖凤之条埋苍苔。

那有劲竿射豺狼，更无长枝扫旗枪。

愁雾漫漫塞四极，碧血浩浩染八荒。

我今移得两瘦根，霜枝欹斜护儿孙。

星寒月苦凄迷夜，为报平安[②]到柴门。

注：① 旧有"渭川千亩竹"之说。
② 《酉阳杂俎》有"竹报平安"故事。

著名美学家吴调公老教授在《才胆识力　大气包举——读霍松林先生〈唐音阁吟稿〉》一文中说："抗战次年，匝地兵戈，惨淡龙蛇，他移种竹子于渭川老家门口。为此，他想起了'竹报平安'的佳话，更难得的是想到了'碧血浩浩染八荒'中的炎黄子孙的命运，从而拓展了'霜枝欹斜护儿孙'的一种热切而淳朴的浮想和祝愿。"

我还有一首被诗评家公认为"想象奇特"的抗战诗：

放翁生日被酒作[①]

辛风批破屋，欲捉入隙月。

而吾手挽之，酒酣怪事发。

飘然自轻举，乃与放翁接。

挟我坐苍虬，双胁插劲翮。

星斗入怀袖，风雷生喉舌。

移步千万里，乾坤一茅宅。

竭来扶桑侧，妖氛撼危堞。

豺虎噬黔黎，积尸抵天阙。

因缘攀其巅，双鬓通请谒。

行行及帝里，神官森两列。

帝曰咨尔游，忠愤塞肝膈。

御侮致升平，尔其秉节钺。

游再拜曰俞，兹惟臣是责。

衔命趋疆场，万骑拥马鬣。

先声夺胡虏，降幡一夜白。

元恶磔诸市，从者还其役。

铸甲作农器，百谷没牛脊。

诣阙告成功，治理析毫忽。

畜麟兽不狘，畜凤鸟不狘。^②

善政待其人，嘉猷昭在昔。

初度方鼎来，天帝为前席。

谓言究始终，千祀犹旦夕。

卿云飞雅奏，仙女来绰约。

拜贺舞鸾龙，欢声天地彻。

翁顾余而喜，归耕申前说。

咒杖跨其背，授我以诗诀。

源汲大海涸，根蟠厚地裂。

下袭黄泉幽，上穷苍冥赜。

复诵文章篇，及其示子遹。^③

元音归正始，淳风动寥阔。

我方听耸默，失足千仞跌。

哇然惊坐起，寒日射窗格。

注：① 陆游生于宋徽宗宣和七年十月十七日（1125 年 11 月
13 日）。

② 《礼记·礼运》："凤以为畜，故鸟不狘。麟以为畜，
故兽不狘。"大意是：凤凰是鸟类中最杰出的，众鸟都佩服它。
所以只要重视凤凰，一旦凤凰归属于你，众鸟也就跟来了。不狘
（xù），不会受惊飞走。麒麟是兽类中最杰出的，众兽都佩服它。
所以只要重视麒麟，一旦麒麟归属于你，众兽也就跟来了。不狘

(xuè)，不会受惊逃走。比喻执政者应引用贤人。

③《文章》及《示子遹》，皆陆游论诗诗，强调作诗要有"诗外"功夫。

大诗人李汝伦老友在《一阁唐音足醉吾》中，用很大篇幅评论了这首诗。大教授王钟陵先生在《一代骚坛唱大风》中的评论较简要，录如下：

《放翁生日被酒作》作于抗战时期，借醉酒后的恍惚状态，抒发了收复失地，富民强国的理想。"飘然自轻举，乃与放翁接。……移步千万里，乾坤一茅宅。"于是看到了"豺虎噬黔黎"的惨象，从而求见"天帝"。"衔命赴疆场，万骑拥马鬣。先声夺胡虏，降幡一夜白。元恶磔诸市，从者还其役。铸甲作农器，百谷没牛脊"诸句，写得兴会淋漓，而"畜麟兽不狨，畜凤鸟不獝"的献策以及《文章篇》《示子遹》所传授的"诗诀"，虽闻于"醉中"，"清醒"时岂不更有意义！

我创作的抗战诗曾受

▼纪念抗战胜利五十周年之际，中国作家协会颁赠"以笔为枪，投身抗战"奖牌

到许多著名诗人和诗论家的好评，1995年纪念抗日战争胜利五十周年之时，中国作家协会把我列入"抗战老作家"名单，颁赠了"以笔为枪，投身抗战"的红铜质奖牌。其实，抗战初期，我还是十六七岁的青年，哪里配称"作家"！也不"老"。大约当时的中国作协领导只读过我的抗战诗，还不了解我的真实情况。不过，当作家是我上初中时的梦想，这是千真万确的。

初中一年级第一篇作文被老师送到《陇南日报》发表，激发了我当作家的梦想，课外阅读的重点之一，便是"五四"以来的新文学作品和外国文学作品。就"五四"以来的新文学作品说，胡适、郭沫若、徐志摩、闻一多等人的新诗，鲁迅、朱自清、周作人、郁达夫等人的散文，鲁迅、郁达夫、叶圣陶、茅盾、老舍、巴金的小说，都读过。新诗如郭沫若的《女神》，闻一多的《红烛》《死水》及徐志摩的几种诗集，特别是其中的《再别康桥》；散文如鲁迅的《秋夜》，朱自清的《背影》《荷塘月色》《桨声灯影里的秦淮河》和郁达夫的《钓台的春昼》，都读得相当熟。我特别喜爱鲁迅的杂文和短篇小说，曾于街头书摊上买到一本纸张厚实，印刷、装帧精美的《鲁迅小说自选集》和一本同样纸张厚实、印刷精美，却没有切去毛边（鲁迅提倡毛边，为的是空白处宽一些，便于批注）的《鲁迅杂感选集》（前面有瞿秋白作的序言），真是喜出望外，爱不释手，不知阅读过多少遍。

我上初中的三年，正是抗战初期，东北、华北、东南沿海的大片国土相继沦陷，沦陷区的文化人和失学青年纷纷来到天水，开展各种以宣传抗日救亡为宗旨的文化艺术活动。专收沦陷区学生的国立五中就设在城北的玉泉观，教师中的不少人曾在高等学校任教，学有专长。与这种形势相适应，新开设的生活书店等大小书店，为人们提供鲜美的精神食粮。同时，有些文化人为了养家糊口，不得不把心爱的好书廉价出售。因此，我除从书店买书之外，还往往从书摊，乃至寄售所里买到廉价的好书。遗憾的是，并不是遇到想买的书都能买。家境清寒，连上学生食堂都交不起伙食费，只能从离校八十里的家中背米面、木柴来，用一个小炉子自己烧饭吃。幸而《陇南日报·副报》的编者看重我的文笔，经常发表我以抗日救亡为主题的诗歌、散文，还为我开辟了《杂感》专栏。每月领到微薄的稿费，便统统用来买书。

外国文学作品，着重读过高尔基的《童年》和《母亲》，法捷耶夫的《毁灭》，绥拉菲摩维奇的《铁流》，奥斯特洛夫斯基的《钢铁是怎样炼成的》。这些苏联小说，当时已在公开的场合见不到，我是从王无怠、吴鼎勋等几位爱读书的同学那里借来偷偷阅读的。训导主任发现我读书很"杂"，常常趁我不在宿舍的时候检查我的书案，当查出鲁迅的小说和杂文时，大发雷霆，当众斥责，目的是杀鸡给猴看。连鲁迅的书都不许看，何况苏联的！不错，正是鲁迅的书和苏联的书，对我影响最大。但是，这影响是积极的，作为训导主任，正应该引导学生多读书以开阔视野，为什么要禁止呢？

那些借了来偷偷阅读的书，其中精彩的句、段，我都摘录过。例如，《钢铁是怎样炼成的》中的这一段：

> 人生最宝贵的就是生命。这生命，人只能得到一次。人的一生应该这样来度过：当他回忆往事时，不致因为自己虚度年华而痛苦悔恨……临死的时候能够说：我的整个生命和精力，都已经献给世界上最壮丽的事业——为人类的自由解放而作的斗争了。

保尔的这段话，一直是我前进的动力，至今还能背诵。

其他外国文学作品，涉猎颇广，有些已记不清书名。还能记得的有古希腊史诗《伊利亚特》和《奥德赛》，但丁的长诗《神曲》，莎士比亚的戏剧《仲夏夜之梦》《哈姆雷特》和《罗密欧与朱丽

叶》，弥尔顿的长诗《失乐园》，笛福的小说《鲁滨逊漂流记》，拜伦的长诗《唐璜》，雪莱的长诗《解放了的普罗米修斯》，狄更斯的小说《大卫·科波菲尔》，司汤达的小说《红与黑》，巴尔扎克的小说《高老头》和《欧也妮·葛朗台》，大仲马的小说《基度山恩仇记》，雨果的小说《悲惨世界》和《巴黎圣母院》，福楼拜的小说《包法利夫人》，小仲马的小说《茶花女》，左拉的小说《娜娜》，歌德的诗剧《浮士德》和书信体小说《少年维特之烦恼》，塞万提斯的小说《堂吉诃德》，果戈理的小说《死魂灵》，冈察洛夫的小说《奥勃洛摩夫》，托尔斯泰的小说《安娜·卡列尼娜》，以及莫泊桑、契诃夫等的短篇小说。

天水中学是省立的，其前身为陇南书院，历史悠久，图书馆很可观。中学生，特别是初中同学，大都忙于学正课，啃课本，很少有人上图书馆看课外书。我听课专心，又从童年时代培养了较强的记忆力和理解力，各门课程基本上能当堂消化，因而有较多的时间上图书馆。馆里的负责人姓张，文化水平相当高，每听见我进门喊张老师，便有空谷足音之感，慷慨地让我遍览馆藏，想借什么就借什么。馆里有整套的《万有文库》《国学基本丛书》《四部备要》《四部丛刊》和陇南书院遗留下来的经、史、子、集方面的善本书，当然，还有当时出版的各种新书和报刊。此外，城南公园里有天水县图书馆，藏书更丰富，我每个星期天都去借书读，坐在楼上紧靠南窗的桌案前，窗外柳浪浮翠，远处便是当年杜甫行吟的"山头南郭寺"。读读书，望望窗外，不禁悠然神往。

初中阶段课外阅读的另一重点是古典诗词曲及有关中国古典文学的著作。童年在家里熟读《千家诗》《唐诗三百首》《白香词谱》《诗经》《秦州八景诗》，以及杜甫《秦州杂诗》等等，便爱上了中国古典诗歌，爱读，也爱作。在父亲指导下，能够调平仄，查韵书（用的是《诗韵集成》《词林正韵》），作出符合格律的诗词。卢沟桥抗击侵略者的炮弹引发了全民抗日的燎原烈火，我当时正是十六七岁的青年，热血沸腾，在创作抗战诗的同时，熟读了屈原的《离骚》，选读了李白、杜甫、陆游、辛弃疾的代表作。通过反复吟诵，洋溢于这些伟大诗篇中的火一样炽烈的爱祖国爱人民的激情，流入我的心田，融入我的血液，提升了我的抗战诗的精神境界和艺术魅力。

关于曲，主要是读《西厢记》。当时陶醉于《红楼梦》，连饭都忘记吃。当读到宝、黛看《西厢》，一个赞叹"真是好文章"，另一个"但觉词句警人，余香满口"的时候，不禁产生疑问：难道《红楼》之外，还有这样迷人的作品吗？于是想方设法，弄到了一本《西厢》，一口气读完，而余香在口，还想细嚼。每逢周末的晚上，别人都去看戏，我却躲在书斋里读戏。时而低吟，时而高唱，所有曲文，都烂熟于胸。此后，遇上飞花，就会不假思索地吟诵"落红成阵，风飘万点正愁人……"看见雁过，也会冲口而出，哼起"碧云天，黄花地，西风紧，北雁南飞……"我于新中国成立后，之所以能拿出关于《西厢》的几种论著，可以说，早在初中时代便种下了"因"。

童年对对子常受父亲夸奖，因而对楹联（又叫对子、对联）这种祖国特有的文艺形式非常喜爱。每年腊月底，父亲忙于作春联，我也学着作，兴味盎然。上初中时看见图书馆《万有文库》中有一册清人梁章钜的《楹联丛话》，便借出来阅读，并用小楷选录了近两百副佳联，如长达一百八十字的昆明大观楼联，便在其中。值得庆幸的是，"文革"中我的两个孩子回老家插队，竟从家里发现这个抄本，拿回西安。几经沧桑，童年时代的手迹犹有存者，注目良久，恍如隔世！

　　童年读书"手到"，养成了勤于动笔的习惯，既勤于写作，又勤于抄书和写读书札记之类。读借来的好书，固然要抄；自己有的书，其中的诗文名篇或精粹之处，也要抄。仅在初中阶段，就有用毛笔小楷抄录的十多个抄本。岁月如流，半个多世纪过去了！时至今日，生活节奏急促，社会飞速前进，一切工作都要求高效率。学生学习，专家搞研究，作家搞创作，已有越来越多的人用电脑打字。既然如此，那么，需要什么资料，复印或电脑打印，岂不十分简便！还有什么必要用小楷抄书？又何必浪费时间、精力去背书？我觉得，认真回答这些问题，需要分析，需要总结前人的宝贵经验。如果为了单纯搞资料，那么，只要用最省力、最快速的办法搞到就行，确实不必抄书，更不必背书。但如果为了练好基本功，为了加深理解，为了扎扎实实地掌握知识，使书本上的东西变成自己头脑里的东西，随时随地为我所用，则前人行之有效的抄书、背书的办法依然有用处。"眼里过千遍，不如手里过一遍"，这是前人的经验总结。这所谓"手里过"，当然指边揣摩边抄写而言。假如复印一遍或用电脑打印一遍，快是够快的，却还不如"手里过一遍"能多留一些印象。更何况，作为文化人，有不少场合还离不开写字，字写得太差，总不是很体面的事，然而，字写得太差的现象却普遍存在着。本科生且不说，理工科研究生也不说，仅就我多年来招收的中国古代文学专业的博士生来看，其第一学期所交的作业，大都字迹幼稚、潦草，很难辨认，甚至还有错别字。古代文学专业的博士生尚且如此，其他便可想而知。如果从小学到大学，有认真抄书的锻炼，就不会出现这种现象。已经是博士研究生了，我还得为他们补写字课，要求他们读书时勤动手，多摘录，多做卡片，每一个字都看清楚了再写，尽量写工整些，写好看些，然后仔细校对，不出现脱误。

这样做，开始很慢，但坚持不懈，就越来越快，越来越好。曾国藩要求他的儿子曾纪泽一天写一万小楷，经过苦练，果然做到了。那时候是用毛笔，如果改用硬笔，当然会更快。写字也要练基本功，最好是先用毛笔临楷书法帖。当已经无暇临帖的时候，做一些如前面所说的补救工作，也很有效。我指导的博士生，临毕业时拿出的学位论文，大都字迹清晰，看得过去。如果不经过一丝不苟，力求工整、美观的阶段，一提笔便追求高速度，那么直写到老年，还是"一团茅草乱蓬蓬"。

关于背书，想多讲几句。多年来，人们深感中小学生的语文水平偏低，也深感大学文科学生的写作能力和阅读古籍的能力不够理想，因而寻找原因，有些激进人物竟归咎于"死记硬背"。我认为，"记"和"背"，还是需要的，关键是"记"什么、"背"什么。我总感到，我们的教学方法很值得研究。从刚上小学到高中毕业，语文教学所占的时间相当多，但从大学中文系学生的写作水平看，小学、中学语文教学的成绩并不佳。我认为，这不是教师水平差，而是学生读得太少，写得太少。如果教师少讲一些，留出较多的时间指导学生多读范文、多进行写作练习，必然收效甚快。如果高中毕业前能背诵百多篇优秀文学作品，平时又勤于写作，那么考入大学中文系后，其写作能力和阅读能力，肯定是相当可观的。上了大学中文系，如果教师不用"满堂灌"的办法占去全部课时，而是指导学生博览群书，精读一些名著，背诵一些重要的古籍和古典诗文名篇，并结合阅读名家的注疏彻底理解原文，在此前提下搞研究、写论文，或者搞创作，那么学生的写作能力、研究能力和阅读古籍的能力，都会迅速提高。我们培养学生，应该德、智并重，知、能并重。然而教师"满堂灌"，学生漫不经心地听，又在多大程度上能解决好这些问题呢？

通读、背诵重要的古籍和诗文名篇，似乎很笨，其实最巧。巧就巧在用力较省而收效较大：既提高阅读能力和理解能力，又扎扎实实地扩大了知识领域；而研究能力、写作能力、记忆能力和艺术感受能力，也得到了培养。这真是一举数得，何乐而不为！

童年时代，被父亲逼着背那些不懂或不大懂的书，背不熟就挨打，那确有"死"记、"硬"背的味道。然而，童年背熟的东西记得很牢，后来逐渐懂了，用处很大。等到理解能力提高之后，背书便变苦为乐。凡是好书，都有"耐读"的特点，原以为读懂了，过些时再读几遍，往往有更深的体会，甚至全新的体会。因此，前人有"好书不厌百回读"的说法。

还有一点，前人重视"读书变化气质"。读好书，时而恬吟密咏，时而高声朗诵，自然就会陶醉其中而获得心灵上的滋养，精神境界因之扩大、提高。例如，反复吟诵屈原的《离骚》，杜甫、陆游、辛弃疾的诗歌，就会不断强化爱国爱民的情操和社会责任感。

我上初中之时，天水有五所中等学校：天水中学，兼有初中和高中，简称天中；天水师范，兼有简师和普师，简称天师；县立中学，只有初中，简称县中；天水女子师范，只有简师，简称女师；规模最大的是国立第五中学，其初中部分别设于天水县周围的秦安、甘谷、礼县，校本部和高中部设在天水城北的玉泉观。我上天中之时，天水在全民抗日的氛围中一派同仇敌忾、昂扬奋进的气象。五所中学的校友们利用星期天和其他节假日，经常开展各种有益的活动，或赛篮球、足球，或开音乐会、讲演会，还举办过几次论文竞赛。我上小学时就喜打篮球，上初中时经常打，还被选入校篮球队，只因体力差，校际比赛从未参加。五中的"八一三"篮球队非常棒，所向无敌，经常拿冠军；天中的球队也不弱，和我同班的王敏政、吴剑夫都是投球高手，但与五中的"八一三"队比赛，只能屈居亚军。我没有音乐细胞，音乐会也参加，当然上不了台，只能在台下欣赏。开讲演会，主持者要我参加，讲演稿写得好，通过了；预讲时由于不会讲国语（即现在的普通话），没选上。只有论文竞赛，却把所有参赛者包括五中、天中的杰出高中生都抛在后面，稳拿第一名。

▲玉泉观山门

三

天中是陇南十四县唯一有高中的省立中学，高中招生，报考者甚众，录取不到十分之一。我因初中三年成绩突出而免试，直升高中，这是令人羡慕的。可是刚开学便与训导员争吵，被告到校长那里。校长考虑我是出了名的好学生，希望我去检讨，同学们也劝我去检讨。由于那位训导员多次"训"我"读书太杂"，"思想不纯"，我很反感，因而不愿去检讨，并且扬言："天

中开除我，我便到更好的学校去。"校长直等到下午快放学的时候，不得已才贴出了"侮慢师长，不堪造就，开除学籍，以儆效尤"的布告。

我不敢回家，由器重我的几位老师资助，坐汽车到兰州，报考有名的甘肃学院附中。但甘院附中及兰州的其他高中，都已经开学几周，不再招生。我想投笔从戎，却未能如愿，在一所免费的职业中学学了两月，因病回家，帮父兄务农。

抗战开始，沦陷区的大批教师、学生流亡西北，当时的教育部便在天水玉泉观办起了国立第五中学。五中本来专收沦陷区学生，由于办学数年，受到地方各界的大力支持，所以，这时招春季始业班，分给天水百分之三的名额。天中同班同学好友王无愆立刻给我写信，托人直送到我家，我即进城报考。考题比较难，但都答上了，不久即被录取。

这真是因祸得福！第一，吃饭不交钱，一日三餐，还有主食，有副食，顿顿能吃饱。回想上天中的那三年，没钱上食堂，早饭没时间做，每天黎明即起，上早操，上早自习，连上三节课，肚子饿得咕咕叫；午饭、晚饭，只弄一点儿主食，哪儿有副食？第二，管饭以外，每年还发制服。回想上天中的那三年，校方规定穿制服，学生交钱，校方定做。我没钱交，恳请校方批准，由家里做。家里谁做？"慈母手中线，游子身上衣"，当然是我的慈母做。母亲用自家生产的棉花纺线织布，用自家门前的槐树花蕾炒焦煮水，染成草绿色，自己按当时学生制服的款式一针一线缝制，多艰难！以上两条讲的是吃饭、穿衣问题，对于有钱人来说，真是微不足道；可是对我来说，的确是第一、第二。第三，五中的高中老师，多半是大学的讲师，甚至教授，另有一些，是刚从西南联大（由北大、清华、南开组成）毕业的新秀。第四，管理宽松，学术思想活跃，便于发挥个人特长。我在这里学习三年，真是如鱼得水。还有一点，比第一、第二更重要，那就是国立中学的毕业生考入大学，仍然享受公费待遇。

我上五中的头一年未住校，而是住在同学好友王无怠家的后花园。园名"半亩"，实则超过一亩，杂植兰、菊、桃、李、蔷薇、月季，四季花香，雅洁宁静，适于读书。无怠晚年曾有专文叙述：

> 半亩园东南角有厅，内置大漆床及长桌，足供二人作息，故先移住其中。开始二人伴读，傍晚入座，相对一灯，移时不辍。及倦读则研墨习字，是休息也是作业，然后纵声读书。我因早婚且家居，故入夜即告退。松林则苦读不倦。夜深人静，声闻邻里。东墙外为忠义巷之梨树院，有老亲住者告我父曰："你家男儿竟夜读书，何其苦也！"父亲问我，我以实对，欣然曰："此子聪明弘毅，真大器也。"

> 花厅为南房，冬夜一灯荧荧，苦读不休，听任炉火自烬而不知冷冻。室内固有大青磁花盆，我们取两个用以贮水供盥洗及研墨润笔之需。一日取水，始知冻结如石，花盆则裂指隙，因共诵"天大寒，砚冰坚，手指不可屈伸，弗之怠"句，自抚不知皲冻之手而笑。始知天气已甚冻，不宜居阴室，遂移居"留月楼"。

> "留月楼"在园之西北隅，南向有窗，高燥足以减轻寒气。楼前有老银柳即沙枣一树，虬干斜起，胸径一围又半，树绕楼头，花开香溢四邻。榜曰"留月"，署"赵孟頫题"。上楼多日后，我因病不能日夕同课，他常一人读书其中，奋励益甚，精进益猛。时人多尚交游以至结社，且相互标榜，我们则从未涉及。

> "留月楼"以前曾为家季父新令先生读书之所。我

乡前辈杨杨村、葛霁云、冯国瑞、赵尧臣诸先生均曾游憩其上，鸿爪雪泥，往往在人念中。平时在园中绿荫遮眼，上楼可远眺俯瞰，耳目焕然一新。松林兄登楼后喜谓："欲穷千里目，更上一层楼。"有句云："南山淡墨泼"，"楼下幽花映芳树"，均纪实也。

留月楼前有廊庑五间，柱有楹联，壁上悬木雕诗版八幅，长可中人，作各种垂叶状，上均刻古大书法家题诗一句，大抵为咏景状物，似记赏游之乐者。记有黄山谷诗，他即兴告我：宋诗自开蹊径，俊逸幽渺，启人新思，是学诗之必习者。

松林兄家学有自，髫年即熟习诗书，至是又精读诗经，兼及汉魏古风，唐宋大家，驰骋千载诗坛，钻研深邃，领悟迅捷。兼以留月楼春暾秋月，诸多情韵，不仅凭栏长啸，对月高歌，足以怡情，即卧枕漫吟，据案急书，亦堪自乐。故他亦勤于写作，时或示余欣赏。今见存于《唐音阁吟稿》者大抵十之二三，是一有删汰，二有丢失之故也。

五中从高二开始，分文组、理组，我分在文组。国、英、数等主课，文、理组合上，所不同的，只是文组多一门由薄老师讲授的中国文学源流。薄老师名成名，字坚石，生于1893年，山西五台县人，早年毕业于中央大学的前身东南大学，是吴梅、黄侃诸大师的高足，其后，又受教于著名的民主革命家、思想家、国学泰斗章太炎。他曾在山西大学任教，出版《中国文学源流》（世界书局出版）专著。他给我们文组授课，即以此专著为教材，人手一册。他讲课生动活泼，讲课中间随时提问，曾问我有关先秦史传文学的问题，我的回答超出他的讲授范围，受到他当众夸奖。此后，我经常登门请教，受益良多。当互问互答、兴致勃发之时，薄老师往往唱一段昆曲，那是他跟曲学大师吴梅先生学的。他唱昆曲，师母便吹笛伴奏，那是他给夫人教的。

国文老师陈连缓，字前三，生于1905年，山西平定县人，曾祖、祖父都考中进士，其父是最后一科举人，因而从小受过严格的传统教育，直到晚年，还能背诵《诗》《易》《左传》。他为我们讲过许多诗文名篇，不说讲解精辟，光那抑扬顿挫、声情并茂的朗读，已能使侧耳倾听的同学们在很大程度上领悟诗旨文意。直到现在，我还能模仿他的腔调朗诵吴梅村的《圆圆曲》。我早年读过《易经》，很有兴趣，却未能深入；幸而遇到精于《易》学的陈老师，机会难得，便利用课余时间，在陈老师指导下认真学习，写了一篇论文，受到陈老师和薄老师的赞许。

我高中毕业时，薄老师、陈老师都作了送别诗。我们师生之间感情深厚，分别后仍有联系。1969年春节，监督我劳动改造的红卫兵都回家过年了，我便坐火车偷偷回老家探视。路经天水县城时到天水师专去看望陈老师，并在他家住宿。他也受到冲击，告诉我四个字：不忧不惧。自己并无任何罪行，忧什么，惧什么？

五中的教师，不光教国文的水平高，教数学、英语、化学、物理、生物、历史、地理、音乐、绘画的，都堪称一流。听过他们的讲课，真是终生受益。我受益最多，也比较亲近的，要数李可亭老师和秦方伯老师。李老师教英语，要求在课堂上大声朗读，课后熟读。每两周有一次英语作文，我的作文，他多次夸奖。五中数学老师多，代数、几何、三角函数分别由不同专家教。我听课认真，每堂课都听懂了，只是演题太少。难能可贵的是：最后一学期的前十周，由秦方伯老师指导我们来一次总复习。每周只上两节课，发给我们的油印讲义，也不过三十来页。他并不是重讲一遍代数、几何、三角函数，而是提纲挈领，举一反三。我拿到讲义，吃透简要的说明，掌握所有例题，演算了所有习题，真有豁然贯通之乐。

▲ 玉泉观最高处，即"人间天上"牌坊以上部分

这就保证了我在会考和高考中稳操胜券，名登金榜。

文组同学，有不少人搞文艺创作。例如，上世纪50年代中期被打成"胡风分子"的牛汉，就是和我同在五中学习的史成汉，当时，用笔名"谷风"发表长诗和诗剧，已是知名的诗人。我在五中除了写旧体诗和散文，也写新诗，并受《陇南日报》之聘，主编文艺副刊《风铎》。

上国立五中高中部以后，课外阅读面更广了。我有意识地把所读的书区分为精读和博览两类。精读的书，即使不能背诵，也要读得相当熟，掌握其基本内容和精神实质。做学问也要建立根据地。不先建立根据地，而满足于四处打游击，即使打了许多胜仗，仍无安身立命之处。精读，便是建立根据地。精读的重要著作、经典性著作越多，根据地便越广。当然，古今中外，文献浩繁，据初步统计，光我国现存的古书就有八万余种，其中的重要著作、经典性著作也不可能全部精读，因而必须辅之以博览。博览并不是见什么就读什么，而应该围绕精读进行。比如，刚上高中，我反复阅读了钱基博的《国学概论》和章太炎的《国故论衡》，对国学有所了解，便进而博览文史哲方面的有关著作。博览的书当然不可能读得很熟，但序、跋要细看，全书的大义和要点要能掌握。为了帮助记忆和便于以后查阅，必须写读书札记。

五中时期作旧体诗二十多首，其中有两首抗战诗。《放翁生日被酒作》是一首五言古风，将近二百字，构思奇特，神采飞扬，颇受诗论家好评。《洛阳、长沙先后陷落感赋》是一首五言律诗：

> 湖湘添贼垒，伊洛遍狼烽。
>
> 南犯贪无已，西侵欲岂穷？
>
> 秦兵须秣马，陇士要弯弓。
>
> 莫恃函关险，九泥那可封？

玉泉观在天水城北，依天靖山修建。攀曲径入山门，过通仙桥，历五十三台阶至"人间天上"牌坊，达玉泉阁，抵三清殿。而北斗台、玉泉亭、地母宫、八角亭、草堂院、神仙洞、碑亭等棋布星罗，掩映于苍松翠柏之间，与辐射建筑群关帝庙、药王洞、娘娘庙、无量殿、向家庵等连为一体，蔚为壮观，为国立五中提供了足够的教室、办公室、图书馆和学生宿舍。我和好友许强华住在雕梁画栋的无量殿，窗外古柏参天，廊下丁香扑鼻。夜读稍倦，出殿步月，俯瞰秦城，万家灯火俱在眼底，顿觉心旷神怡，诗意盎然。

　　抗战八年中，国立五中为祖国培养了数千人才。如今，当年师长皆已作古，少年同学也两鬓飞霜或告别人世，然而，玉泉观的山色庙影和老师、同学的音容笑貌，依然历历在目，伴随晨钟暮鼓的琅琅书声和昂扬奋进的《义勇军进行曲》，也时时萦绕耳际。

　　国立五中已成历史名词，但天水人不会忘记玉泉观与国立五中相结合谱写的辉煌史诗。"文革"抄家幸存的一张照片，恰恰摄于五中毕业前夕，我珍藏至今。每看到这张已经发黄的照片，便怀念在那里度过的峥嵘岁月。多年前，书画家董晴野君假玉泉观创办天水诗书画院，聘我为名誉院长，我在贺诗中抒发了对玉泉观的深情怀念和良好祝愿：

　　　　玉泉观上多情月，照我弦歌岁几周？

　　　　犹忆松窗温旧梦，忽闻柏院起新楼。

　　　　文风大振诗书画，教泽宏施亚美欧。

　　　　便拟还乡挥健笔，光辉历史写秦州。

第 三 章

一

　　我上的是春季始业班，1944 年年终毕业。五中是国立学校，毕业班虽然要参加省上的会考，但并不集中，而是由省教育厅派专人来主持。当按点名册做好密封试卷之时，突然掀起了青年从军热潮，我班有六位同学报名。这次会考只考国、英、数，我考得非常好。按规定，国立学校高中毕业生会考前三名，均按第一志愿保送上大学。出人意料的是，当省上组织人力阅完试卷、统计成绩之时，发现少了六份卷子。这本来很容易搞清楚，但省上硬说密封乱了，成绩作废。保送的事，就这样泡汤了。这时，距高考还有大半年，我经人介绍，下学期在县城体育场附近的玉泉小学任教。拿到聘书后，我便回霍家川老家过年。

　　父母俱在，家庭总是温暖的。回到家，跟父母做点事、谈谈话，父母高兴，我更高兴。腊月下旬了，母亲、哥哥、嫂子、侄儿，都忙着办年货：请人来杀年猪，拿上家里的黄豆到豆腐店做豆腐，上街买年货，蒸馒头，切肉，煮肉。父亲和我，则忙着作春联、写春联。从正月初一开始，便是乙酉年。父亲作春联，总以当年的干支开头。作乙酉年的春联，上联必以"乙"字开头，下联必以"酉"字开头。这样的春联很难作，父亲能作，我也学着作。我不在家，父亲自作自写。我在家，便由我写，也由我贴。大门上一副，上房柱子上一副，东房、西房、南房柱子上各一副，都是我写、我贴的。给邻居家写了好多副，还给家庙戏台上写了一副长联。

▲左起丁恩培、
陈国华、郭锐、霍松
林、陈启基

抗日战争快胜利了，不抽壮丁了，
农业收成也好。大多数人家杀了年猪；
贫穷的，也用自家生产的黄豆做豆腐，
还能买十几斤肉。家家大门上贴了鲜红
的春联，"喜气盈门"。正月初一，全
村各家互相拜年，作揖问好，喜气洋洋。
各村的戏班照样演戏，照样互相交流，
非常欢快，非常热闹。正月十五，家家
大门上悬挂大红灯笼，鞭炮声此起彼伏，
响彻夜空。年，这才过完了。戏班还未
尽兴，要多演几场；看戏的也未尽兴，
只要演，便去看。正月是农闲季节，农
民们辛苦了一年，趁农闲时自娱自乐，
也算有劳有逸，劳逸结合。

1945 年 2 月下旬，我拜别父母，步
行八十多里山路，到玉泉小学去任教。
校长郭锐，以前不认识。教务主任陈国
华是我天中同学陈鉴光的姐姐，家里有

花园，牡丹、腊梅盛开时都邀我去赏花、吃饭。这次见了面，当然很高兴，先领我到已经布置妥善的宿舍里休息、聊天，然后同校长一起邀我吃馆子。吃饭时告诉我：我的两位同学好友丁恩培、陈启基也应聘在玉泉小学教书，都教六年级。我教语文，丁教算术，陈教历史和音乐。丁恩培和我一同考入五中，一同毕业。他家住学巷，院子很大，相当富裕。他上五中时未住校，每当家里要吃好饭，都拉我去吃。陈启基的父亲是一位很有学养的文化人，擅长书画，做过县长，不幸早逝。陈启基和母亲过日子，为人豪爽，也常约我去吃饭，欣赏他父亲的书法和绘画，还把他父亲常用的刻有"友魏晋斋"四字的寿山石印送给我。因此，我在玉泉小学教书半年，非常愉快。

那时候，天水的中小学每逢3月和9月，各有一次旅游，我上新阳小学时如此，上天水中学时亦如此。玉泉小学从3月上旬开始，便作春游准备：男女生合唱团演练合唱，童子军的军乐队演练吹洋号、敲洋鼓和打旗语。3月18日早饭后便整理队伍，吹着号，打着鼓，唱着雄壮的抗战歌曲，向西郊的佛公峤出发了。晚饭前回到学校，我作了一首记游诗：

游佛公峤，呈同游诸友

夙已爱山水，今尤厌尘嚣。春色万里来陇上，山花映水泛雪涛。胡为逐名利，奔走入市朝？虚掷二月已三月，三月忽复一半抛。夭桃开老胭脂腮，嫩柳舞困金缕腰。丁陈①二君有好怀，携杖沽酒来相邀："环城名山孰第一？耤河萦绕佛公峤。况遇好风日，游兴应转豪。负此暮春者，山灵或见嘲。"我乃欣然试春服，携徒②挈友出西郊。西郊有水流潺湲，西郊有山耸嶕峣。蓦地奇峰入眼底，陡然翠障插云霄。四周之山咸俯首，俨同羽客礼仙曹。急换谢公屐，速赴鹿门招。攀藤附葛问鸟道，抚松援竹寻凤巢。泠然御长风，手足更勇骁。下临地何低，仰面天犹高。奇花招展开锦帐，异卉纷披散碧绡。转眼花花皆仙子，掉头树树尽琼瑶。或寻吴刚折月桂，或倚王母醉仙桃。已觉斧柯烂，忽见落日遥。童子鸣归号，帽挥更旗摇。尘心缕缕起，灵境步步消。不见仙姬浮天凝秋波，但闻耤河贴地响春潮。神州自有佳山水，多少高人老渔樵。只今猿鹤落浩劫，水涯山陬森兵刀。匡庐面目昨已非，西子颜色今更凋。剩水残山总伤神，何当弯弓射天骄！莫负男儿好身手，收复大任在吾曹。遍扫狼烟洗疮痍，尽辟荆榛播良苗。大起高楼压废墟，广织锦绣铺荒郊。彼时再践远游约，五湖五岳任逍遥。伯夷何必歌采薇，屈原空自著离骚。

注：① 丁陈：丁恩培，陈启基。
　　② 携徒：带领玉泉小学学生春游。

我在五中的同班同室好友许强华原居河南郑州市，日寇犯境时迁居天水城内。他母亲精明慈祥，经商养家；妹妹宝琴上中学，其未婚夫在东北郊街子口的一个工厂里工作，距麦积山很近。

麦积山石窟是我国四大石窟之一，始凿于十六国（304—430）晚期，扩建于西魏、北周，历唐宋元明清而屡有营造。山为石质，于松桧翳日、岩壑竞秀处拔地而起，高插云表。千龛万窟，远望若蜂房。今存佛像七千余，高达一米以上至十数米者约一千，端丽庄严，栩栩欲活。壁画及藻井画皆六朝作品，精妙绝伦。摩崖皆北魏唐宋书迹，有字大一米者。崖阁共七座，皆北朝建筑，异常珍贵。每年农历"四月八"浴佛节有庙会，便与强华、宝琴同去朝山礼佛。农历四月初七上午七时许，三人骑自行车出发，日夕抵街子口，住在宝琴未婚夫那里。第二天早饭后直奔麦积山，作了一首七言绝句：

麦积山道中

幽径纵横压古松，行经烟霭亦无僧。

前山隐隐闻清磬，知在云峰第几层？

罗家伦先生游麦积山时作过一副对联：行经千折水，来看六朝山。我们穿过古松覆盖的幽径，踏过一条又一条溪水，然后到瑞应寺休息。诗圣杜甫的秦州诗中有一首《山寺》诗，他所说的山寺，就是瑞应寺。稍作休息后观览了瑞应寺的楼殿及其中陈列的文物，然后攀登曲曲折折的栈道，遍览一孔又一孔石窟。大大小小的塑像千姿百态，美妙惊人。我曾作了四句诗略表赞颂：

妙相无比伦，慈秀复英伟。

谁是模特儿？秦州人自美。

无数石窟中的无数佛菩萨无一雷同，绝非纯出想象，必有模特儿。这模特儿只能就地取材，别无选择。陇南各地有一首民谣："秦安褐子清水麻，秦州（天水）出的是白娃娃。"天水的城里娃就是好看。我是乡里人，当然与白娃娃不沾边。

回到玉泉小学后作了如下一首长诗：

浴佛节凌晨偕强华、宝琴由街子口出发登麦积山，遍游诸佛窟，日暮始下山，诗以纪之

不辨仙源路，何处问迷津？

停杖正踌躇，忽闻清磬音。

前山如麦积[①]，积麦知几层？

夙昔劳梦想，今兹奋登临。

50

▼麦积山

石栈凝瑞霭，铁锁湿翠云。

猿猱犹绝迹，鹰隼亦惊魂。

探幽心不馁，履险气益增。

攀登万仞梯，问讯六朝僧。

石窟敞蜂窝，金相耀鱼鳞。

面壁坐欲化，拈花笑可闻。

慈航渡隐隐，爱水波粼粼。

智灯明不夜，慧眼睡犹醒。

北朝精绘塑，此中留菁英。

沧桑几变化，光彩尚飞腾。

不思良工苦，匠心费经营。

浪传天界物，呵护赖吉神。

残碣嵌绝壁，摩娑字转明。

杜甫山寺诗②，庾信佛龛铭③。

照耀足今古，清风资朗吟。

白日灿衣袂，男女来纷纭。

香花结贝叶，宝烛动梵声。

如何云雾窟，犹多世俗民？

佳节值浴佛，灵湫期洗心。

禅光昭觉路，法雨滋善根。

欲证罗汉果，来种菩提因。

徙倚立多时，山风吹我襟。

飘飘若霞举，抖落万斛尘。

俗怀于焉淡，凡虑为之清。

浑欲空色相，真疑无我人。

频穿深深洞，屡过巍巍厅。

耸身牛耳堂④，俨如立玉京。

下见九霄翼，俯闻三界经。

檐前低落日，户外小乾坤。

仙山不易得，如斯更可珍。

那能拾瑶草，放旷终此生？

许由耕箕山，严光钓富春。

高节傲王侯，脱略谁能驯？

生逢圣明世，岂为避帝秦？

仁智乐山水，动静足天真。

及遭丧乱际，至道悲陆沉。

大厦势将倒，一木宁可擎！

种桃武陵叟，采芝商山翁。

洁身逃泥滓，浩然歌隐沦。

举目观斯世，三岛纵长鲸。

毒舌卷钜野，妖氛动昆仑。

拳岑涂血肉，勺水潜酸辛。

纵有高蹈志，奈无乐土存！

兹山冷西鄙，幸免污臊腥。

山水钟灵秀，岩壑养凤翎。

倘有垂钓者，俊彦与结邻。

回首画卦台⑤，极目清渭滨。

俯仰难忘世，低徊愧多情。

良时苦易逝，桑榆隐日轮。

明霞西天散，新月东岭升。

松涛涨林莽，浮光耀星辰。

阴森难久留，搔首别山灵。

芳草迷归路，幽香不忍行。

注：① 麦积山，以山形如农家积麦得名。《秦州地记》云："麦积山者，北跨清渭，南渐两当，五百里冈峦，麦积处其中。崛起一石块，高万寻，望之团团，如民间积麦之状，故有此名。

其青云之半，峭壁之间，镌石成佛，万龛千室，虽自人力，疑其鬼功。"

② 杜甫《山寺》诗，系写麦积山瑞应寺者。诗云："野寺残僧少，山园细路高。麝香眠石竹，鹦鹉啄金桃。乱水通人过，悬崖置屋牢。上方重阁晚，百里见秋毫。"

③ 庾信《秦州天水郡麦积崖佛龛铭并序》，载《庾子山集》卷十二。

④ 牛耳堂，乃麦积山石窟中最高的一座石窟，窟前"悬崖置屋"，凭栏俯视山底，目为之眩。

⑤ 画卦台，在天水城北三十余里处卦台山上，渭河从山脚流过。相传伏羲画八卦于此，为秦州八景之一。

在前面的这首长诗中，我提到杜甫咏麦积山的《山寺》诗。我在上大学时所写的《杜甫在秦州》一文中说过："秦州，这虽不见得是如何陌生的地方，但由于杜甫的歌咏，使它更生色。"这是不错的。杜甫诗脍炙人口，早已超越国界，秦州的名声，自然也随之超越国界。唐肃宗乾元二年（759）立秋后不久，杜甫放弃了华州司功参军之职，携眷西行，到达秦州后只住了三个多月，却为我们留下了八十七首吟咏秦州名胜古迹、民情风俗的杰作。古今中外，凡是熟读杜诗的人都熟悉秦州，向往秦州，这是毫无疑问的。

举凡杜甫吟咏过的秦州名胜古迹，我也向往，常想亲临其地，发思古之幽情，只因上初中、高中之时忙于学习，未能如愿。如今只教小学六年级的语文，有的是时间，因而数月之间，在登览麦积山石窟之后，又遍游杜甫吟咏过的许多景点，附近的南郭寺，还去过多次。改革开放以来，我对天水的文化建设做了一些力所能及的工作，重点之一便与杜甫的秦州诗有关、与杜甫吟咏过的南郭寺有关：（1）召开国际杜诗研讨会，掀起了天水学人研究杜甫秦州诗及全部杜诗的热潮；（2）清代顺治年间大诗人宋琬官秦州，集王羲之等晋人法帖字刻杜甫秦州诗。字妙诗妙，故称

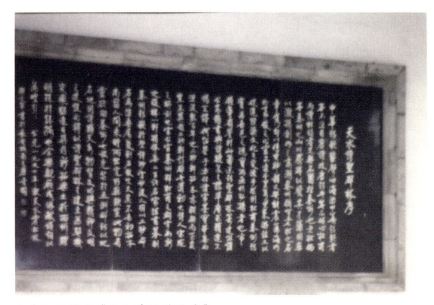

▲霍松林撰书《天水诗圣碑林序》

《二妙轩碑》，我见过拓本。经我倡议和协助，天水市领导刻《二妙轩碑》，建碑廊于南郭寺，并在廊侧竖起高大的杜甫塑像。

上面提到的两件事，天水师范学院党委杜松奇书记在《殷殷深情系桑梓——记霍松林先生二三事》一文中有如下记述：

> 一个地区的文化内涵对提高该地的知名度是不可小视的，……如何利用杜甫陇右诗文化来提升家乡的文化知名度、提升天水城市形象，一直是霍先生思考的问题。1996 年，霍先生利用自己担任中国杜甫研究会会长的社会身份和地位，特意将"第二届国际杜诗研讨会"定在家乡天水召开，并代天水筹集了六万元经费。先生特致函天水市委、市政府、天水师范学院，提出就杜甫陇右诗展开研讨，向会议提交高质量的论文。地处陇上的天水师范学院经过一段时间的努力，写出论文多篇，拟编辑出版，先生得知后，欣然题写了《杜甫陇右诗研究论文集》书名以示支持。1996 年 9 月，国内外许多著名专家、学者济济一堂，会聚天水，就杜甫陇右诗展开了热

烈的讨论。这次会议是天水文化建设中的一场盛事,有力地提升了天水的知名度。2005年伏羲文化旅游节举办期间,我主编的《杜甫在陇右诗意画》特邀霍先生担任顾问,先生慨然答应,并主动推荐他的学生、时任中国书法家协会副主席的钟明善先生也任顾问,为此次书展增色不少。正如霍先生《天水诗圣碑林序》云:"老杜倘无秦州之山川胜迹以发其才藻,固无以激扬创作之高潮;秦州倘无老杜之名章隽句以传其神韵,又安能震荡海内外豪俊之心灵,不远千里万里来游兹土,以促进经济文化之交流乎?"

天水"二妙轩"碑廊的建成,是霍先生关心家乡文化建设的又一生动例证。有

▼二妙轩碑廊廊首

▲小儿有亮与儿媳高一农背靠南山古柏摄影留念

历史记载："(宋)琬在官时，重修杜甫草堂，集兰州《淳化阁帖》及西安碑林之晋人帖，书杜甫《秦州诗》勒诸石，时称'二妙'。"可见"二妙轩"碑在清代顺治年间就诞生了。但世道沧桑，此碑已不复存在。上世纪90年代，天水市委、市政府为了弘扬杜甫陇右诗文化，决定筹建诗圣碑林。霍先生曾说自己早年曾见过"二妙轩"拓本，可以跟踪寻找。根据霍先生提供的线索，几经努力，我们从漳县获得了"二妙轩"碑拓本。拓本发现后，霍先生又赴天水鉴定"二妙轩"拓本。先生详细论证了此拓本的价值，认为是天水一宝。在碑林建设过程中，先生又亲自为诗圣碑林察看地形、选择地址，甚至诗碑的选材，刻工的选择，霍老都倾注了心血，嘱咐要选取上好的石材、上好的刻工，方能与"二妙"相称。当"二妙轩"碑廊巍然屹立于南山之巅时，先生如释重负，赋诗称赞曰："山阴王字美，陇右杜诗雄。二妙传羲里，群贤赞宋公。访碑南郭寺，览胜隗嚣宫。喜作秦州颂，腾飞舞巨龙。"的确，没有先生的指点与帮助，"二妙轩"这一秦州胜景不可能如此迅速地建成，先生关心、支持天水文化建设的拳拳之情也使家乡山水倍增秀色。

南郭寺以杜甫的一首五律而闻名遐迩，诗如下：

> 山头南郭寺，水号北流泉。
>
> 老树空庭得，清渠一邑传。
>
> 秋花危石底，晚景卧钟边。
>
> 俯仰悲身世，溪风为飒然。

诗中的"老树"，即南郭寺正殿院内的两株柏树，作为秦州八景之一，称"南山古柏"。杜甫于公元759年流寓秦州，距今（2013年）已1254年，而杜甫称为"老树"的那两株古柏依然抽枝吐叶，健旺异常。前不久，小儿有亮和儿媳高一农背对"老树"拍了一张照片。看看那张照片，便知道作为"羲皇故里"的天水不愧为历史文化名城。

从在玉泉小学教书时出游麦积山开头，东拉西扯，越扯越远，也该回到玉泉小学去了。

我批改六年级的作文，看出共同的弱点：一是文思不畅，几乎没多少话要说；二是条理不清，毫无章法。我即采取针对性的措施，要他们背诵课文；又增选十多篇各有特点的名文讲解示范。具体的做法是：每次作文前详讲一篇范文，指出如何布局，如何分段，如何集中地表现主题；作文时出与范文相关的题目，让学生模仿范文先构思、布局，然后写作，当堂交卷。令我喜慰的是，这样做，见效甚快，所有学生的作文，一次比一次好。

对于写作，通常的要求是自由发挥，有特点，有新意。这当然没错，但对小学生来说，并不是最有效的好办法。比如，教初学者写字，首先描红，描得越像越好，其次临帖，也是临得越像越好。说穿了，也就是模仿，任何高明的书法家，都不能跨越这一阶段。大书法家启功先生在其《口述历史》中说：

　　我的祖父写得一手好欧体字，他把所临的欧阳询的《九成宫帖》作我描摹的字样，并认真地为我圈改，所以打下了很好的书法基础。

启功先生没有像有些人那样故弄玄虚，老老实实地口述了他的经历，实际上，指出了做书法家的必由之路。我这里要说的是："写字如此，作文何独不然？"

玉泉小学六年级学生作文水平迅速提高的事很快传开了，教育科长组织全城各小学的校长、教务主任、语文老师来校观摩，很热闹了一阵，玉泉小学因而也出了名。

玉泉小学快放暑假了，丁恩培和我商量考大学的事。他数学特棒，应该考理科，我却对他说："历朝累代的史书都是官修的，替统治者说话，我们要用现代的民主思想写中国通史。"他赞同我的意见，于是商定：我考中央大学的中国文学系，他考中央大学的中国历史系。他家有钱，不久便乘汽车直奔重庆，我作诗送行：

　　兰渝之车轻且坚，掣雷驰电去如烟。少陵目极秦树直①，太白心惊蜀道难。蜀道难，君莫怕。相如子云②今已矣，谁复与子争王霸。王与霸，谁复争，五月南风动离襟。忆昔共话前程夜，只今空余惜别情。惜别情，古亦有，谅无似我愁八斗。送君一去渭城空，欲坦心胸向谁某？

　　注：① 杜甫诗："两行秦树直，万点蜀山尖。"

　　② 司马相如、扬雄（字子云），都是西汉著名文学家，蜀郡成都人。

一放假，我即回家，准备去兰州考区参加高考。

二

回家后陪伴父母，住了几天，然后卷好铺盖，调好墨盒，挑了两支小楷毛笔，于7月中旬赶到兰州。为什么要带毛笔、墨盒？因为买不起钢笔，而用蘸笔，当时的纸张薄劣，蘸墨水稍多，刚落纸便洇成一团，字迹不清；所以，我多年来考国文、英语、数学，都用毛笔写试卷，写得很好看。卷面整洁，易得高分。

到达兰州后，与先我到达的同学好友王无怠同住一室。当时大后方共有重庆、昆明、兰州三个考区，全国各高校都在每一考区招生，一个考生可以报考几个学校。我只报了中央大学中文系和政治大学法政系。8月15日上午高考全部结束，与无怠在住处休息。晚饭后正聊天，而窗外人声喧哗，出门探视，只见条条大街人流汹涌，或敲打脸盆，或燃放鞭炮，或开怀大笑。"鬼子投降了！""我们胜利了！""我要回到老家了！"欢呼之声，不绝于耳。回到住处，我作了一首诗，诗题是《欣闻日寇投降》：

> 霹霹复轰轰，前音乱后音。初如长江毁堤闸，滚浪翻波迷九津。继若大漠起风暴，飞沙走石动八垠。仿佛七月初七夜，依稀八月十三晨。人扰攘，马纷纭，铿尔刀枪撞击频。渐响渐近渐分明，细辨始知非日军。蜂拥工农商学兵，男女老幼笑欣欣。争说日寇树白旗，争掷鞭炮入青云。乍见此景信复疑，细思此事假还真。一自妖氛来东海，神州万里任鲸吞。明眸皓齿委荒郊，青磷白骨伴空村。黄裔赫斯怒，睡狮忽迅奔。父训其子兄勖弟，妻嘱其夫爷告孙。临行洒泪苦叮咛，毋宁死敌不苟存。

尺城必守寸土争，百战威焰薄海湣。遂使虎狼之敌成羔
羊，神社之神已不神。欢声那可倭皇闻，闻之何异敲丧钟。
遥知今夜卢沟月，清光应比三岛明。

为了省钱，未等发榜，即乘车回家。8月下旬，先后收到在
兰州等待看榜的好几位同学好友的信，祝贺我名居榜首。

回家后把日寇投降的消息告诉父母、邻里，他们的狂欢可想
而知，我更兴奋不已，又作了两首诗：

荡寇书感（二首）

三岛肆长鲸，奔腾混八瀛。

神州持正义，天下结同盟。

东海一朝靖，黄河万里清。

建功岂徒武，殷鉴在秦嬴。

炎日落天外，凉风浴九州。

烟笼千岭树，月满万家楼。

制梃能摧锐，投鞭岂断流？

民心即天意，妙悟静中求。

这算是我的抗战诗的尾声。以后该作建设诗了吧！但愿如此。

兰州发榜，我报考的中央大学中文系和政治大学法政系都榜
上有名，中央大学还名列榜首。

父亲坚持儒家传统，希望我"学而优则仕"，"治国平天下"。
我遵从他老人家的意愿，报考了将来可以进入仕途的法政系；但
自知不是做官的料，而一贯想搞文学，既然考入中文系，当然决
意去上中央大学。

从天水乘汽车经双石铺、留坝、褒城、广元、剑门到重庆，
走了十多天。当时的汽车是"一去二三里，抛锚四五回。修理
六七次，八九十人推"。旅途虽很艰辛，而见闻却异常丰富，所

以写了一篇包含十来个小标题的《自兰州到重庆》，在中大的校报《政潮》上发表，可惜这张报纸没有保存下来。

中大校本部在沙坪坝，我在那里经过口试、体检等办完了入学手续，然后带着行李，从磁器口坐船上溯嘉陵江三四十里，上岸爬山，好容易才到达柏溪。各系一年级学生，都是在柏溪上课的。

这一年的8月15日日本投降。抗战胜利，举国欢腾，物价暴跌。父亲为我上大学卖掉两亩地，得钱不多，而汽车票价未减，所以到了沙坪坝，已经所剩无几。好在国立高中生考入大学后继续享受公费待遇，吃饭不发愁。上了四年大学，挣稿费，课余打工，不但未向家中要一分钱，还给父母寄钱聊表孝心。

柏溪分校修建在地势很高的山窝里。低平处有一道清澈的溪水，夹岸苍柏翠竹，风景宜人。四座用竹竿稻草搭建的大宿舍靠近溪边，洗脸洗脚很方便。宿舍里用三张架子床（上下层各睡一人）围成一个方格，一格接一格，一眼望不到头，中间只留了三条小通道。没有桌椅，每人发一块拴有绳子的木板，将绳子套在脖子上，怀抱木板，在上面绘图、演算、写作，或坐在床边，或坐在山巅水涯的任何地方，都很方便。我刚住进宿舍，感到很新奇，作了一首诗，诗题是《中央大学柏溪宿舍以竹竿稻草为主要建筑材料，共四座，每座容三四百人，其少陵所谓"广厦"者非欤？戏为一律》。诗云：

> 突然见此屋，矗立蜀江隈。
>
> 烽火燃不到，烟尘锁又开。
>
> 宏嵌百页户，大庇万国才。
>
> 秋雨秋风夜，鼾声起众雷。

在那"广厦"中，我与丁恩培占有一张架子床，他在上床，我在下床。出宿舍，走过蜿蜒曲折的小路，爬上几十个台阶，便到了教学区。每天晨起，浓雾弥漫，从宿舍到教室，看不清前面的同学，不小心便会踢上别人的脚后跟。就此，我也作了一首诗：

> 晨曦失形影，瘴雾掩东西。
>
> 吠吠谁家犬，潺潺何处溪。
>
> 更无天在上，最怕路临歧。
>
> 不识青云客，登阶孰指迷？

中文系一年级的课程有国文、英文、《史记》研究、《尚书》研究、中国通史、哲学概论和体育。入学成绩好的修基本国文、基本英文，成绩差的修补习国文、补习英文。我修基本国文，由朱东润先生讲授，由杨晦先生讲授的补习国文有时也去旁听。我修的基本英文，由赵瑞蕻先生讲授，有课本，所讲全是文学名著，故称"英文"而不叫"英语"。朱东润先生是分校中文系主任，为我们讲基本国文和《史记》研究两门课程，发作文本时多次表扬我，所以星期日常去请教，关系密切。《尚书》研究由王达津先生讲授，他是年轻讲师，正谈恋爱，我和几位同学喜欢到他宿舍里去吸他的香烟，无话不谈。哲学概论由熊伟先生讲授，主要讲西方哲学。体育课要求极严，学年考试内容是：四个双杠动作，三个垫上动作，八百米长跑，一分钟投篮。考不及格便留级。我是初中篮球校队队员，一分钟投中三十球，其他几项也都达标，受到老师的赞许。

第一次出远门，首先是思念父母，其次是思念故乡的同学好友。我在柏溪作有《遣怀》四首，录其三、其四如下：

> 驾言游东岭，登高望四荒。
>
> 归路长漫漫，逝水浩汤汤。
>
> 白云西北驰，飘渺去何乡？
>
> 今夜云息处，或是渭之阳。
>
> 渭川清且涟，蜿蜒抱我庄。
>
> 槐柳荫柴门，兰蕙上高堂。

高堂双亲老，萧萧两鬓霜。
而我缺温清，远游来殊方。
养志嗟何时，陟岵徒彷徨。

连山若合围，长林摇旌旆。
寂寂鸟不闻，风雨正如晦。
徘徊将何适，度此日如岁。
忽枉故人书，喜极还拭泪。
上言处穷荒，无人同气味。
旧游各一方，黾勉思余最。
下言冬意穷，江山行如绘。
寒梅已吐花，行吟诗成未？
诗成复何益，悲此人寰隘。
何当刷劲翮，一举冲天外？

▲柏溪留影

前一首思念父母。"温清"，"冬温
夏清"的省语。"冬温被使暖，夏扇席使
凉"，是古人孝顺父母的范例。"陟岵"，
登上岵山，与全诗首句"游东岭"呼应。
《诗·魏风·陟岵》："陟彼岵兮，瞻望
父兮！……陟彼屺兮，瞻望母兮！"

后一首中的"忽枉故人书"，指忽然
接到老朋友王无怠的信。兰州高考，与无
怠同住一室，他只报考西北农学院的畜牧
系，考上了。他与我同上天水中学初中，
是同班突出的高才生，家住西关二郎巷，
经常约我去吃饭。我上国立五中高一时，
在他家后花园南厅及"留月楼"住宿，曾

与他深夜共读。他初中未毕业即与正在上女师的刘淑娴结婚，恩爱异常，高中毕业后不愿离家，因而不考大学。经我反复劝说，才决定报考离家最近的武功西北农学院。1990年前后，他在兰州畜牧局工作，已是名扬中外的牧草专家，专程来西安看我时激动地说："要不是你臭骂我一顿，我就不去考大学；不去考大学，哪有今天！"

中央大学决定于暑假中迁回南京，因而提前放暑假，让所有同学于9月初赶到南京报到。我和丁恩培及另一位在中央大学上法律系的冯国璘同乘汽车回家，看望日思夜想的父母。

第 四 章

游学金陵

这次回家，父母见到了日思夜想的儿子，当然最高兴，兄嫂也高兴，因为他们认为我上了名牌大学，将来能干大事、挣大钱。邻居们原以为霍家川出不了大学生，如今竟然出了一个，还是中央大学的，都高兴。兄嫂和邻居们的这种高兴，反而加重了我的精神负担，抗战虽然胜利了，但许多有识之士都认为，这只是"惨胜"，国家的前途堪忧，个人的前途堪忧，高兴不起来。

我回家时正是农忙季节，跟父兄下地干活，忙了二十多天，便进城看望了几位老同学，然后远赴南京。

这是一次艰辛的旅行，也是令人感慨万千的旅行。我刚到重庆上大学的时候，国共两党的"重庆谈判"正在进行，谈判内容当然无从得知，但舌战激烈之时，内战的枪炮已经打响，和平建国的希望已经变成失望，这却是无人不知的。

66

抗战胜利已经一年了，但陇海铁路的西端仍在宝鸡，而由天水坐汽车到宝鸡，仍要绕道双石铺，翻越秦岭。我坐的汽车只走了八十华里，便抛锚了，住在那里等待修理，作了一首《汽车抛锚于娘娘坝，望月抒怀》的五律。抗战时期的汽车老抛锚，至今毫无改进。好容易到了宝鸡，仍然只有慢车，在车上作了一首七律：

乘慢车过关中

百感中来不可宣，凭窗日夜望秦川。

五陵佳气诚何似？三辅繁华已渺然。

零落秦宫余断瓦，萧疏灞柳剩孤蝉。

怀人吊古瞻前路，海日初明远树边。

没想到，以周秦汉唐的首都长安为中心的关中，竟然是满目疮痍！

汽车抛锚，火车也抛锚，请看下面两首诗：

自陕州乘慢车，晚抵硖石驿遇雨，
驿无旅店，乃于车上枯坐达旦

车头如老牛，蹒跚复号叫。巳时发陕州，

张茅酉始到。已叹行路难，况复伤流潦。
晚抵硖石驿，玄夜设天罩。牛困不肯行，
雨狂风更暴。盈车千万人，千万声嗷噪。
何处觅床褥，无地设锅灶。因省长者食，
徒增小儿尿。甲倾压乙股，丙欹碰丁帽。
一语不相能，四处飞讥诮。空闻南北音，
不辨东西貌。侵凌起争端，攫夺酿祸醣。
力服借军旅，言折赖老耄。未下蕃君榻，
难觅抟翁觉。众相此间多，枯坐裁诗料。

次日晨雨止而车不能行，乘客乃冲泥至观音堂，扶老携幼，想见乱离时光景

嚣声息复作，雨止天渐晓。车胃饿火苗，
洛阳何能到？归心啮万人，双足溅泥沼。
迤逦壮扶弱，蹭蹬弟援嫂。咿咿儿索乳，
嘤嘤女呼抱。山泥沾于胶，山石滑似藻。
泥沾鞋已脱，石滑身屡倒。纨袴谁家郎，
扬鞭驰骣裹。堕地声砰訇，面溃目几眇。
垂天云墨墨，匝地雾浩浩。萧条荒山中，
寂寞绝飞鸟。我生巨乱时，栖身桃源表。
何尝见流离，几曾识饿殍。于此见飘零，
忧心愁如捣。

7月20日抵郑州，在同学好友许强华家住了好几天。郑州是春秋时代郑国所在地，建有子产祠，我特意去看，作了一首五言古风：

谒子产祠

子产有祠堂，寂寞飞埃外。

虫蚀高栋折，蛛翳疏棁晦。

凄凉劫火余，何人起废秽！

夫子当国时，宽猛交相济。

忠俭从而与，泰侈因之毙。

弗许以政学，所以锡伦类。

操刀且未能，使割岂不害！

蕞尔一郑相，遽令晋垣坏。

岂惟饰虚辞，抑亦昭实惠。

无齿身何焚，有德国安败。

嘉言裕后昆，善政淑当代。

再拜沐清风，千载想遗爱。

子产（？—前522），春秋时代的政治家。郑简公十二年（前554）为相，倾听"国人"意见，推行一系列改革措施，收效显著，使郑国走向富民强国的道路。我在这首诗中，先用四句诗写出了子产祠已经破败不堪、人迹罕至的惨象，然后发出了"凄凉劫火余，何人起废秽"的慨叹。

从天水出发，坐汽车，坐火车，走走停停，停停走走，始于8月初渡长江，入南京，在中央大学的一座教室里占了一张床住下来，作了一首五律：

八月初抵南京，入中央大学

六代繁华梦，八年沦陷悲。

劫收忙大吏，供给苦遗黎。

南雍复开讲，多士又盈墀。

致富图强路，抠衣问导师。

南京是三国的吴，东晋，南朝的宋、齐、梁、陈"六代"的京城，向以繁华著名。到如今，那繁华已是遥远的梦。南京，又是辛亥革命后中华民国的首都，但还没有繁华起来，即于1937年12月13日被日本侵略军攻陷，烧、杀、淫、掠长达六周之久，被集体枪杀、焚烧、活埋，以及用其他方法残害致死者，多达三十万人以上。大屠杀中的幸存者在长达八年的沦陷中，是怎样生活下来的？我在诗中只用了一个"悲"字，而仅用一个"悲"字，又怎能涵盖那血泪交流、贫病交加的日日夜夜呢？现在抗战胜利了，迁都重庆的政府回来了。回来又怎样呢？"劫收忙大吏，供给苦遗黎。"官方叫"接收"，民间叫"劫收"，一字之改，严于斧钺。"遗黎"，指大屠杀中幸存的老百姓。大吏们劫收捞钱，老百姓还要纳粮纳税，用血汗钱填满他们的欲壑。从重庆迁回南京四牌楼原址的中央大学，也快开学了。尊敬的导师啊，您能为我们指明富民强国的正路吗？

这就是我游学金陵的第一首诗。

由于学生宿舍还未搞好，赶来报到的同学都住在教室，我在文学院的教室里占了一张床。不久，丁恩培也来了，给我带来了母亲为我缝制的棉袍，还有父亲的一封信，信中有他作的《感怀林儿游学》诗："白露为霜射户明，书声夜籁吼秋声。诗人吟作苦寒月，游子衾单系我情。"我即敬和原韵，作了四首七绝：

> 长江滚滚到天明，入耳常疑渭水声。
>
> 客里思亲频有梦，庭帏夜冷不胜情。
>
> 北雁南来月正明，遥传慈父唤儿声。
>
> 旧衾儿已添新絮，为慰高堂念子情。
>
> 谕子课孙夜继明，天涯万里共书声。
>
> 他年问礼趋庭日，呼侄同申反哺情。

鹑衣破屋雪霜明，几处流民呵冻声。

广厦长裘儿有愿①，本仁陈义治人情②。

注：① 杜甫《茅屋为秋风所破歌》："安得广厦千万间，大庇天下寒士俱欢颜，风雨不动安如山。"白居易《新制布裘》："安得万里裘，盖裹周四垠，稳暖皆如我，天下无寒人。"

② 《礼记·礼运》："故圣王修义之柄、礼之序，以治人情。故人情者，圣王之田也。修礼以耕之，陈义以种之，讲学以耨之，本仁以聚之，播乐以安之。"

和韵诗第四首中的"鹑衣破屋雪霜明，几处流民呵冻声"，这是与原唱中的"游子衾单"呼应的；但不仅是为了呼应，而是如实地写出了我的亲眼所见、亲耳所闻。建万间广厦以大庇天下寒士，制万里长裘以盖裹天下寒人，也的确是我的愿望。

半月后，距四牌楼很近的文昌桥宿舍建好了。每室四张架子床，住八人。经过自由组合，我和同班的胡念贻、王叔武、颜景常、易森荣和历史系的丁恩培等同住一室，由于都有较好的文史功底和共同的文艺爱好，所以相处十分融洽，毕业多年后，仍然书信往来，交情弥深。我与易森荣共据一床，他住上铺，我住下铺。1987年，他专程来访，话旧终宵，我作诗送行：

负笈南雍结好朋，推窗共看蒋山青。

朝吟诗和尖叉韵，夜话床连上下层。

雨后分飞双翮健，劫余重见二毛生。

成行儿女多英俊，莫叹沧桑惜晚晴。

胡念贻住在我对面的下铺，与我仅隔两张桌子，毕业后考上何其芳先生的研究生。1981年秋，我指导的五名硕士研究生举行学位论文答辩，这时，念贻已是中国社会科学院文学研究所的研究员，我便邀请他担任答辩委员。答辩结束，便与担任答辩委员会主席的王达津先生共游大雁塔、乾陵。游乾陵时，我陪王先生

在陵后休息，念贻独自爬上乳头山顶。下来后兴奋异常，说他看见了华山，看见了终南山，看见了八百里秦川，的的确确地看见了盛唐气象，连声赞叹："太雄伟了！太壮阔了！"

开课之前，多次游览校园。校门四柱挺立，顶端"中央大学"四个大字光彩夺目。中门宽敞，两个侧门也不狭隘，彰显了广纳四海英才的开放气派。遥对校门的大礼堂稳重雄伟，虽不很高，但那僧帽形的顶部光洁圆润，与蓝天白云相辉映。图书馆和几座教学楼也各有特色，令人赏心悦目。校园里花木繁茂，环境优美。那株老干新枝的六朝松，是南京市内最能体现"六朝古都"之"古"的物证。

▲ 1948年2月与好友许强华（左）摄于六朝松下

1931 年 12 月 3 日，梅贻琦先生在清华大学校长就职典礼上留下了人所共知的名言："所谓大学者，非谓有大楼之谓也，有大师之谓也。"有了大师，没大楼也行；然而又有比较考究的大楼，岂不更好！好的建筑，是一种直观性很强的艺术，比诗歌、音乐等具有更直接的艺术感染力。我这个从小城市来的年轻人多次游览中大校园，观赏大礼堂等建筑艺术，顿感眼界大开，精神境界也得到了极大的提升。

从二年级到四年级，学了许多必修课和选修课。胡小石先生讲《楚辞》，朱东润先生讲中国文学史，罗根泽先生讲中国文学批评史，徐澄宇先生讲《庄子》，伍俶傥先生讲《文心雕龙》，吕叔湘先生讲欧洲文艺思潮，张世禄先生讲文字学和音韵学，汪辟疆先生讲目录学和李义山诗，我都认真学习，受益良多。诗选及习作、词选及习作、曲选及习作这三门课，既要讲解作品，又要指导习作，分别由汪辟疆、陈匪石、卢冀野三先生主持。我认真听讲、努力习作，对诗学、词学、曲学有了比较全面的了解，对诗、词、曲创作水平的提高，也有极大的促进作用。

当时的大学只有校长，没有副校长，中央大学的校长是大科学家吴有训。各院、系也只有正职，中文系的系主任先是汪辟疆先生，后是胡小石先生。汪、胡诸大师教中文系学生，强调"既入《文苑传》，又入《儒林传》"。入《文苑传》，就不仅要有深厚的文学修养，而且要有高水平的诗、文、词、曲创作。入《儒林传》，就要求既有高尚品德，又要有精深的学术研究和高质量的学术著作。这样高的标准当然很难达到，但同学们为了不负老师的热切期许，都是竭终生之力，朝这个方向迈进的。

我在重庆中央大学中文系学习的时候，汪老师兼任系主任。由于还没有听他的课，不敢登门求教。1946 年迁回南京，他为我们班开设诗选及习作课。第一堂，让会作诗的同学在黑板上各写一首近作。有几个同学写了，他评论一番，问谁还写。我硬着头皮写

▼图书馆

了一首不久前作的五律《八月初抵南京，入中央大学》，意外地受到赞许，说诗学少陵，有新意，还说字也好，神似李北海。此后，便敢到他家里去问这问那，又先后选修他的两门课：目录学和玉谿生诗。经常听讲、提问，有时还随侍出游，或者替他做些抄书、送信之类的小事，关系也就日益密切了。

随侍出游，印象最深的是 1947 年春游灵谷寺，老师作"游情常为此山浓"七律，我依韵奉和。1947 年秋登紫金山天文台，1948 年春复游灵谷寺，各有诗。

抄书，这是汪老师对我的一种有效培养。我对唐诗比较熟，对宋诗则用力较少。老师大约看出我的弱点，便结合他选宋诗，用各家别集善本，在入选的诗题上朱笔加圈，让我用毛笔小楷抄在特制的格纸上。我抄完梅尧臣、王安石、黄山谷、陈后山、陈简斋诸家；其他大约另有人抄。

送信，并不是当邮差，而是把老师的新作送给有关的专家学者。如住在汪老师对门的商衍鎏和住在中大宿舍或附近的柳翼谋、李证刚诸先生，都是由于为汪老师送诗稿而得随时请益的。

▼ 1948 年 2 月与同学许强华（右）摄于中大文科教学楼前

那时候，我喜欢作诗。每有习作，便请汪老师批改。诗，由于有韵脚、平仄、句法、章法等等的限制，牵一发而动全局，并不像散文那样好改。汪老师一般也不改，而是低吟一遍，随手圈点。有些地方则指出缺点，让自己推敲。这时候，他如果没有什么急事，一般兴致很高，告诉我最近有什么朋友寄来新作，他自己有什么新作，一一拿给我揣摩。陈苍虬、李拔可、夏剑丞诸先生的不少诗，我都是在汪老师书斋里读到的，有时借回宿舍抄写。汪老师的诗，都用工楷写在印有较大方格的彩笺上，我告别之时，他往往提笔在诗后写"松林仁弟存之"，下署"方湖"，并记年月，然后送给我。这种诗笺，我一共积累了四五十页。汪老师还给我写了一张条幅，写的是他的一首七律。这诗笺和条幅，我一直珍藏到"文革"初期，红卫兵抄家时毁于火。

那时候，我经常在《泱泱》《人文》《陇铎》等刊物发表学术论文。汪老师曾说，年轻人不宜过早发表诗文，以免晚年"悔其少作"。但当我把十多篇已经发表过的论文剪贴在本子上请他审阅时，他还是很高兴，为我题了书签：霍松林论文集。令人痛心的是这个本子也已化为劫灰。那些论文，先后托西北师大的赵逵夫教授和我以前的研究生、现在苏州铁道师院任教的杨军各复印来一部分，而汪老师的题签，却不可复得了！

那时候，我每天晚上写日记。听课笔记中的重要内容，经过整理，写进日记。登门求教时的所闻所见，也写进日记。遗憾的是，这些日记也未能逃出浩劫。

汪老师先后赠我不少书，可惜和我的其他珍贵藏书一起，在"史无前例"时期散失殆尽。幸而后来在资料室发现一册《巢经巢诗集》，便要了回来。封面上老师的手迹虽有污损，犹能辨认，移录如后：

> 学诗宜从韩杜入，方为正法眼藏。余与李拔可先生皆曾为松林言之。松林诗已到沉着境地，此最不易得。今举旧庋黔中家刻本《巢经巢诗集》赠松林，即此求之以到杜韩境界，有馀师矣。戊子十一月方湖。

"戊子"，即1948年。当时情景，犹历历在目，而时间已流

失了大半个世纪！

汪老师赠我的书有题记。我拿着自己的书去请教，他也往往要在上面写些指导性的意见。可惜这些书也早已不复存在了！值得高兴的是，师兄汪超伯惠寄新出版的《汪辟疆文集》。急翻目录，忽见《题霍松林藏〈杜诗镜铨〉》，不知为先师编遗集的千帆兄是从哪里搞来的。谨录于后：

题霍松林藏《杜诗镜铨》

诗三百篇

庄子　用郭庆藩集释本

屈原赋《楚辞》　用山带阁本

太史公书　用张文虎金陵官局校本

水经注　用武英殿戴校本

杜工部诗　用九家集注本

上六书，为治文学者必须熟诵而详说者。首训诂，次语法，次考证，最后通义旨，不可放过一字，不可滑诵一句，不可忽略一事物，寝馈勿失，终身以之，有馀师矣。《文选》《通鉴》，纂辑之书，取供浏览，抑其次焉。方湖为霍松林题记。

解放后汪老师寄我的信札和诗稿相当多，经过浩劫，只幸存1955年11月的一封信，节录如下：

来信及葡萄干均收，谢谢。葡萄干出自西北，不知何以没有佳品，岂近年行销于外地耶？《宋词举》近函南昌舍弟国枢寄宁，久未见寄来。兹恐弟急于应用，顷从唐君借得一本先阅，阅毕即还渠可也。记戊子冬月拔可有一函涉及吾弟，当时弟欲保存，惟有关系拙著《点将录笺注》数处，姑留兄处。近已补入，特将此函奉上，装池可成一小轴，亦他日文坛一掌故也。……

李拔可先生寄汪老师的信，因装在同一信封中，也幸得保存

76

至今，节录如下：

辟疆先生有道：

前得 10 月 26 日手书，并题师曾画竹一诗，其冷隽过于湖州，至佩至佩。松林兄前已谋面，其诗饶有商音，而气味甚厚，故站得住。若再深造黄韩，更无止境，诚关陇之健者也。点将录签咏何日出版？吾闽如陈博野木庵、叶邠州捐轩，未知尚可入选否？陈乃石遗之兄，酷似诚斋；叶则小学金石皆有根底，不亚樊谢也。……

李拔可（1876—1952）先生名宣龚，号墨巢，是汪老师经常提到的闽派著名诗人。经汪老师推荐，我于 1948 年 10 月初赴沪请益，作了一首《沪上谒墨巢翁》：

吾师每为说先生，有梦连宵落沪滨。

得与斯文天亦幸，维扬我武笔如神。

湔肠不吝西江水，出语能回太古春。

板荡乾坤当此日，却怜何地老麒麟！

拔可翁低吟一遍，又重吟尾联，不胜慨叹，提笔写了一句杜诗："乾坤一腐儒！"然后与我一边吃饭，一边谈诗。他说，学诗的具体办法是逆流而上，从宋到唐，重点是从陈后山、黄山谷上溯韩退之、杜少陵，以求"唐肌宋骨"。

汪老师座上常有大学者、大诗人，我一去便一一介绍。胡适、胡先骕、冒鹤亭、陈仁先、张继、贾景德、陈颂洛等，都是在汪老师客厅里认识的。

汪辟疆先生是我极尊敬、极亲近、受益极多的老师之一。1949 年春天拜别之后，思念之情，与日俱增。1959 年有事去上海，特意在南京下车，以激动的心情走进以前经常出入的晒布厂五号，奉上一斤龙井茶叶。这时候，报刊上不断有批判我的文艺观点的文章出现，无限上纲，汪老师当然看见了。因此，尽管久别重逢，

有许多话要说，但都不便多说，气氛很低沉。而这，竟是最后一次见面。1966年3月老师病逝之时，我正由于《红旗》点名而接受批斗，自然无法赶到南京。如今，好几十年又过去了，我这个学生也已年逾九秩，却仍然时常想念汪老师。

在汪老师家谈诗的时候偶然谈到词，汪老师便从书橱里找出他用蝇头小楷抄写的《宋词举》，一边翻，一边说："这是陈匪石先生的著作，非常精当，你应该精读。"我想借，他说，那是根据初稿抄的，现在书店里卖的是修订本，更精当，可以去买一本。他还介绍我去拜见陈先生，我就抄了自己习作的几首词到陈先生家里去请教。陈先生看了汪先生的信，又看了我的词，很高兴。谈词、留饭，临别又送我一册《宋词举》。不久，陈先生应系主任胡小石先生之聘，给我们开必修课词选及习作，他便成为我们最尊敬的老师了。

陈老师之所以受我们尊敬，不仅由于他是著名词人和词学专家，而且由于他认真负责，教学质量十分高，教学效果非常好。

首先，陈老师教学，有一个很好的课本，同学们人手一册。他是按课本安排教学计划的，一个学期结束，那个课本也恰好讲完了。有好课本，有严密的教学计划，同学们课前可以预习，课后可以复习，自然踏踏实实地学到了不少东西。

当时的不少大学教授，特别是中文系的教授，讲课一般没有课本，也很少发讲义。同学们一边听讲，一边记笔记，当然不可能记得很全，也不一定能够记得很准确。即使讲得很精辟，其教学效果也会打折扣。两相比较，有课本当然好得多，更何况，有好课本。

像名著精读那样的课程，应该说，是有一个最基本的课本的，那就是名著本身。比方说，同学们选修《楚辞》选读这门课，当然都事先买了《楚辞》这本书，诸如王逸的《楚辞章句》、洪兴祖的《楚辞补注》、朱熹的《楚辞集注》，等等。然而有些名教授即使讲名著选读也毫无计划，不考虑进度。例如，讲《楚辞》，眼看一个学期就过去了，才讲完《离骚》开头的那四句。论渊博，那的确很惊人。但学完了《楚辞》选读课，其结果只会讲那四句，其收获毕竟是有限的。当然，对于优秀生来说，可以从老师的旁征博引、左右逢源的讲授中，领会到治学门径和治学方法，还可以为自己攀登高峰树立高标准，然而这样的优秀生毕竟是个别的。两相比较，同学们对按照计划循序渐进地讲完一门课程的老师更欢迎。

陈老师所用的课本就是《宋词举》。关于这本书的撰著经过及主要特点，陈老师在 1927 年 5 月写的《叙》里讲得很清楚，移录如下：

> 词之为物，深者入黄泉，高者出苍天，大者含元气，细者入无间。虽应手之妙，难以辞逮，而先民有作，轨迹可寻。若境、若气、若笔、若意、若辞，视诗与文，同一科条。惟隐而难见，微而难知，曲而难状。向之词人，或惩夫雨粟鬼哭而不肯泄其秘，或鄙夫寻章摘句而不屑笔之书。否则驰恍惚之辞，若玄妙而莫测；摭肤浅之说，每浑沦而无纪。学者扪籥叩槃，莫窥奥窔，知句而不知遍，知遍而不知篇，不独游词、鄙词、淫词为金应珪所讥也。

> 至张玉田、沈义父、陆辅之及近代之周止庵、陈亦峰、谭复堂、冯蒿庵、况蕙风，论词之著，咸有伦脊矣；然始学之时，仍体会匪易。余曩者尝苦之，乃久而有得焉，久而有进焉。高曾之矩矱，固时闻于师友；康庄之途径，乏可览之图经。盖由能读而能解，而能作，而知所抉择，冥行摛埴，不知其几由旬矣。比年以来，黉序之中强以讲授，而晷日限之，收千里于尺幅，吐滂沛乎寸心，既不易为；蹊径任其塞茅，寸阴掷诸虚牝，又非所忍。然

余平日读词，偶得善本，校理异文，有读宋元词之记；心所向往，取则伐柯，有宋十二家词之选；师刘《略》、阮《录》之例，仿经义小学之考，又拟辑《唐五代宋元词略》；万氏《词律》经王敬之、戈顺卿、丁杏舲之攻错，杜小舫之校勘，徐诚庵之拾遗，而一二疏漏，尚堪捃拾，偶有所获，亦时缀记简端。卒业未遑，徐俟研讨。乃先就所选之宋十二家各举数首，附著其所校理者、辑录者，并申卮见，以与诸生讲习，命之曰《宋词举》。一隅虽隘，或能反三；滥觞虽微，终于汇海。盖欲学者触类旁通，由是而能读，能解，驯致于能作，悉衷大雅，毋入歧途。过而存之，此物此志，非敢窃比张、周也。若核其取舍而訾所未当，因其说解而嗤为短书，余诚愿拜受嘉赐。

我之所以抄出这篇《叙》的全文，是因为它谈到许多至关重要的问题。前半篇，陈老师讲了他研治词学的艰苦历程。他指出，词在境、气、笔、辞等方面，与诗文有共同性，但"隐而难见，微而难知，曲而难状"，又有其特殊性。这特殊性就给学者造成了困难，"扪籥叩槃，莫窥奥窔"。他自己是经过长时期的摸索钻研，才"由能读而能解，而能作，而知所抉择"的。他深有感触地说："康庄之途，乏可览之图经。"言外之意是，如果有这样的"图经"，那就有康庄大道可走，用不着暗中摸索了。为读者提供这样一种"图经"的意愿，已跃然纸上。后半篇讲他为什么要撰写《宋词举》以及怎样撰成《宋词举》。1927年前后，陈老师在北京的几所高等学校里讲授词学，他在教学实践中深深感到"晷日限之，收千里于尺幅，吐滂沛乎寸心"的困难，也就是课时少与教学内容多之间的矛盾不易克服。而《宋词举》一书，就正是为克服这种矛盾而撰成的。"举一反三"，"触类旁通"，就是这个课本的特点和优点，也是一切课本应该具有的特点和优点。有了这样的课本，那就可以"收千里于尺幅，吐滂沛乎寸心"了。我觉得，匪石师从长期的教学实践中总结出来的这个编写课本的原则，具有普遍的适用性，至今仍然应该引起一切编写教材的人的高度重视。当然，光知道这个原则还很不够，必须对自己所从事的那门学科长期钻研，深造自得，才能较好地运用这个原则。因此，匪石师在《叙》的前半篇所谈的治学经历，也是值得高度重视的。

《宋词举》在1941年又经过一次较大的修改。匪石师在《叙》后的再记里说："丁卯写定，徐仲可见之，怂恿问世，余谢未遑，委之敝篋十余年矣。避寇巴山，与乔大壮窟室相逢，辄共商讨，爰理而董之。云炮隆隆，若弗闻也。校记、考律而外，论玉田、碧山作法者增订尤多，岂两家心事，今日体会倍切乎？"的确，他对张炎、王沂孙词中寄寓的盛衰兴亡之感，是阐发得特别感人的。

我们买到的《宋词举》就是经过这次修订、1947年正中书局81直行排印的"大学用书"。4月初版，9月已印第四版。匪石师认为学词当用逆溯法，先南宋，后北宋，而终以五代与唐。这样做，便于沿委溯源，由博返约。此书虽限于两宋，但在论小晏时指出："由是以上稽李煜、冯延巳，而至于韦庄、温庭筠，薪尽火传，源流易溯。"则于唐五代取温、韦、李、冯四家，合两宋共十六家也。卷上、卷下开头，各有极扼要的总论，概述宋词流派，展示宋词发展道路，而选此十二家的理由，已阐释无遗。所选每一家，先简介生平及词集版本源流，然后辑录昔贤评语。选词不用标点符号，只标出"韵""协"，既有断句作用，又明示节拍所在。这样做，还有一个好处，那就是遇到难于标点的地方可免臆为标点的错误。匪石师曾说，词中七字以下的句子由诗嬗变，八九字以上者由加和声。词以韵定拍，一韵之中，字数既可因和声伸缩，歌声为曼为促又各字不同，作词者只求节拍不误，而行气遣词自

有挥洒自如之妙。故有不可分之句，又有各各不同之句。屯田《征部乐》"须知最有风前月下心事始终难得"，便不可分；《霜叶飞》前结，清真作"又透入清晖半晌特地留照"，梦窗作"彩扇咽凉蝉倦梦不知樊素"，便各各不同。只标"韵""协"而不加标点，这样的长句便容易处理。每首词后，先校记，次考律，继以论词。这真是"每举一家，即具其原委；每举一首，即具其要领"！然而文字又十分简约，总计全书，也不过六万字左右，真可算"少而精"了。

有这样的好课本，又按严格的教学计划用七十来个课时讲完这个课本，其教学效果已经有了保证。然而还不仅如此。陈老师既有丰富的教学经验，又有高超的教学艺术，这就使得他的教学效果更加突出了。

匪石师邃于音韵，精于倚声。每讲一词，先讲明词律，然后根据词律特点和词的意境放声吟诵。其声音之抑扬抗坠，词句之转折跌宕，情感之欢愉悲戚，文气之开阖舒敛，一一从吟诵中体现出来，极富感染力。匪石师曾说："好词须熟吟。讽籀之初，先观《律》《谱》所言，再参以各种善本、校本，考其异同，辨其得失，然后反复吟诵。熟吟百回，则此词之意境声律，不啻己有。"选入《宋词举》的那五十三首词，当然都是他熟吟百回的作品。其意境声律，都在他心目之中，因而在课堂上高声吟诵，自然会产生那么强烈的艺术魅力。

吟诵一过，同学们已经被吸引到全词的意境之中，紧接着便逐字逐句地讲词。我们知道，从《乐府雅词》《花庵词选》以来，词的各种选本很多，张惠言《词选》、周济《宋四家词选》等尤负盛名，然而都不曾详细地解析作品。对所选的每一首词详加解析，《宋词举》确有开创之功。而且，这不是一般的解析，而是确如唐圭璋老师所说的"透彻无伦"的解析。既已"透彻无伦"，

82

那么在课堂上讲词，如果只复述课本中"论词"的内容，在深度和广度上没有较大幅度的突破，那仍然是要失败的。匪石师的课堂讲授，之所以那么受欢迎，正在于对课本中已经"透彻无伦"的"论词"在深度和广度上有极大的突破。举例来说，张炎的《解连环·孤雁》，《宋词举》中说"此为咏物之作。南宋人最讲寄托，于小中见大"，而对于"寄托"，却全无解释。在课堂讲授中，则先引周济"词非寄托不入，专寄托不出"的议论，又结合六义中的比兴加以发挥，最后归结到必须"缘情造端"，而不应"刻楮为叶"。作者必先有无穷感触蓄积胸中，不能自抑，则偶感于物，便如箭在弦，不得不发。名以"寄托"，便流于迹象，其实是不尽妥当的。在作了如此发挥之后，又简述张炎生当宋末，入元曾游燕蓟，其后久寓临安的身世遭遇，说明他胸中积蓄的独特感触不能自抑，偶遇"孤雁"而发为此词。接下去，这才讲词。而这一切，都是课本的"论词"中所未写出来的。又如张炎的《八声甘州·辛卯岁，沈尧道同余北归，各处杭、越。……》，《宋词举》中说"前五句追溯同入燕都事"，而都是一些什么"事"，却没有说。课堂讲授时，则引张炎的《凄凉犯·北游道中寄怀》《壶中天·夜渡古黄河，与沈尧道、曾子敬同赋》《声声慢·都下与沈尧道同赋》等词的有关内容互相印证，加深了同学们的理解。这样的例子是不胜枚举的。对于句法、章法的解析，对于炼字、炼句、炼意的说明，以及对于整个词境的阐发，也都超出课本中"论词"的范围。这不仅使同学们加深了对词的理解，而且使我们领悟到：一部精粹的学术著作，并不是著者把他所掌握的全部有关的东西一股脑儿罗列出来就算完事，而是反复筛选，反复提炼出来的精华，因而往往有几倍乃至十几倍的材料作它的后盾。

陈老师讲课，妙义环生，常常有精辟的发挥，而又目的明确，要言不烦。绝不像有些人那样炫耀渊博，离题万里；更不像有些

人那样故弄玄虚，不着边际。他讲词，其词不啻己有，故诚于中而形于外，不仅语言极富感情，而且神采飞扬，须眉皆动，又极富于表情。六十多年过去了，陈老师吟词讲词的神情语调，仍往往浮现于眼前耳畔。

我们当时学诗、词、曲和各体文，都是有习作的，但习作不一定都很认真。陈老师每讲一首词，都讲明词律、词意，讲明如何起、如何结、如何承转、如何翻腾、如何呼应，讲明全篇的脉络、气势。这一切，同学们都大体弄懂了。讲词既多，吟诵既熟，自然都想自己学着作。而交了习作，陈老师又是认真批改的，这就越发提起了填词的兴趣。等到学完这门课，熟读陈老师讲过的五十三首词，同学中有好几位都能填出像样的词了。谈陈老师的教学效果，这一点，也是不应忘掉的。

匪石师既是卓越的词学家，又是著名的词人。徐森玉先生称其词"瓣香两宋，谨饬不苟，朱疆村、况蕙风以下，殆罕其俦"。但他一直在推敲修改，不肯刻印。于右任先生曾经问我："陈匪石先生的词，我早想替他刊行，他总说没有定稿，现在定稿了没有？"我说："还在不断修改，不肯印。"于先生说："你去劝他早日出版，老是改，一辈子也定不了稿。"我于是向匪石师复述了于先生的话，他听完后沉吟半晌，然后说："那就先油印几十本征求意见。"我因而邀约了几位同学，分工刻写，印了几十本，匪石师在 1948 年 11 月写的跋里说：

> 学词四十年，癸酉丁丑，两写清本，甲申旅渝，复釐为五卷，皆未移时，辄多改削。盖词之为事，条理密，消息微，惬心綦难也。尝谓即卑无高论，亦须妥溜中律，意境气格，不涉鄙倍卑浅。斯未能信，曷敢示人。毛德孙、李敦勤、霍松林、唐治乾诸君，坚乞录副；履川老友，力予怂恿。日暮途远，姑徇其意。益以近作，过而存之，

一息尚存，仍待商榷。若曰定稿，则非所承矣。

这种永不自满、精益求精的精神，实在令人感动。"一息尚存，仍待商榷"，这是发自内心的。大半年以后，他手头的油印本几乎每页都有修改。

这个油印本印出不久就放了寒假。寒假中，陈老师被他的二女儿陈茝接到重庆去住，开学后没有回来。

卢冀野（1905—1951）老师是曲学大师吴梅先生的得意门生，在陈匪石（1883—1959）老师、汪辟疆（1887—1966）老师面前，他是晚辈，却已经以高质量的学术专著和诗词曲创作闻名遐迩了。他自署"江南才子"，一般人也是认同的。他给我们开设曲选及习作课，对习作抓得特紧。我也既研究，又习作，学得很努力，多次受表扬。我当时所作的许多诗文词曲，都是在他主编的《中央日报·泱泱》上发表的；稿费虽然很有限，但也不无小补。我至今还记得清清楚楚，在中央日报社领到《论杜甫的创体诗》的稿费后，买了我有生以来的第一支钢笔，用了好多年。

令人慨叹不已的是：卢老师只活了四十六岁！感谢中华书局没有忘记卢老师，在卢老师逝世五十五周年时出版了《卢前诗词曲选》，并在《出版说明》中对卢老师作了简要的介绍和崇高的评价。我把介绍中的"1951 年 4 月 17 日病逝于南京"一句看了好多遍。唉！"逝"，这是千真万确的，但又何尝是"病"逝呢！

我在重庆柏溪上中央大学一年级时，朱东润先生是分校中文系主任，为我们班讲授《史记》和基本国文。我的几次作文，都是当堂交卷的，写的都是文言文，而其他同学写的多是语体文。第一次到他住处请教时，先呈上我的诗词抄本。他看了几首，又低吟一首，高兴地说："你的诗，特别是五古，是学杜甫的。杜诗不好学，你能学，因为你感情厚。""感情厚"的评价，是我第一次听到的。他还说我的文言文也写得好，问我读过哪些古文。

第四章　游学金陵

我说幼年熟读《古文观止》，上高中时，也读过姚鼐的《古文辞类纂》。他说："现在通用语体文，你应写好语体文。"他说他早年出版过一部研究《诗经》的书，用文言写的，一般人读不懂，只卖掉一册。我说我会写语体文，但也想写好文言文。他点头称是。回到南京，他住在文昌桥的教授楼，就在我的宿舍斜对面，因而我经常登门请教、聊天，关系很密切，毕业后一直有联系。上世纪50年代初我为中文系学生讲授元明清戏曲小说，想找一部善本《红楼梦》，写信给朱老师，他即寄来一部戚序本。粉碎"四人帮"后，我的学生茹桂搞书法，求我讨一幅朱老师的书法作品。朱老师看信后寄来了三个条幅。一幅的上款写"茹桂教授"，另两幅是寄我的。1986年初冬，徐中玉先生领导的国家教委全国高等教育自学考试中文专业委员会在华东师大开会，我与金启华先生作为委员参加会议，同住一室，晚饭后同到复旦大学看望朱老师。朱老师在"文革"中的遭遇异常悲惨，师母弃世，只一个女儿照顾他。没想到，他一见我们，便谈笑风生。在"文革"中当过"牛鬼蛇神"的人谈起"文革"，都谈惨事，朱老师却谈趣事，可惜当时没有把朱老师追述文革趣事搞一个光盘，只能由我转述："文革"初期，朱老师和复旦大学中文系的另两位大师级教授被关在同一房间，由几名红卫兵"保卫"着。其中一位大师对红卫兵说："我是个坏蛋，但把我和朱东润、某某某两个大坏蛋关在一起，我至死不服！"红卫兵说："好！给你个单间。"进入单间，那位大师心中暗喜，进一步讨好红卫兵："你们玩儿去吧！我不跑。"红卫兵不表态。大师说："怕我跑，就找绳子把我拴起来。"红卫兵找来一条绳，用一头捆住他的双手，另一头拴在床腿上，走了，哐的一声关上房门。紧接着，两个"外调"的来打门，越打越凶，大声问："房里有人吗？"大师说："没有人啊！"房外问："你不就是个人吗？"大师答："我不是人！我是牛鬼蛇神！"

86

在前面，我详谈了好几位老师对我的教诲和帮助。在校外，也有好几位师长教诲我、帮助我，深情厚谊，终生难忘。

1947年的春天，我正在南京中央大学中文系读书，曾在《中央日报》《和平日报》和《人文》等刊物上发表了不少诗词、随笔和学术论文，受到老师们的赞许。于右任老先生出任监察院长，聘请了许多著名学者任监察委员，其中就有我的老师汪辟疆教授和卢冀野教授。他们在监察院开会休息时聊天，夸奖我这个来自西北的学生功底扎实，才华出众。于老听了很高兴，说他在报纸上也注意到署名霍松林的诗文，接着大发议论："我们西北在周秦汉唐时很出人才；宋代以后经济南移，西北落后了，现在是江浙财团的天下，但西北还是有人才的，大家讲的霍松林，不就是难得的人才吗？"汪老师抓住时机，对于老讲："这个学生家境清贫，学费困难，希望介绍个业余工作。"于老说："做工影响学业，叫他来见我，我供学费。"汪老师回校后，把这一切告诉我，要我拿上论文剪报和手抄诗词去拜见于老。于老家住宁夏路一号，每次趋谒，倘座无他客，则论学谈艺，常到深夜。我说，上中学时，读过于老的《牧羊儿自述》，于老因而询问我的童年情况，我说："我也放过羊。"于老高兴地说："出身清贫，洞察闾阎疾苦，往往能立大志，成大业。"我请教诗法和书法，于老说："有志者应以造福人类为己任，诗文书法，都是'余事'。然而'余事'也须卓然自立，学古人而不为古人所限。"每次拜谒，在谈话结束时都用宣纸写一张条子，让我到财务室去从他的工资中领一笔钱。这种条子，先后写过十多张，后来有人说："你把那些条子珍藏起来，就更有价值。"这一点，我当时就意识到，但我实在太需要学费啊！

于老一身正气，两袖清风，一贯缺钱用，却从微薄的工资中抽出一部分给我作学费，充分体现了他为国育才，"为万世开太平"

的博大胸怀。1948年春，于老奉命参加"副总统"竞选，友人善意劝阻，问他："人家有金条，你拿什么与人家争？"他说："条子！"友人大惊："你还有条子？"他又笑着说："有啊！乃手书'为万世开太平'的字条子，非金条子也。"于老短时期内日夜挥毫，遍赠"国大代表"，我曾为他拉纸。每一条幅写的都是"为天地立心，为生民立命，为往圣继绝学，为万世开太平"。大家都知道，这是北宋"关学"大师张载的名言，于老奉为座右铭而付诸实践，成为他平生事业和人格的写照。他用这种"条子"赠人，不是争名利争地位，而是争更多的人"为万世开太平"。于老晚年自号"太平老人"，他是多么向往太平世界啊！

1947年重阳节，由于老与张继、贾景德做东，遍邀京、沪、苏、杭的著名诗人雅集紫金山天文台，登高赋诗。到会的七十余人中我最年轻，唯恐作不出像样的诗，贻笑大方，因而认真构思，反复推敲，作了一首五古《丁亥九日于右任先生简召登紫金山天文台，得六十韵》：

钟阜压江湄，势与泰华埒。

陡起插天关，穴此日与月。

烟岚相颁洞，云霞忽变灭。

积想通山灵，约我黄花节。

驱车何太驶，倏入虚皇阙。

枫柟吟断涧，松栝啸深樾。

石廪与天厨，神物司扃鐍。

百怪眩左右，一道通箭笴。

着我天吴宫，侍坐文章伯。

堂堂三原公，勋名光史册。

余事擅书法，挥毫当座客。

龙蛇入金石，鳞甲动碑碣。

诗亦如其书，威棱不可遏。

掣鲸碧海中，浩气驾虹霓。

沁水今礼部，量才衡玉尺。

平生诗万首，传诵累重译。

沧州领史局，雅有征南癖。

陈范羞前辈，班马实联璧。

三老气精爽，同据主人席。①

以次置几椅，嘉宾森成列。

商翁头已童，冒先鬓如雪。

方湖吾本师，眉宇何朗彻。

王陈称沅澧，词坛两健鹘。

卢师忽落帽，喧笑声稠叠。②

济济七十人，鲰生亦忝窃。

篱畔开高宴，肴饵纷陈设。

活鬻庖丁解，霜脍昆吾切。

风伯拭杯器，日车送曲蘖。

酒酣斥八极，顾盼小吴越。

万山斗姿媚，殊态争趋谒。

或驰而甲胄，或拱而袍笏。

或腰大羽箭，控鞍而振策。

或手旌与旗，夹道而引喝。

如狮或奔腾，如虎或咆勃。

或如鹏摩空，或如鹰奋翮。

或宛若鸥鹭，或翩若蜻蜓。

或虫而蠕蠕，或马而駸駸。

或鲸而谽谺，或鳄而饕餮。

百谷栖平野，田田若补缀。

此乃民之天，尔曹慎勿夺。

大江泻千里，势欲吞溟渤。

一气苍茫中，冯夷之所宅。

蛎奴亲珠母，虾姑混鱼妾。

硖礚打石城，沧桑几代阅。

碎云泻日影，一望摇金碧。

绿泛子胥涛，朱化湘娥血。

造物闷灵异，不与世俗接。

当其遇合时，玄机偶一泄。

在昔天宝间，艺苑郁蓬勃。

众贤登雁塔，俯仰宇宙阔。

追琢鬼神愁，乃启委婉穴。

大句照千古，灵变犹恍惚。

奈何朝政昏，巨乱起胡羯。

河岳遍腥膻，黎庶尽流血。

李杜诸诗人，忧时徒哽咽。

何如金风凉，盛会夸今日。

登高瞰远眸，述志舒健笔。

同室忌阋墙，兆民贵团结。

致富追西欧，图强继先烈。

奚用观天文，岂徒理秋袯？

注：① 三原、沁水、沧州，分别指于右任、贾景德、张继三先生，为此次盛会东道主。

② 商翁、冒先、方湖、王、陈、卢，分别指商衍鎏、冒鹤亭、汪辟疆、王新令、陈颂洛、卢冀野诸先生。

自从拜别父母游学金陵，由于拿不出路费，寒暑假都未回家，经常思念双亲，形诸吟咏，选录一诗一词：

思亲二十韵

人生居家好，胡为浪出山。

读书亦何用，煮字宁可餐？

夜夜梦高堂，白发垂两肩。

积雪迷天地，倚门眼欲穿。

惊呼未出口，忽隔万里天。

感叹还坐起，揽衣涕汍澜。

趋庭思往日，明珠掌上圆。

七岁卒四书，五经十二全。

闲来骑竹马，登高放纸鸢。

此外百无事，惟望过新年。

新年有何乐？其乐不可言。

拉母索新衣，看爷写春联。

年集①购所爱，盈筐发笑颜。

守岁常不睡，张灯满屋檐。

爆竹随意放，声破远村寒。

腾欢累半月，如今剧可怜！

亲老家日落，一钱贷人难。

犹自念痴儿，何以度年关！

年关今已度，乡思日转添。

愁看邻家子，各自媚膝前。

归计倘能售，贵命宁弃捐。

石田亦堪种，衣彩为亲欢。

注：① 乡俗称年终集市为"年集"，即买卖年货（新年所用货物）的集市。

此诗作于 1948 年春节。家乡人把从腊月下旬到正月初一之间的这几天看成过年的"关口"，叫"年关"。这几天，既要用钱

办年货，又要用钱还债，有钱能过去，没钱过不去，父亲多年来在这几天老喊"年关难过"。这首诗的结尾部分讲到父亲"年关难过"，还担心儿子怎样才能度过年关，好几位读者都说"体贴入微"。对于全诗，也都说"情真意切，感人肺腑"。

玉烛新·梦归

霜风吹客袖。越万水千山，里门才叩。短垣矮屋，摇疏影、一树寒梅初秀。抠衣欲进，怕老母怜儿消瘦。拈破帽、轻扑征尘，翻惊了荒村狗。　仓皇持杖遮拦，却握了床棱，布衾掀皱。烛光似豆。依旧是、数卷残书相守。更深雪厚，听折竹声声穿牖。寻坠梦、愁到明朝，难消短昼。

李宣龚曰：惟其情深，是以文明。

苏仲翔曰：至性深情，天真流露，遣词质朴，自运机杼，清折、幽咽，兼而有之。真写得出！

端木蕻良曰：写梦归者可以停笔矣！

这首词作于1948年12月，几位老诗人都写了评语。

丁亥重阳紫金山天文台雅集的东道主之一贾景德老先生，是晚清进士出身，当时担任考试院铨叙部部长，在天文台赠我一部《韬园诗抄》。韬园是他的雅号，诗抄是用小楷自书石印的线装本，共五册，有精美的函套。赠我的一部，在第一册扉页上亲题上、下款。我的登高诗中写了三位东道主，写贾老的四句是："沁水今礼部，量才衡玉尺。平生诗万首，传诵累重译。"我为了感谢他题赠诗集，到他的办公室拜见他，他很高兴，说他已在《中央日报·泱泱》上读过我的登高诗，"气盛言宜，难能可贵"。他是功底很深的老诗人，我因而向他请教诗法。他谈了许多，我印象最深的是他非常重视用典，要求"一句一典，一句融合数典更好"。我点头称是，但并不完全赞同。我的主张是：一般不用典，有时自然而然地用了典，还提高了艺术表现力，那也好；但绝不为了炫耀渊博而查类书、用僻典。举一个例子：当我颠沛流离之时，大儿子降生了，我百感丛来，作了一首七言律诗，首联"即是明珠亦暗投，年来苦为稻粱忧"，似乎不觉得用了典，但实际上，两句都有典，上句还融合两典。贾老与于老一样关怀青年人的成长，问我："有什么困难吗？"我说："亲老家贫，想找个兼差挣些钱孝敬父母。"他慷慨允诺："明天早晨来找我，就在铨叙部上班。"我在铨叙部上班三个月，给父母汇去第一笔钱。

这个兼差很忙，耽误学习，干了三个月，就辞了。《奉次辟疆师〈灵谷寺茗坐〉韵，并呈证刚、颂洛、新令诸先生》，就是兼差期间作的：

> 曾亲谈麈及春浓，醉倚禅关百丈松。
>
> 王粲未能传枕秘，班超先已为官佣。
>
> 案头积牍常遮眼，天际层云欲荡胸。
>
> 绕郭青山应有主，何当携酒侍吟筇。

第四、第五两句，就讲兼差的事。

游学金陵期间，我比较勤于写作。论文，主要在《中央日报·泱泱》上发表；随笔，全部在《和平日报》为我特辟的《敏求斋随笔》专栏发表；诗词，主要在《和平日报·今代诗坛》发表。《今代诗坛》是成惕轩先生主编的，稿件多，选稿严，刊出者多佳作，影响深远。我每次投稿，都受到他的热情赞许。1947年除夕，他想到我远离亲人，客中孤寂，便接我到他家团年。房子是租住的，很简陋，子女们也没有换上过年的新衣，酒席却很丰盛，好大好大的腊鱼，烹调得法，色、香、味皆美，至今难忘。饭后，惕轩先生展示赠我的一首七律，用毛笔、宣纸书写，诗好字好，我珍藏多年，却毁于"文革"，诗也记不全了！2000年，学校为我贺八十生辰，远在台北，也并不认识的陈庆煌教授寄来贺诗，附

▲灵谷寺塔前合
影，左起第四人是作者，
穿的是母亲缝制的银灰
色棉袍

小注云："松林教授早岁在南京与先师
成惕轩先生友善，先师尝赠诗云：'小园
风雨盼君来，笑口尊前月几开。近局莫
辞鸡黍约，妙年谁识马班才。钓鳌碧海
今何世，市骏黄金旧有台。拔剑未须歌
抑塞，良辰一醉付深杯。'"陈先生所
引者，正是守岁席上的赠诗，真是喜出
望外。成先生以"藏山阁"为斋号，请
人绘了一幅《藏山阁读书图》，嘱我题诗，
我即填了一首词：

　　　望海潮·惕轩嘱题藏山阁读书图

　　　松涛排闼，烟岚浮槛，临
风短袂微凉。肴核九经，笙簧

百氏,弦歌日夜琅琅。幽境忍相忘!望美人不见,无限思量。梦里追寻,溯洄如在水中央。 今宵喜抱清光。便纵横万里,上下千霜。思绪纬天,词源泻海,尊前说尽兴亡。金兽篆余香。看画中月影,还照溪堂。出岫祥云,待作霖雨遍遐荒。

成先生读全词,一直作首肯状;但读至结句,却沉吟良久,提出不用"遐荒"。我看他神情凄异,好像有一种不祥的预感,因而想换掉"遐荒",但反复构思,还是无法换掉。成先生久居六朝古都,山清水秀,人文荟萃,当然比"遐荒"好。然而迫于形势,终于流寓台湾。古有"诗谶"之说,成先生寓台多年,仍然主盟诗坛,弘扬中华文化,也算是甘霖普降吧!

2009年,收到台北陈庆煌教授的信,约我为惕轩先生百岁冥寿赋诗。我即寄去一首七律:

> 白门倾盖便倾心,守岁犹烦折柬迎。
>
> 弭乱安民谁借箸,驱愁解愤酒为兵。
>
> 终投宝岛施甘雨,仍恋诗坛主大盟。
>
> 百岁生辰遥寄慰,神州万里庆升平。

我游学金陵的第一首诗,以"劫收忙大吏,供给苦遗黎"诸句,为此后的多数诗奠定了基调。举几首为例:

题灵谷寺塔前与友人合影

> 兹塔突兀何雄哉!高标疑从天上来。
>
> 九层直出苍烟外,足底惊风起迅雷。
>
> 瞥眼乍觉乾坤小,远浦遥岑带飞鸟。
>
> 胭脂井畔暮云深,洪武陵前翁仲老。
>
> 钟山如虎踞石城,大江犹嘶万马声。
>
> 苁茏佳气吞落日,角鼓喧阗何处营?
>
> 万里极目一回首,天际白衣变苍狗。

乌啼鹊噪催归人，"铭鼎垂勋"①知谁某？

人海相逢知音寡，同游况是同心者！

摄取山光留寸楮，落叶萧萧满四野。

注：① 塔前巨鼎镌此四字。

此诗作于1946年冬。浮云变化，"白衣苍狗"；何处军营，"角鼓喧阗"？都晃动着内战的阴影。

登鸡鸣寺豁蒙楼品茗

振衣直上豁蒙楼，手拍栏杆望五洲①。

乔木厌言兵后事，春波初泛雨余舟。

谁家玉树翻新调，别院残僧欲白头。

尘劫几经何必问，龙芽切莫负金瓯。

注：① 玄武湖有樱洲、菱洲等五洲，今称五洲公园。

鸡鸣寺在中央大学东北侧，依山而建。豁蒙楼高踞山巅，乔木掩映，北瞰玄武湖，南望可见南京全市。楼上有茶馆，与二三知己品茗闲话，自是人间乐事，但我还是乐不起来。眼前的"乔木"经历过日寇屠城，可是对"兵后事"即日寇投降一年来的事，为什么"厌言"呢？南京曾是南朝宋、齐、梁、陈的京城，陈后主以荒淫腐化而亡国，他自制的艳曲《玉树后庭花》，被后人视为典型的"亡国之音"。那么，时至如今，这"亡国之曲"又为什么要"翻新调"呢？"翻新调"的又是"谁家"呢？

我应邀参加青溪诗社和白门雅集，社集时都要作诗。下面谈谈我的两首社集诗：

上元前二日青溪诗社雅集，分韵得牵字

野鹤孤云不受牵，青溪今夜会群贤。

试灯花市人如海，敲韵高楼月满川。

便有和风翻麦浪，从知春水洗烽烟。

清樽正要当窗饮，坐待霞明万里天。

此诗作于 1948 年"上元前二日"。农历正月十五日为上元节，也叫元宵节、灯节。上元前二日开始点灯，叫"试灯"。社集分韵赋诗，给我分了个"牵"字，就是要押牵韵。我作的这一首，情调比较欢快，但真正关心的还是国家的前途、人民的命运。老友李汝伦毕竟是大诗人，有眼力，他在《一阁唐音足醉吾》中是这样说的：起句"野鹤孤云"是自喻，"不受牵"言自由来去。"今夜会群贤"有两层意思，一是今夜群贤聚会，二是他来会会群贤，作为一个后生小子，姿态谦虚，出言得体。颔联，出句写楼外，下句写楼内。颈联是想到家国，重点在"洗烽烟"上，对未来付以希望。尾联"清樽"正要饮而未饮，饮不下去，等待天晴了，霞明了，没有浓云重雾之时再饮。此句显示了这位后生的抱负非同一般。区区五十六字，写了眼前景，心中事，包容了那个时代最具影响力，关系到所有人乃至国家命运的题材——烽火。

花朝社集秦淮停艇听笛水榭

> 春风应已到天涯，休上高楼苦忆家。
> 未信中原添战垒，行看南亩艺桑麻。
> 良辰入手须行乐，大木逢春自著花。
> 旧是承平觞咏地，不妨醉墨任笼纱。

旧俗以农历二月十五日为"百花生日"，因名花朝节，此诗作于 1948 年春。

春风到天涯，当然好；但前面加"应已"。"中原添战垒"，很不好；但前面加"未信"。"南亩艺桑麻"，不愁没吃穿；但前面加"行看"。花朝社集于"旧"时的"承平觞咏地"，是不是有一点儿"承平"的美感呢？这说不清，不过，这并"不妨"碍我们既"觞"又"咏"，带"醉"挥毫，题诗于秦淮水榭之壁，一任后人以碧纱笼之，传为佳话。"笼纱"，用王播"二十年来尘扑面，如今始得碧纱笼"典，见五代王定保《唐摭言·起自寒苦》。

但不知此典，也不影响对拙诗的理解。

在南京中央大学学习整三年，虽然蒿目时艰，忧心国事，但学到了许多东西，结识了许多名流，创作了许多诗文，游览了许多名胜古迹，比较而言，这是我活得很充实、很愉快的三年。我们中文系的师生关系特别亲切。每年春游、秋游，师生同时参加。

南京人讲游览，有"春牛首，秋栖霞"之说，我们就曾春游牛首看桃花，秋游栖霞赏红叶。1948 年的这次春游，多数师生都参加了，坐的是大敞车，无座位，车上站满了人，胡小石先生最年长，坐在司机台旁。在这张照片中，前排自右至左第五位女生后面戴眼镜端坐的那位老先生，就是我们的系主任胡小石教授。后排自左至右第六位是我，当时春寒料峭，所以穿了一件慈母缝制的银灰色长棉袍。

每看见这张照片，就怀念母校。熬出漫漫浩劫，我趁赴黄山开会之便路过南京，专程赶到四牌楼，发现原"中央大学"的校牌被"南京工学院"的校牌所取代，校门两旁有人站岗。我给他们看了工作证，然后说："这里是原来的中央大学，我在这里上过学，几十年没来了，想进去看看。"他们含笑点头，我就进了曾经出入千百次的校门，看了我上过课的教室，看了经常前往阅览的图书馆，看了僧帽形的曾经多次听名人讲演的大礼堂，抚摸了六朝松的老干，然后出东门，在我当年宿舍所在的文昌桥和汪辟疆、胡小石先生当年住宅所在的晒布厂一带徘徊。最后

▲ 1948 年春游合影，后排自左至右第六位是作者

爬上北极阁，俯瞰了中央大学遗址的全貌，不禁情动于中，哼了八句诗：

早岁弦歌地，情亲土亦馨。
徘徊晒布厂，眷恋曝书亭。
北极阁仍在，南雍门未扃。
六朝松更茂，新叶又青青。

真的，回到多年思念的母校，一切都那么亲切，连脚下的土也是香的。

1986 年以后，或参加会议，或主持南大、南师大中文专业博士论文答辩，多次到南京，也多次到换了校名的中大旧址徘徊。最后一次是我的博士弟子徐子方接我去的，这时中大旧址已由"南京工学院"改为"东南大学"。

子方于 1993 年 6 月获博士学位后到东南大学任教，经过短短数年的努力，不仅发表了多篇论文，出版了数十万字的专著，而且作为中文系首任主任和文科学报首任主编，大力促进了这两个重要部门的创建工作，受到领导的器重和师生们的好评。南京工学院原是中央大学的工学院，而东南大学，曾是中央大学的前身。名称变了，校址未变。值得赞赏的是，从南京工学院到东南大学，一直保留了中央大学的原貌。值得高兴的是，我曾在这里学习三年，我的弟子又在这里任教，并在学科建设等方面作出了突出贡献。

我写回忆录，托子方拍了几张照片。校门依旧，只是将中央大学改为东南大学。大礼堂依旧，所增加的，则是五星红旗在高空飘扬。

▼原中央大学校门

第五章

流寓广州　讲学南泉

一

　　1948 年冬，我应邀到常州牛塘桥鲁南联合中学教书，春节前后，作了几首诗，其中的三首七绝，可以看出我的心境：

牛塘桥杂诗

　　湾环流水绕柴门，三五人家各自村。
　　鸡犬相闻千万里，斜阳无语恋寒原。

　　叶尽柔桑树始闲，春风欲动尚沉眠。
　　浣纱何事溪边女，却理倾筐似去年！

　　村儿叠鼓报新年，灯火疏疏出暮烟。
　　可有闲人闲似我，桥头独立数归船！

　　1949 年 4 月中旬，鲁南联合中学停办，我回到中央大学文昌桥宿舍。校领导考虑到解放军将渡江，四牌楼、文昌桥都在射程以内，不安全，便宣布放假，自由疏散，能回家的便回家。我和同宿舍的丁恩培等都回不了家。他们天天打麻将，我不会打，也看不懂，便坐环城铁路的小火车，到宁夏路一号去看望于老。于老一见我便问："共军将过江，你们还上课吗？"我说，校领导考虑到学校在射程以内，让学生自由疏散。于老说："好！最重要的，就是确保学生的安全。"然后问我："那你怎么办？"我答："我想暂时离开南京，到上海复旦大学的同学那里住几天。"于老立刻写了"兹任命霍松林为本院科员"的条子交给我，要我马上去报到，报到后回校取行李，晚七时上火车。同乡同学冯国璘上中央大学法律系，比我早一年毕业，毕业后入监察院任秘书。我回校取来行李，即与国璘一同上火车。国璘在车上对我说："这是最后一次京沪快车，是五院预定的专列。"在上海监察行署住了五天，便乘飞机飞抵广州。下面是我在飞机上作的一首七律：

随于右任先生自沪飞穗，机中作

> 海运风旋事亦奇，图南何处是天池！
>
> 投怀星斗撩新梦，入望云山惹故悲。
>
> 有限乾坤仍逐鹿，无边烽火正燃萁！
>
> 凌霄欲洒银河水，遍洗疮痍待曙曦。

于老看了一遍，又低吟"有限乾坤仍逐鹿，无边烽火正燃萁"两句，叹了一口气。

1949年5月初，监察院迁广州，于老暂寓贝通津五十号，心绪不宁，每逢星期天，我和冯国璘都去看望他。7月中旬的一个星期天上午，我们又去了，副官让我们坐在书房里，便上楼去通报。紧接着，于老只穿白府绸中式裤子下楼来，对我们说："广州太阳晒人，月亮也晒人，一夜没睡好。"书房不小，南北靠墙都是沙发，却没有任何降温设备。南窗外有一株大榕树遮住阳光，于老便和我们坐在靠南窗的沙发上聊起来。我照例呈上诗词新作请教，他赞许了几句，即从书案上找来他的新作，其中一首是《题李啸风〈劫馀剩稿〉》：

> 大器方能开世运，至人始信出民间。
>
> 乾坤振荡风和雨，太息关中两少年。

于老先读了一遍，然后就第二句发挥："来自民间的人了解民间疾苦，多能忧国忧民，凡事从国计民生着想。贫富悬殊，富者田连阡陌，贫者地无立锥，天下怎能太平？你们年轻，不知道我的经历和主张。我不反对共产主义，只是考虑怎样才能实现共产主义。我们的往圣昔贤，可以说都有'共产'思想。"他指着我说："你作诗学杜甫，杜诗读得很熟吧！试想当杜甫在《咏怀五百字》中写出'朱门酒肉臭，路有冻死骨'时，难道不想'共产'

吗？我所说的'共产'，指的是全民皆富，大家都能过上好日子。当然，不可能大家都一样富，孟子就讲过'物之不齐，物之情也'的话，但贫富悬殊，以致出现了富家酒肉臭，贫家饥寒交迫的普遍现象，天下必然大乱，哪有太平可言呢？……"于老的这些话，显然是有感而发的，而他心系民瘼的"布衣精神"和"为万世开太平"的执着追求，的确引人深思，发人深省。我立即作了一首诗：

星期日陪于右任先生园中消暑

雨露难均造化私，何年始见太平时？

满腔愤世忧民意，闲坐榕阴说杜诗。

当时的教育部负责人考虑到从南京、上海等地疏散到广州的大学应届毕业生读了四年书，却没有拿到大学文凭，便举行大学应届毕业生考试，我报名后在中山大学参加考试，领到了教育部颁发的国立中央大学毕业证书，到照相馆照了戴学士帽的相。

从1949年5月初到8月中旬，我们在广州住了三个多月。初到不久，荔枝已经上市，我想起苏东坡"日啖荔枝三百颗，不辞常做岭南人"的名句，便拼命吃荔枝，还同冯国璘到荔枝湾去吃新摘下来的鲜荔枝，作了一首诗：

秦淮玄武两兼之，清晓同来吃荔枝。

万树殷红妃子笑，羊城风物耐人思。

广州的荔枝湾，入口处神似南京的秦淮河；航行许久，豁然开朗，又似南京的玄武湖。两岸荔枝树蔚然成林，无边无际。我们下船登岸，便有不少人围上来问我们是不是要吃荔枝，我们说："要吃。"他们便向上指："要哪一枝？"我们说："要最大最红的，不管哪一枝。"便竖起一端有夹子的长竿，给我们摘，价钱也不贵。我们坐在人家提供的藤椅上，一边吃荔枝，一边赏风景。诗中的"羊城"是广州的别名。相传古代有五位仙人骑五色羊空降广州，五羊口含稻穗，为人民解救饥荒。因此，广州又名羊城、五羊城，简称穗。

"羊城风物耐人思"，"耐人思"的不光是吃荔枝，还有赛龙舟。我们在广州过端阳节，吃了粽子，便跑到珠江大桥上看龙舟竞渡。窄而长，前有龙头、后有龙尾的无数龙舟争先恐后，从我们眼前"飞"过。擂鼓助威，万桨齐划，号子声惊天动地。这样热烈、这样宏大的场面，如不是亲眼看见，真无法想象。

1949 年 8 月中旬，监察院部分人员向重庆疏散，我和冯国璘接到 13 日飞渝的通知，12 日晚同往于老住宅辞行。于老正在开会。听说我们告别，立即离开会场，拉着我们的手说："我很想留你们在身边，但时局如此，不敢留，你们就去吧！以后有机会，再叫你们来。"语调、神情，感人肺腑，我们鞠躬、转身之时，不禁热泪盈眶。到重庆后，我在南京中央大学的词学老师陈匪石先生刚应聘任南林学院中文系主

▼于老八十寿辰时摄影，国璘寄自台湾

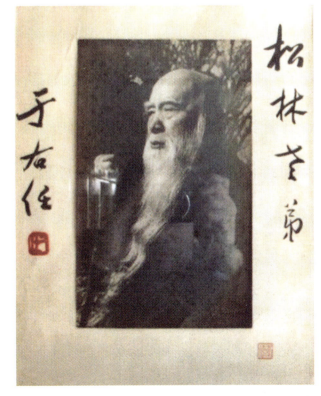

任，约我去教书，久住南温泉。11月27日晚，忽然接到冯国璘于先一天寄出的信，信中说，于老突然从香港飞到重庆，要我立刻去见他。当时班车已停，中间又隔着一条长江，当我赶到监察院时，于老已于28日上午飞走了，国璘也乘汽车赴成都转台湾。过了一天，重庆便迎来了解放。

这里需要补叙的是：飞重庆前一月，于老一直住在香港，重庆监察院的陕甘同乡估计他会飞北平，也渴望他飞北平，谁也想不到他会突飞重庆。后来得知，当时蒋介石正在重庆，于老到重庆后又要求蒋介石送他到香港治病，蒋答应派专机送他，但那架专机却把他送到台湾去了。于老为什么突然飞重庆，多年来在我脑海中是个猜不透的谜。1996年初春，我应邀赴澳门讲学，承梁披云老先生设宴洗尘，畅叙今昔。梁老是于老于1922—1925年任上海大学校长时的学生，长期在南洋办教育，门人踞要位者甚众；时任澳门归侨总会主席及华侨大学董事长。由于我们都和于

老关系极深，所以酒席间的话题主要围绕于老。他说，1949年冬，于老住在香港，不想去台湾，他和另外几个于老的学生要求陪于老到南洋去，于老很赞同；但当他听说有便机飞重庆时，立刻登机而去，目的是想救出杨虎城，却不知杨虎城已经遇害了！我听后才恍然大悟，于老的高大形象又一次在我眼前闪现，发出万丈光芒。于老与杨虎城将军在推翻清季专制、重建靖国军反对北洋军阀、坚守西安和解围西安等共

▲ 于老为天水麦积山石窟撰书的"艺并莫高窟，文传瘐子山"

同战斗中凝结的革命情谊谱写了壮丽的乐章，长时期响彻天际，而当他被迫去台之前，又为这壮丽的乐章谱写了悲壮的尾声。

随于老去台湾的冯国璘，是我的同乡、同学兼好友，能文能诗，写得一笔好字。他的长兄国瑞先生曾是清华研究院的高才生，深受梁启超、王国维、陈寅恪诸大师器重，精于诗文书法和考古，曾替于老考订"鸳鸯七志斋"碑，所以国璘刚从中央大学毕业，于老就任他为秘书，十分信赖。去台湾后，又升为主秘和参事，一直追随于老。因此，通过冯国璘，是最能了解于老在台湾的真情实况的。然而两岸长期隔绝，直到1990年初才收到他的特快专递，其中有长信，有于老的照片和墨宝。信中说："于老在世时，每年都有好几次问到你。1959年4月11日过八十寿，又问'那个霍松林有无消息？他可是我们西北少见的青年啊！'"信中又说："于老八十华诞时身体还很健旺，形象独特，寿眉银髯，远望如神仙中人。当时此地摄影名家云集，争相拍照，其中以春秋所摄一帧最得于老喜爱，加印若干份赠亲友，又题赠吾兄一帧，嘱弟俟机转交。"又说："于老公余有兴趣，便提笔写旧作给我，已保存二十余年矣，随像寄上两片留作纪念。此种写法甚少有人看到，有暇可题诗寄我。"信中说，他患了癌症，在家疗养，但不断有信寄来，又为我在台北出版了《唐音阁诗词集》，还由他出资、由我联系，找到了抗战时期于老为天水麦积山石窟撰书的巨幅对联，刻石立碑。到了1993年5月，他自知来日无多，便由夫人照料来西安，一则看望我，二则把于老自撰自书的《〈呻吟语〉序》长卷交我珍藏。他来我家，我去古都饭店，多次畅谈往事，至今难忘。这里要特别叙述的是他半开玩笑地说："看你住的房子，比我想象中的要好得多，不过，比起我的来，还是有差距。我在台湾不算富，但一直很满足，不想发财。不瞒你说，我是有发大财的机会的，1960年前后，多次有海外华侨汇巨款赠送于老，

每次汇款来，我都立刻去报告，于老总是说："转给大陆救灾委员会！"连钱数都不问。我如果扣下一两笔，不就发大财了吗？但我没有扣。"这一席话，国璘似乎是表白自己的廉洁，而我想到的，则是一代伟人的胸襟。我曾借阅过台湾出版的《于右任年谱》："1963年4月18日，因喉部不适，被家人送入石牌荣民总医院检查治疗，由于无力支付巨额费用，一再要求出院。……勉从本人意愿，移家休养。""1964年8月1日，病情突然加重，在家中晕倒一次，但仍拒绝住院治疗。""9月10日又拔二牙及残齿，随即引起发烧。老人颇感头部不适，心绪极其烦躁，便坚决要求出院，天天嚷道：'太贵了，住不起，我要回家！'""11月10日已入弥留状态。中午，有关人士寻遗嘱，打开保险柜，仅发现老人亲笔所书债单数张。延至晚8时8分，不幸逝世，享年八十有六。"于老八十岁以后身体仍健旺，八十五岁后不过患喉症和牙病，如果坚持住院治疗，不难康复，期颐可期；却过早地与世长辞，真令人百感交集！一方面，他把侨胞汇给他的好几笔巨款统统转给大陆救灾委员会；另一方面，他自己竟然靠借债维持生活，无钱住院治病。把二者联系起来，善良的人们都会心潮起伏，受到强烈的震撼。作为一代伟人，于老无疑是永远屹立于炎黄子孙心灵深处的灯塔。在一切"向钱看"的商品经济时代，尤其如此。

改革开放以来，陕西文化界为于老出版了多种诗文集、书法集，召开了多次于老书法研讨会，我都参与其事。三原人民修建于老纪念馆，竖立高大的纪念碑，我应邀撰写了碑文。兹录碑文如下，也是我对于老的纪念。大恩大德，没齿不忘。

三原于右任纪念碑记

夫立德、立功、立言三者有其一，即可不朽。而于右任先生则兼而有之，故辞世已三十余年，而人皆怀念

▲与国璘叙旧

不忘也。

　　先生生当清季，学以致用，愤内政之昏暴，外侮之频仍，毅然以救国救民为职志。八国联军侵北京，西后不图抵御而逃至西安，先生欲手刃之以行新政。事虽未成，而其浩气英风，已足以震动一世矣。洎赴开封入春闱，清廷已以倡言革命密令缉捕，乃亡命沪上，鼓荡新潮。旋赴东瀛谒孙中山，入同盟会，遂为实现民主革命而奋斗，百折不挠。其推翻专制、缔造民国、铲除军阀、反抗侵略之丰功伟绩，彰彰在人耳目，海内外炎黄子孙，固无有不怀念先生者也。

　　先生早年创建上海大学，即与共

产党人联合办校。此后始终坚持中山三大政策，力主国共合作，团结抗日，和平建国。晚年虽被迫去台，而此志不渝，临终犹赋望大陆诗以寄爱国赤忱。三中全会以来，自首都至全国各地，纪念活动方兴未艾，良有以也。

先生出身贫家，艰苦备尝，推己及人，疴瘝在抱。掌监察大权数十年，公正廉明，一身正气。终生布衣蔬食，而以微薄之俸禄，济困拯饥。当弥留之时，亲友启其铁箱，所藏者惟借据数纸。安葬之日，台湾民众无论识与不识，皆垂泪哀悼。复集资建铜像于玉山峰顶，瞻仰者至今络绎不绝，非大仁大德深入人心，安得致此耶！

本世纪初，先生以虎口余生广结同志，创复旦、中公诸校以培育英才，办《神州》《民呼》《民吁》《民立》诸报以鼓舞士气，实教育界之先驱，新闻界之元老。时隔九十余年，而治教育史、新闻史者，犹赞其开创之功而缅怀其人焉。

先生为一代诗豪，少年气盛，革故鼎新之宏愿一发于诗，大声鞺鞳，振聋发聩。其后神州多故，诗风屡变，抒报国之壮志，发时代之强音。读其诗，能不怀念其人乎！

先生以草圣名世，融碑帖于一炉而自创于草，简净明丽，雄浑奇崛，纵横变化，仪态万方。其书迹遍寰宇，而师法者亦遍寰宇，狯欤盛哉！

夫爱国者必爱乡，自然之理也。先生爱乡尤笃，故怀念尤殷者亦莫过于家乡之人民。忆护法靖国、促进民治，绕道援陕、解围西安，奔走呼吁、赈济陕灾，广购魏碑、以赠碑林，能不怀念先生乎！睹泾惠、洛惠诸渠之普溉良田，民治小学、民治中学、西北农大诸校之博施化雨，三原良种繁殖场、斗口村农事试验场之科技兴农，能不怀念先生乎！先生于公元 1879 年 4 月 11 日出生于三原，1964 年 11 月 10 日病逝于台北，享年八十有六。值先生一百一十八周年诞辰之际，家乡人民建成纪念馆以陈列先生之诗、文、墨宝、传记及有关之文物、图片与研究资料，复立纪念碑于馆前，俾观览者受其熏陶而继承遗志，以爱乡爱民爱国之深情，建立德、立功、立言之伟业，统一华夏，致富图强，则先生之精神与华岳并峙，永不朽矣！

二

在广州期间，我写信给暂住重庆女儿家的陈匪石老师，其中讲到家贫亲老，亟想回家奉养，打算先到重庆看望老师，然后经由兰渝公路返里。半月后接到回信，还附有专门为我作的词《满庭芳》：

怀霍松林羊城

笼柳堤烟，过墙淮月，寄情今古悠悠。径开三益，松菊几番秋。琴趣无弦有会，新声播、山晚青留。烟波外，连绵不断，天北是神州。

云浮。游子意，秦关万里，终日凝眸。溯书光藜杖，机影灯篝。无恙春晖寸草，归期阻、清渭东流。枳椇下、鹪枝偶托，重赋仲宣楼。

"山晚青留"下有双行夹注云："君曾手录拙稿，所造亦日进千里，故以山村、蜕岩为比。"

这是匪石师的精心之作，情真词雅，感人肺腑。我的粗浅体

会是：一、二两句对起，熔炼韦庄"无情最是台城柳，依旧烟笼十里堤"及刘禹锡"淮水东边旧时月，夜深还过女墙来"诗句，写其金陵寓宅环境。而景中含情，故接以第三句，今昔之感已跃然纸上。四、五两句从陶渊明"三径就荒，松菊犹存""素心正如此，开径望三益"诸句化出，而其请老弃官及余常趋谒求教，俱蕴含其中，自然拍到题上。六、七两句以山村自比而以蜕岩比我，既点师承关系，又隐喻其风操志趣，而自注中所说"君尝手录拙稿，所造亦日进千里"之意，亦曲曲传出。其善于"以少总多"的艺术功力，令人叹服。仇远，字仁近，号山村，宋末元初著名词人，著有《金渊集》六卷、《无弦琴谱》二卷。其门人张翥，字仲举，学者称蜕岩先生，元代著名词人，著有《蜕庵集》五卷、《蜕岩词》二卷。匪石师盖以《无弦琴谱》比自著《倦鹤近体乐府》，而以张翥名篇《多丽•晚山青》比余之习作也。期许之殷，见于言外。"烟波外"以下，写余当时之行踪心境，怀念之情亦洋溢于字里行间。

每读此词前半篇，便想起当年在陈老师的住宅里求教，听他畅谈词学的情景。那住宅，记得在长乐路附近一个很幽静的巷子里，我每次从文昌桥出发，都经过夫子庙和秦淮河，再向南走，不久便到了。陈老师有一首《鹧鸪天》写这个住宅，小序云："赁庑南冈，为故友郑仲期所筑。抚中庭卉木，忆曩昔唱酬，余怀怆然矣。"院子虽小，却十分幽雅。坐北朝南的几间平房里，插架堆案，都是善本书。我每次都去得比较早，为的是好赶回学校吃午饭。但陈老师一谈到词，便兴会淋漓，滔滔不绝。当他觉察到我急于告辞的时候，便吩咐三女儿陈迤做饭，坚决留我吃。瓢儿菜的香味，至今想起来还口馋。

我在上高中时就开始填词，大半是学苏、辛的。给陈老师看，他认为流于粗豪，未得苏、辛精髓。有一首《莺啼序》，是学梦窗的，陈老师在后面写了很好的评语。他教我按《宋词举》的顺序学，由南宋上溯北宋，着重由梦窗上溯清真。两家的名篇，特别是四声长调，都应该和作，从而研练揣摩。学其他各家，也应该先和名篇。这功夫似乎很笨，其实最易入门。入乎其里，才能出乎其外，有所创新。我听老师的话，作了好些和清真、和梦窗的词，都受到鼓励，获得好评。

匿石师曾说：句句四声有定，还要和韵，这当然很难、很苦。但正因为难，就不至于像填二声调那样由于感到容易而掉以轻心。深思熟虑，灵感忽来，往往能得佳句。这样，便又得到极大的快乐。经过一段时间的实践，深感老师的话是从切身体验中得来的。

陈老师不仅要求填四声调严守词律，就是填二声调，对特定该讲四声的字句，也从不马虎。比如《八声甘州》，我以为只讲平仄就行了，于是按柳永的那一首填，填好后请陈老师指正。他指出上下片倒数第三句的倒数第三字，都要用入声字，柳词"苒苒物华休""天际识归舟"可证。连类而及，他还讲了句首、句中或句尾限用去上的几个例子及其他例子。

诗词不像散文，人家作成一篇请你改，你即使一眼就看出很多毛病，却实在不好改。我请陈老师改词，他也只加评语，不改字句，而是指出毛病让我自己去改。那毛病，有四声方面的，有句法方面的，有意义方面的，也有章法结构方面的。就句法方面说，听过陈老师讲课，当然已经知道：在不同的词牌里和不同的位置上，三字句有上二下一和上一下二之别，四字句有一领三和上二下二之别，五字句有一领四、上二下三和上三下二之别，六字句有上二下四、上四下二与上三下三之别，九字句有上三下六、上六下三、上二下七、上四下五和上五下四之别。——然而还不仅如此。我填《八声甘州》，倒数第二句参照东坡《寄参寥子》的"不应回首"，作上二下二。陈老师指出这个四字句仍应以屯田"倚阑干处"为准，中间两字相连。梦窗《灵岩陪庾幕诸公游》

作"上琴台去"，玉田《饯沈尧道并寄赵学舟》作"有斜阳处"，可以互证。同时，还指出屯田《木兰花慢》中的"尽寻胜去""对佳丽地"，也是中间两字相连的，不应忽略。

我在广州一住三个月，老想由重庆回家看望父母，却无法成行。到了8月上旬，忽然接到陈老师的信，说他应南林文法学院院长之邀，任中文系主任，要我去讲课。我拿信给于先生看，他同意我去，并帮助我解决了交通工具问题。我便于8月13日飞抵重庆，在陈苣师姊家里见到了陈老师。

当时在大学里必须教三门课，才能当专任教师，要不然，那就是兼任的。陈老师和我商量之后，让我开学后讲授基本国文、历代诗选和中国文法研究，先抓紧时间作些准备。他说要请院长给我签发副教授聘书，我说："还是先当讲师好，免得人家议论老师偏向学生。等讲完一学期课，大家都认为够副教授水准，再发副教授聘书吧！"陈老师点头同意。两周后接到了讲师聘书，还有陈老师赠我的两首五律《重晤霍松林》：

> 执手兼悲喜，翩然吾子来。饯春江令宅，吊古越王台。
>
> 远梦啼难唤，层阴郁不开。西征新赋稿，多少断鸿哀。
>
> 我亦飘零久，颓颜隐雾中。断肠春草碧，顾影夕阳红。
>
> 秋老怀孤隼，宵长感砌蛩。浊醪温别绪，何地醉东风。

在重庆过中秋节，第二天上午便随匪石师搬到南林学院去住。南林学院在南温泉附近的小温泉，我们住进两排小楼两头连接起来的小院子，门上刻有"小泉行馆"四字。两排小楼，楼上楼下都是单间。陈老师住楼上，我住楼下。和我们结邻的，是文、法两系的几位教师。法律系主任是陈老师的老朋友，因而很快就和我相熟了。附近有个小饭馆，我们在那里包了饭。

解决了吃住问题，才细读陈老师送我的诗，百感纷来，作了两首《次韵奉酬匪石师》：

> 有意随夫子，麻鞋万里来。已知新弈局，休问旧楼台。
>
> 孤抱向谁尽，蓬门为我开。灯前听夜雨，一笑散千哀。

> 天地悲歌里，光阴诗卷中。重开樽酒绿，又见醉颜红。
>
> 吾道犹薪火，浮生亦驱蝇。绛帷还自下，秋树起西风。

匪石师当系主任，既无办公室，又无专职干部，全系也只有胡主佑一名助教兼做一点具体的系务工作。他主要考虑的是聘请得力的教师和合理地安排课程。他自己也主讲词选、音韵学、文字学等三门课。他和请来的几位教师的讲课都受到同学们的热烈欢迎，因而公认他是一位出色的系主任，赢得全校师生的尊敬。

南温泉一带是重庆著名的风景区，但当时游人极少，居民也不多，非常幽静。每逢星期天，我和胡主佑差不多都陪匪石师出游，同享自然美，有时也作诗。下面是匪石师的《南泉六咏》：

建文峰

> 青排列嶂此朝宗，啸虎声吞吊蛰龙。
>
> 负宸有人学公旦，千秋疑案建文峰。

虎啸口

> 双崖峙处起奔雷，匹练光浮裂石来。
>
> 唯恐出山流不转，一查还傍野桥开。

仙女洞

> 乌衣椎髻总疑仙，窈曲嵚奇小洞天。
>
> 知有龙湫藏足底，縋崖百尺响飞泉。

飞　泉

跳珠如雨湿人衣，打桨溪头载月归。

丛篠蔓萝苍翠里，银河泻地冷光飞。

花　溪

层岚合沓疑无路，柔橹咿哑忽有声。

摇曳几枝芦雪影，蓬心秋迥縠纹平。

温　泉

有情天为疗疮痍，功德人间阿耨池。

等是缤纷花雨地，观河面皱我来迟。

陈老师要我作，我也作了六首：

花　溪

青摇一线天，绿堕乱峰影。

悔不及花时，呼朋荡烟艇。

仙　女　洞

仙人何处去，一洞窈然深。

古木生远籁，如闻环珮音。

虎　啸　口

长啸生风处，峡口奔流急。

却笑山下人，谈虎毛发立。

温　泉

清浊非我意，寒暖亦天功。

众生本无垢，试问玉局翁。

建 文 峰

诸峰侍其侧，一峰插天起。

持语白帽人，万乘应敝屣。

飞 泉

匹练破空下，夜来新雨足。

珍重在山意，溪流深几曲。

从 1949 年 9 月到 1950 年 4 月，我在匪石师的影响下作了好几十首诗，也作了不少词，如《西平乐·重至渝州和清真》《满江红·病疟次匪石师立秋韵》《浪淘沙慢·匪石师和清真，命余继声》《醉蓬莱·重阳和东坡》等。我把这些诗词抄在一个本子上，自题《花溪吟稿》，请陈老师批改，他在前面题了一首七绝：

117

> 天水儒家承世业，方湖诗教有传人。
>
> 为云我竟逢东野，寂寞溪头点勘春。

方湖是辟疆师的号。我曾经跟汪老师学诗，所以诗中特别提到这一点。这里应该着重说明的是：匪石师的词学专著《声执》是在小泉行馆完成的。开始于 1949 年（己丑）10 月，1950 年（庚寅）元月脱稿，2 月修改，3 月间誊清、作序。1960 年油印本《陈匪石先生遗稿》里《声执·叙》后的"己丑三月"，想系笔误，实是"庚寅三月"。

小泉行馆很清静，下课回来，没有任何干扰。从 10 月到第二年 3 月，气候很好，不热也不冷，加之陈老师所要写出的是他四十年来研治词学的心得和创作实践的体会，久已烂熟于胸，有不少也是上课时给我们讲过的。因此，他写得很快。每写几段，都要喊我去讨论。这不仅体现了他一贯虚怀若谷的作风，更重要

第五章　流寓广州　讲学南泉

的，还在于热心奖掖后进，有意通过讨论使我得到提高，粗识词学门径。1948年在南京，我抄过《倦鹤近体乐府》，陈老师后来说我"所造亦日进千里"。《声执》写完之后，我也用小楷抄了一本，对于它的内容，当然有了更进一步的理解。

为什么叫《声执》？陈老师在《叙》里解释说："昔释迦说相，法执、我执，皆所当破。词属声尘，宁免两执？况词自有法，不得谓一切相皆属虚妄。题以《声执》，适表其真。"这是对那些以一切词律、词法为虚妄、弃而不讲的人说的。《声执》以三分之二的篇幅讲词律及作法，其用意也在此。这里应该说明的一点是，陈老师既强调填词必须讲究词律及词法，又反对模拟蹈袭而提倡创新。《声执》卷下评介词学要籍的时候，我建议把《宋词举》列进去，匪石师同意了，但对《宋词举》所选的十二家，又逐一进行讨论。最后认为：于南宋应该删去史达祖，于北宋应该增加欧阳修。关于史达祖，《宋词举》里是这样评论的："史达祖步趋清真，几于謦笑悉合，虽非戛戛独造，而南渡以降，专为此种格调者实无其匹，故效戈、周之选，不敢过而废之。"在这里，已经指出了史达祖缺乏独创性的缺点，但由于他在步趋清真方面确有成就，也由于有些著名词选中选了他，所以"不敢过而废之"。这次讨论，则明确指出，他既然"有因无创"，便只能做清真附庸，而不能独立成家，还以干脆删掉为宜。至于欧阳修，其令曲的创作略异五代之面目，已开宋人之风气；又率先创作慢曲，虽然还不够成熟，却有倡导之功，因而应该入选。他的词应该选哪几首，当时也讨论过。可惜没来得及根据这些认识修改《宋词举》。

1949年8月13日，我与国璘乘监察院包机直飞重庆，住进上清寺监察院宿舍。当时广州暑热未退，登机时穿单衣，而当飞越高峰时寒气袭人，在重庆降落后又酷热难耐，因而忽发高烧，喘咳不已。吃了几剂中药，逐渐康复，却为此后多年苦于支气管哮喘埋下病根。

当时虽在监察院任职，却无事可干，作了好几首诗，录三首如下：

寄山中故人

路难何况出无车，且袖乾坤入敝庐。

瓮牖当空吞日月，蜗涎着地篆虫鱼。

微躯岂系千秋史？壮志犹消一卷书。

渺渺予怀寄天末，归耕何日偶长沮[①]？

注：① 《论语·微子》："长沮、桀溺，耦而耕。"

孔 某

孔某何尝愿执鞭，从吾所好亦非难。[①]

心危未必天方蹶，意远方知地自宽。

客去孤轩归一统，吟成七字有馀欢。

世间多少荣枯事，付与闲人冷眼看。

注：① 《论语·述而》："富而可求也，虽执鞭之士，吾亦为之。如不可求，从吾所好。"

将赴南林学院

又见蓬蒿作栋梁，忍随燕雀处华堂！

休将腐鼠来相吓，自有高梧待凤凰。

中秋之夜，我与国璘、江忠、甘华滋等好几位同事在牛角坨露天茶座品茗赏月。第二天，便与匪石师同赴南林学院，住进小泉行馆。匪石师任中文系主任，主要贡献在于选聘教师，安排课程；系务工作，则由胡主佑助教全面负责。主佑的祖父是晚清秀才，父亲也学有专长，都是主佑的启蒙老师，因而主佑幼年所受的家庭教育与我极相似。她刚从国立女子师范学院中文系毕业，便由

她的导师穆济波先生介绍到南林学院任教，也与我极相似。我们之间有的是共同语言，自然一见如故。婚姻的事，可遇而不可求。"良缘由夙缔，佳偶自天成"，此之谓也。

主佑与中学时代的同窗好友龙小姐同时考入国立女子师范学院，虽然一在中文系，一在数学系，却一直同住一室，难舍难分。龙小姐毕业留校，校址在九龙坡，距南温泉不远，所以与主佑常相往来。她对主佑与我的关系，不无疑虑，时起风波；但雨过天晴，依然风平浪静。下面是我断断续续吟成的十首《拟游仙诗》：

> 江上遥峰故故青，钱郎从此识湘灵。
> 几生修到神仙福，一鼓云和仔细听。

> 即托微波亦是媒，神光离合漫疑猜。
> 区区一篇洛神赋，却费陈王八斗才。

> 半瓯何幸饮琼浆，一往情深不可忘。
> 倘许蓝桥桥畔住，便持玉杵捣玄霜。

> 分明昨夜共星辰，一日三秋信有征。
> 传语早回鸾凤驾，相迎欲跨九天鹏。

> 不惜吹箫作凤鸣，木桃聊以报瑶琼。
> 还将一枕游仙梦，不卜他生卜此生。

> 炼成奇石补情天，小别娲皇几万年。
> 昨夜拏舟溪上过，一轮明月证前缘。

天风吹上五云车，一洞深深锁绛霞。

恐有樵人入仙境，门前休种碧桃花。

谁道银河待鹊填，有仙合是自由仙。

玉皇巧会天孙意，不向牛郎要聘钱。

偶然游戏到人间，常恐流尘污素颜。

何日骑鲸入瀛海，与君同住小蓬山。

读遍瑶函万卷余，绮思丽藻入元虚。

织成云锦三千匹，待写人间未见书。

钟振振教授在《雄深雅健，气象高华》一文中说："先生在1949年所作《拟游仙诗》十首七言绝句，情思绵渺，或为爱情之辞。"多年前，我的一位女博士生问我："我读了老师的诗集，怎么没有和师母谈恋爱的诗？"我说："老师笨，不会写嘛！"

开学后，我讲授一年级的基本国文、二年级的历代诗选、三年级的中国文法研究。基本国文用的是大学通用课本，入选的文章都是读过的，无须备课。历代诗选参照汪辟疆老师诗选及习作的篇目，从《古诗十九首》讲起，大都是我熟读深思过的作品，讲课效果最好，学生们最爱听。两周以后，其他系的学生也来旁听。中国文法研究是匪石师自拟的，既无课本，也找不到可用的参考书，因为各大学只讲语法，未讲文法。不过，每周只有两节课，充分备课，也能引起学生们的兴趣。比较而言，在中文系所开的课程中，我讲授的三门课，还是很受欢迎的。

匪石师发现胡主佑的助教工作很出色，有才干，国学基础也不错，便有意培养她，要她听我的课。她的宿舍距我讲课的教室很近，每次听完课，都邀我到她的宿舍里喝水、休息，并对我的

讲课提出改进意见。

抗战初期由南京迁来的政治大学的校址就在小温泉，抗战胜利后创办的南林文法学院，便利用了政治大学的一部分校舍。原来的大操场空荡荡地闲在那里，每天晚饭后，主佑都约我散步，边说边走，绕大操场数周，然后先送我到小泉行馆开灯备课，她才回去。每到星期天都相约出游，一而再、再而三地游遍了小温泉、南温泉的所有风景点，作了不少诗。下面录一首《游虎啸口同主佑》：

挂席君自三峡来，飞瀑惊湍战风雷。我亦驱车过剑阁，云里危峰扑人落。年少那知蜀道难，与君几度上青天。寻常山水蚁垤蹄涔耳，更欲东越大海西跨昆仑巅，安能局促守一廛！天公相慰意何厚，办此奇观付吾手。溅沫跳珠起白烟，九派喧豗争一口。双崖雾合昼冥冥，万马齐喑兽王吼。堕涧奔流去不还，何当随汝出深山。涓滴岂是无情物，化作时雨洗尘寰。

《南泉杂诗》是陆陆续续写成的，时间跨度很大：

岂爱崎岖路不平？此怀难与世人明。

山寒木瘦寂寥甚，冲雨来听虎啸声。

雾鬓梳成天外绿，黛眉描就画中颦。

不辞日暮倚修竹，且为青山作主人。

偶然吐气出长虹，一望云山几万重。

更欲立身向高处，振衣直上建文峰。

未肯常闲射雕手，不妨偶写换鹅经。

悠悠此意何人会？入户遥山数点青。

藏山信有千秋业，下酒宁无万卷书？
记取一年将尽日，与君邂逅醉蘧庐。

长镵托身恐未能，独留诗句到今称。
天寒日暮深山里，愁杀当年杜少陵。

恸哭真怜阮籍愚，男儿不信有穷途。
攀藤直到无人处，一抹烟林好画图。

香飘桂子我来思，照眼寒梅又几枝。
除却闲游无一事，偶经川上立移时。

一溪春水涨新晴，不尽烟波万里情。
何日能回天地了？扁舟颇忆玉溪生。

1949 年 11 月 25 日，
我与主佑结婚。虽然未能
像现在那样出动几十辆汽
车、摆上几十桌酒席，但
结婚典礼却十分隆重：主
佑的主婚人是她的老师穆
济波教授，我的主婚人是
陈匪石老师，曾荣任大法
官的法律系主任连伯寅教
授是我们的证婚人。陈老
师、穆先生及南林文法学
院的好几位教授都写了贺
诗、贺联。监察院的李崇

实秘书长、冯国璘秘书等在重庆的几家报纸上刊登了我们结婚的喜报。

我们结婚不久，重庆便迎来了解放，我作了好几首诗：

自南温泉至重庆市

休向胡僧问劫灰，江山再造我重来。

一轮旭日烧空赤，万里沉阴彻地开。

腰鼓声声催腊尽，秧歌队队报春回。

蹉跎忍负莳花手，艳李秾桃着意栽。

南泉书怀示主佑（五首）

凤泊鸾飘未肯驯，花溪邂逅亦前因。

一窗灯火能消夜，万卷诗书岂误身！

浩气由来塞天地，高标那许混风尘？

林泉小住原非隐，尺蠖逢时亦自伸。

几年残贼肆淫威，莽荡神州待解围。

行见生民离浩劫，还从建设挽危机。

豪情欲蹴刘琨舞，枵腹休言曼倩饥。

大任天将降吾辈，不须相对泣牛衣。

黟川墨与端溪砚，壮志华年两见磨。

岂有长绳拴日月？空将大笔泻江河。

千村健妇朝于耜，百队强兵夜枕戈。

辟地开天宁袖手，试濡血汗谱铙歌。

蛟烂龙僵百怪颠，蓬莱浅尽见桑田。

乾坤不负英雄手，群众能操造化权。

历史已开新世纪，天津将转旧星躔。

太平有象君须记，处处楼台奏管弦。

休向渔人更问津，已无汉魏已无秦。

多情春色来千里，大好云山付万民。

便铸精钢作机器，即栽香稻辟荆榛。

烽烟定逐残冬尽，一入新年事事新。

匡石师聘请的专任教授穆济波、朱乐之和兼任教授萧印塘等都能诗，课余诗酒酬唱，颇饶乐趣。萧印塘先生是主佑上女子师院时的老师，也是我的老学长程千帆夫妇的同学好友，所以萧先生请匡石师吃饭，也请了我俩。他在小温泉南山脚下修了个小院子，竹篱茅舍，十分简陋；夫人是他的大学同学，也穿得十分简朴；但酒席相当丰盛。

穆先生是当地人，他的蓬庐很幽雅，多次约我和主佑去吃饭。有一次，他拿出他的《海桑集》稿本要我题诗，我拿回去通读一遍，主佑也讲了他的有关经历，我即题了一首七言古风：

穆济波教授嘱题《海桑集》

蜀中山水天下清，中有彦者穆先生。

转战名场四十载，健笔所至无坚城。

昨宵示我海桑集①，别有奇文血写成。

展卷三复长太息，何物柔情苦缚人！

垂老犹思少年日，豪风逸气干星辰。

吹箫偶逢秦弄玉，异体共命结同盟②。

提壶烂醉太华月，刺船坐领西湖春。

遨游南北三万里，如风从虎影随形。

人心反复谁能料，前夕之炭今晨冰。

蹀躞御沟叹流水，东流到海无回声③。

遽怜扶床小儿女，索母号呼动四邻④。

向之所欢皆陈迹，凄凉翠被泣余馨。

鸾胶幸补情天缺，重鼓琴瑟慰伶俜⑤。

无端寇氛掩尧甸，众雏适为二竖婴。

救死扶伤原非易，何况道阻不易行。

彩云忽散琉璃碎，邓攸无后天不仁⑥。

芒鞋辗转回乡国，百感茫茫丛一身。

孤负高堂含饴望，每欲趋庭先泪零。

爰有江生脱虎口，�纚襏被来峨岷。

父仇岂容共覆载，誓将东下椎狂秦。

彼独此孤各抱恨，遇合谁言倾盖新⑦。

陶家亦有无母儿，亡者有嘱宜拊循⑧。

喜于路穷车绝处，豁然又见百花明。

已拚埙篪协商徵⑨，真成蜾蠃负螟蛉⑩。

类我类我诚佳士，何异天上石麒麟。

吾闻人体塞天地，不独子子而亲亲。

久矣时衰大义晦，今乃见之能无惊！

推心置腹非难事，金石之开以精诚。

奈何世人不解此，骨肉之间森刀兵。

杀劫相寻无穷已，干戈直欲尽生灵。

安得穆翁千万亿，宏开四海为家庭。

男女长幼皆相爱，天伦之乐乐无伦。

未免多情吾亦尔，几年奔走困风尘。

有家欲归归未得，有亲欲养养未能。

登楼望损伤高目，渝州春老雨冥冥。

注：① 《海桑集》，专收穆先生与秦氏结婚及婚变以后有关诗文。

② 穆先生早年与秦德君女士相爱结婚。

③ 汉乐府《白头吟》"蹀躞御沟上，沟水东西流"，上句写婚变后徘徊彷徨情景，下句喻爱情破裂，各自东西。穆先生系创造社初期重要成员，其妻秦德君因而与当时著名作家多有交往，后随茅盾东渡日本，与穆先生离异。

④ 秦氏所生一儿一女都留给穆先生。

⑤ 穆先生悲愤交加，因而生病住院。后与照料他的护士结婚。

⑥ 抗日战争开始，穆先生携眷回川，秦氏所生一子一女病死途中。续弦护士不育，遂有伯道无儿之嗟。

⑦ 江生乃抗战孤儿，穆翁抚为己子。

⑧ 穆翁又收养陶氏孤儿为己子。

⑨ 埙(xūn)篪(chí)：两种古代乐器。《诗·大雅·板》："如埙如篪。"毛传："言相和也。"通常喻兄弟和谐相处。商、徵(zhǐ)，我国古代五声中的两声，声音和谐。

⑩《诗·小雅·小宛》："螟蛉有子，蜾蠃负之。"蜾蠃常捕螟蛉喂它的幼虫，古人误认为蜾蠃养螟蛉为子，因称养子为螟蛉或螟蛉子。

新中国成立后，穆先生还得意了好多年。大约是1955年的秋天吧！我和主佑同在陕西师范大学的前身西安师范学院教书，忽有军人开汽车来访，说是穆济波教授叫他来接我们。我问："穆教授在哪里？"他说："在西安市公安局。"原来，穆先生有个妹妹早年投奔延安闹革命，新中国成立后她的丈夫出任西安市公安局局长。我们走进公安局，穆先生和他的妹夫、妹妹含笑相迎，即在客厅里就座聊天。他说，他刚到北京看望了创造社老朋友郭沫若，郭推荐他出任成都图书馆馆长。我们听了很高兴，他当然更高兴。粉碎"四人帮"后遇到一位穆先生的老朋友，读过我题《海桑集》的长诗，便毫无保留地对我说，穆先生出任成都图书馆馆长，诗兴大发，组建了"百花诗社"，作了不少诗，"文革"中未受公开批斗，却不知被什么人抓到什么地方去了，至今下落不明。

我们结婚后不久便放了寒假，下学期开学后，学生都来了，学校却发不出工资，不少教师不辞而别，学校只得停课。学生们

得知解放军进驻的消息，成群结队，打腰鼓，扭秧歌，高喊"欢迎！欢迎！热烈欢迎！"解放军一进校，学生们便争先恐后地报名参军。我们的证婚人连伯寅教授的两个女儿正上高中，非常漂亮，也参了军，穿着崭新的女式解放军服，很骄傲。老两口满脸堆笑，乐滋滋的。

我们原在饭馆里包饭吃，如今领不到工资，只好从穆先生家借来灶具，自己做饭。我们都已四五年没有回家了，遇到困难，更想家。主佑作了两首《慰母诗》：

一

山以愚公移，海以精卫填；
独有母女情，不绝如连环。
方儿未生时，吾家丁口单；
知母望子切，悲喜心久悬。
望子偏得女，难夺造化权。
既生望儿长，鞠育废宵眠；
既长望儿学，教诲废晨餐。
一自就外傅，不得依膝前；
倚门复倚闾，老泪何曾干！
玄黄龙战野，沧桑几变迁。
父兮忽见背，忧患一身兼。
念我已长大，不纾母艰难；
念我已学成，不救母饥寒。
茫茫者大地！悠悠者苍天！
此恨何时已，思之摧心肝。

二

思之重思之，化悲忽成喜。
收泪入墨池，濡笔伸素纸。

一写我衷肠，驰书慰母氏：
窃念女儿身，何异奇男子。
况得霍家郎，其人固卓尔。
弱龄弄柔翰，诗名噪遐迩。
神州庆止戈，百废方待理。
先鞭岂让人，鹏程从此始。
迎养待来日，朝夕奉甘旨。
甘旨暂时缺，知母不儿嗔。
十载干戈后，母今惯食贫。
独念最娇女，万里隔音尘。
天寒岁云暮，思儿恐伤神。
数言重慰母，且收泪纵横。
古亦有母女，古亦有离情。
儿心常随母，形远心则亲。
况今交通便，四海即四邻。
有日云天外，轧轧响机声。
送儿落母前，母见必大惊。
一笑寿吾母，母寿千万春。

我反复阅读，十分感动，泪下沾衣，作了一首《读主佑〈慰母诗〉》：

读君慰母篇，令我心悲酸。
吁嗟天下母，鞠育同艰难。
生女原无罪，世俗重生男。
重男却生女，母女受人嫌。
男女果何异？但看愚与贤。
君贤知自励，十载勤磨研。
大庠求深造，徒步入蜀川。

养志常在念，慰母愿何坚！

我母如君母，慈爱出天然。

贫家养骄子，万苦一身担。

我亦思慰母，鼓翼效鹏抟。

蹉跎成底事？徒令母心悬。

神州今解放，万事开新端。

所学如有用，跃马竞扬鞭。

阿母均健在，驰书劝加餐。

待筑三间屋，菽水共承欢。

当我在重庆监察院赋闲之时，乡前辈冯国瑞先生正应聘任兰州大学中文系教授兼系主任，通过国璘约我到他那里去教书，我即作诗致谢，表示即将赴约。诗如下：

寄怀冯仲翔先生

坐领风骚最上游，几番翘首望兰州。

诗名远迈王仁裕，学派遥传张介侯。

叔世人才凭启迪，乡邦文献赖搜求。

追陪杖履知何日，万里烽烟一夜收？

南林学院既已停办，我便与主佑商量，决定远赴兰州，却为路费不足发愁。说来也巧，在国立女子师范学院任教的龙小姐了解到重庆市将办中学教师培训班，结业后发路费，特派她的学生来通知主佑。主佑即去参加培训班，一个月后结业，领到了从重庆到兰州的路费，相当可观。这时候，匪石师已回到他女儿家里住，我便赶到师姊陈茞家去向老师拜别。老师听到我将去兰州大学任教，很高兴，一面嘱咐女儿准备午饭，一面为我作送行诗，诗如下：

送霍松林赴皋兰

吾党二三子，文章汝最工。

随缘萍聚散，惜别水西东。

音许千江嗣，途非阮籍穷。

门闾延伫久，经过莫匆匆。

诗中的"千江"指金代甘肃词人邓千江，他写皋兰形胜的《望海潮》词，元人陶宗仪在《南村辍耕录》里评价极高，认为"可与苏子瞻《百字令》、辛幼安《摸鱼儿》相颉颃"。"音许千江嗣"一句，是要我承流继响，在词的创作方面做出成绩。尾联的意思是：双亲正倚门倚闾，盼望儿子回来，在远赴兰州路经天水时，要回家叩见双亲，多住几天，切莫刚回家就匆匆地走了！

告别时，老师坚决送我三十块银圆，我只好拿回住处。主佑说："这钱不能要。陈老师也困难，怎能白拿他的钱？如果拿了，将来必须还他。世事难料，万一将来找不见他，无法归还，那就一辈子都于心不安。"我点头称是，第二天便又赶到师姊家，坚决留下那三十块银圆，挥泪告别。

陈老师给我题《花溪吟稿》，特意写了这样两句："为云我竟逢东野，寂寞溪头点勘春。"上句熔铸韩愈"我愿身为云，东野变为龙，四方上下逐东野，虽有别离无由逢"的诗意，表达了永不分别的愿望。然而没多久，便"惜别水西东"，而且一别就是很多年！直到 1959 年 8 月，我才有机会到上海去看望陈老师，不料，他老人家已于数月前逝世了。1983 年我在上海开会，特意到陈芸师姊家去寻访陈老师的遗书遗稿，师姊说："家父逝世后，我将南京、上海两地的藏书和手稿全部捐献给上海文物管理委员会了。"因此，她只把《旧时月色斋诗》和《倦鹤近体乐府》油印本送我，我手头已有《声执》和《宋词举》，就凭这四本书和我从中央大学到南林学院听课和亲承教诲的心得体会，写了几篇评介陈老师的词学和诗词创作的文章，还写了一篇回忆陈老师的长文，在好几种报刊上发表。江苏古籍出版社 2002 年出版的《宋词举》，后面便附有我回忆陈老师的文章。《旧时月色斋诗》和《倦

131

第五章　流寓广州　讲学南泉

鹤近体乐府》，则委托自称对我"执弟子礼"的刘梦芙教授校订，由黄山书社于 2012 年出版。梦芙在长篇序言中说："陈先生逝世后，其长女陈芸检出《旧时月色斋诗》《倦鹤近体乐府》手稿，请向迪琮、柳肇嘉整理校订，仍以油印本保存。此次出版的陈先生诗集与词集，底本是霍松林先生保存的油印本，存世无多，弥足珍贵。"又说："原请霍松林先生撰写《前言》，但先生高龄九秩，以艰于动笔为辞。编者勉为其难，妄加论介，行文时参考《宋词举》附录霍公与钟君振振文章，谨此致谢。"陈老师的诗集、词集终得出版发行，总算了却一桩心愿。

5 月初，我们揖别了环境清幽、风光明媚的南温泉，作了四句诗：

> 欲去频添惜别情，林泉无分寄劳生。
>
> 大鹏尚有扶摇路，野鸟休呼缓缓行。

南温泉的教书、新婚生活，是值得永远留恋的。1996 年夏，在重庆参加第九届中华诗词研讨会时，还作了这样一首诗：

> 荡桨花溪花欲燃，小泉行馆住经年。
>
> 难寻热恋新婚处，雾掩林遮一怅然。

半个世纪以后，在《八十述怀二十首》中，我又写了这样一首诗：

> 抟风破雾到渝州，主讲南泉乐事稠。
>
> 济老情诗同品鉴，鹤翁乐府屡赓酬。
>
> 论文正喜交良友，鼓瑟旋知是好逑。
>
> 永忆结姻游赏地，数峰江上几回眸！

第 六 章

天师半载　师院六年

一

兰渝公路不通，只能乘船东下至汉口，再沿京汉路乘火车至
郑州，转陇海路乘火车至宝鸡，然后坐汽车到天水。这是一次异
常艰苦的旅行。如果坐轮船，到朝天门码头买票上船就行了，很
简单。可是，我们准备的路费很有限，买不起轮船票，决定到朝
天门对岸的难民收容所住下，等候价钱便宜的大船。住了好多天，
才坐上一条仅容十来个人的小木船。同船有一位被遣散的国民党
大兵回陕西，知道我们路经西安，便为我们搬行李、争座位，很
热情。船行几十里便触礁，幸未翻船，这引起了艄公的警惕：每
天天大亮才开船，傍晚便靠岸，让我们找人家住宿、吃饭。就这
样行行停停，出三峡，遇险滩，都未出事。半月后，我们在宜昌
岸边交清船钱，改乘拖着两条大木船的小火轮，以较高速度直达
汉口码头。经过半个多月的旅途劳累，我突发支气管哮喘。主佑
已怀孕六月，先搬行李，然后回岸边接我，好容易挤进火车，奔
赴郑州。在我的《金婚谢妻》七首中有这么一首：

　　滩险风狂浪打头，竟将微命付扁舟。

　　三朝未过黄牛庙，半月方登鹦鹉洲。

　　愧我临危忽病喘，怜君有喜却分忧。

　　肩扛手抱搬行李，挤进车厢赴郑州。

郑州下车，到同学好友许强华家看望许伯母，休息了好几天，
然后坐火车赴宝鸡。到宝鸡后改坐汽车，翻越秦岭，绕道双十铺，
经过徽县、两当、娘娘坝，才抵达天水县城。

▲ 当时未与无怠合影，这是 1990 年在我的书房中拍的

本来是要远赴兰州，在兰州大学中文系教书的。因为主佑即将临产，只得借住在同学好友王无怠家，无钱、无工作。反正闲着没事，便拿着诗词抄本去拜见乡前辈汪剑平先生，在距北城门不远处找到他的院子。大门是敞开的，走进去却不见人。故意咳嗽两声，从上房出来一位中年男子，领我进房。汪先生正伏案挥毫，我即趋前请安，自我介绍，呈上我的诗稿。汪先生一面说知道我、想见我，一面读诗，接着又高声吟诵，击节赞赏，并和我畅谈多时。我怕他劳累，便起立告辞。汪先生家里好像没有亲人，

那位中年男子，据说受过汪先生的救助，特来照料汪先生的生活。

无怠对我很关心。听我讲了拜见汪先生的情况，很高兴。他叔父新令先生与汪先生交好，因而他对汪先生很熟悉。对我说："汪先生是省政协委员，又创建了民盟天水支部，讲话有力量，你得到他的赏识，找工作没问题。"果然，第二天早晨，那位中年男子便送来汪先生的两首七律，题目是《书怀赠松林》，诗如下：

一

湘帘冰簟夜凄清，散乱心情不可名。
旧梦如烟难捉搦，新诗入手见峥嵘。
横身桑海求宁处，末世文章少定评。
失喜佳人逢岁晏，跫然鸟履葭柴荆。

二

古槐新柳不成荫，失悔年时计未深。
病肺何由能止酒，逢人多事枉推襟。
沉沉天醉真难问，渺渺遐踪已莫寻。
试讯空山归棹日，有无风雨稻粱心？

无怠与我同读，读到第二首最后两句，便说："你看，汪先生已经考虑给你安排工作了。"

送信的中年男子说："剑爷叫你明天早些来，越早越好。"

我匆匆作了两首七律，题目是《汪剑平先生以〈书怀〉诗见赠，次韵奉酬》。诗如下：

一

留身劫蟱俟河清，无意时名却有名。
许自书怀知阮籍，未须品藻待钟嵘。
何人能解纵横略，是处犹传月旦评。
往日铜驼今在否？可堪衰泪洒荒荆！

136

二

相从几日古城阴，一往深情似海深。

敢说文章通性命，肯怜尘垢满衣襟。

颓风浩浩谁能挽？坠绪茫茫讵可寻！

大瓠呺然宁自举，休讥惠子有蓬心。

第二天一起床便赶去，汪先生已经在院子中间的藤椅上坐着，手捧一杯浓茶。那位中年男子看见汪先生热情地招呼我，便给我搬来一把椅子，端来一杯茶。我就座后呈上次韵诗，汪先生边吟边说好，又要我自己吟。我逐句朗吟，汪先生高兴地说："你游学金陵，与江南名流酬唱，诗好，吟得也好，真为我们秦州争光。"我说："汪先生奖掖后进，必将加倍努力，不负期许。"同时，拿出汪先生的赠诗，指着第二首的结句说："先生深知我心，正是要找饭碗。"他即领我回到书房，写了便笺，让我送给天水专区教育局长李般木。便笺是以"霍君松林，诗人也"开头的，般木一看，便和我谈诗，亲如故交。握别时说："回去等聘书。如果早知你回来，天中、天师都会争着请你。"

主佑在天主堂医院生孩子不久，便接到天水师范学校的两份聘书，我教普师一年级的语文，她教简师三年级丁班的语文兼班主任。

长子有光乳名小泉，生于1950年8月13日凌晨，即农历庚寅六月三十日寅时。此时尚未接到天水师范的聘书。不无抑郁，作诗抒怀：

庚寅六月三十日寅时得子

己丑孟冬，余与主佑结婚于重庆迤南之小温泉，时同任教于南林学院中文系，住小泉行馆。婚后即孕，预名小泉，志地也。已而学院停办，生徒星散。门兰当除，盘飧既竭。奔走衣食，遂无宁日。今夏附舟出峡，由汉

松林
回忆录

▲ 1950 年 12 月 13 日摄于天水，有光刚满四个月

口北上至郑州，转陇海路西归。露宿风餐，间关万里，极人世之苦。今者鹏翼犹垂，鹡枝安在，而小泉呱呱堕地矣！深宵不寐，记之以诗。

即是明珠亦暗投，年来苦为稻粱忧。龙争虎斗真三国，凤泊鸾飘欲九州。初惧啼声惊里巷，旋疑骨相类王侯。黎民愿作升平犬，敢望生儿似仲谋！

大诗人、大诗评家李汝伦老弟，在《一阁唐音足醉吾》一文中，评论过这首诗：

霍公在他的长公子降生之时，对还没有全睁开眼睛的宝贝儿子吟道："即是明珠亦暗投……"他不管小宝贝是否听得懂，他用教学的口吻，絮絮叨叨：你干嘛来这个世界？这个世界纷乱如三国时代，我正为争口饭而流徙奔走，就算你是个明珠吧，但这不是明珠暗投吗？你的哭声太吵，你的骨相又很似王侯。曹操说"生子当如孙仲谋！"我可不！像孙仲谋有什么好？

他不过是三国中的一国，割据称雄，牛马百姓，龙争虎斗而为祸苍生！老百姓说，宁为太平犬，不为乱世民，我怎么敢希望生儿似仲谋呢？

诗首句用掌上明珠和明珠暗投两个典，次句承暗投而用稻粱忧，也有典。惧，一惧其声惊里巷，二惧其长大后扰民祸国。霍公生儿有忧无喜，或忧多于喜，一片仁者之心，菩萨之念。这里说是忧时也可，说是讽世也可。

儿子生于寅年、寅时，寅是虎，霍公不是虎父，却生虎子。怪底他喜而成忧。所幸这位虎子没有王侯起来，只当了名牌大学的著名教授。

全诗起伏照应，自然浑成，以特殊表现一般，情深味永。儿子是主角，霍公则为抒情主人。父子之情，拓展为家国之忧。古人写生子之诗或贺子之诗，都公式概念，言过其实。不是说麒麟其种，便是龙虎其姿。祝其长大后拜相封侯，成王成霸。东坡说"我愿生儿愚且鲁，无灾无难到公卿"，上句奇矣，下句虽语含讥刺，但终不脱窠臼。

霍公之生子诗，其奇思妙构，古今罕有其匹，不见其亚。

主佑在天主堂医院生子后只住了十来天，便搬进天水师范二院的教师宿舍：一间较大的房子，双人床，靠墙有一张大书桌，一把藤椅。住室旁还有厨房，很方便。二院在学巷，紧靠文庙，

139

古柏参天，文化气氛很浓。

主佑没奶，一家养奶牛的派人天天送鲜奶，小泉贪喝，却大便秘结。后来有同事指出："奶太稠，要稀释。"我们掺了水，就一切都正常了。

主佑既要上课，还要批改作文。虽然雇了保姆，她也不能不管孩子。因此，她的班主任工作便由我代劳。当时天水的中小学很重视早操，天师也不例外。每天清晨，司号员吹响早操号，各班的班主任便带领学生列队跑出南门，绕城南公园三匝，然后做一套"八段锦"，跑回学校。那时尚无污染，早晨的城南公园风景如画，空气新鲜，经过几个月的早操锻炼，我的健康状况得到了明显的改善。

我教普师一年级的语文，有课本。入选作品，主要是"五四"以来的散文，如鲁迅的《秋夜》、朱自清的《背影》等；其次是"五四"以前的文言文，如袁中郎的《满井游记》、龚自珍的《病梅馆记》等；还有少量的唐宋诗词，这些作品都明白易懂，不需要句句讲解，可是正因为不需要句句讲解，要讲好就更困难。我的体会是：要讲好一篇作品，一要在自己吃透全文的基础上朗诵全文，二要讲清全文的章法结构，三要阐明全文的思想感情，四要发掘全文的艺术特点。这四点做到了，做好了，就会提高学生的学习兴趣。我的课堂讲授，正是朝这个方向努力的。我讲课，强调师生互动。每讲两节课，都留一刻钟让学生提问，我也问学生。互问互答，互相提高，乐趣无穷，这就是古人所说的"教学相长"。如果学生提不出问题，我便启发、诱导。对学生的答问，能肯定的就肯定，力求以鼓励为主。批改作文，同样贯彻这一原则。总而言之，所有做法，都为了培养 、提高学生们的学习兴趣和写作兴趣。学生们有了浓厚的学习兴趣和写作兴趣，教了的，他学，没教的，也学；作文课，他写作，课外，也写作。不以为苦，反以为乐，以至于乐此不疲，欲罢不能，那就不会像天津鸭子那样只等人家填了。几十年来，每每和自己的老师、朋友，以及所接触的学者专家交谈，总发现大家所学的专业尽管各不相同，却有一个共同点：他们之所以在某一学科领域取得了成就，原因固然很多，但追根究底，或者由于家学渊源，或者由于在小学或中学里遇到了好老师，从而引起了学习兴趣，爱上了某一学科，例外即使有，也不多。

　　我虽只教了一学期，却培养了学生们学习和写作的兴趣，调动了学生们学习和写作的主动性、积极性和创造性，对他们以后的发展发挥了不可低估的作用。这一班的不少人是在天水工作的，当地人都熟悉，比如，刘肯嘉、马宏毅等，都干得很不错。就写作而言，都是天水诗词学会的骨干，出版了诗词集。我为刘肯嘉《垦稼轩诗词集》作的序，曾在《天水学刊》1992年第2期发表，第一段是这样的："1950年夏天，我从重庆赶回老家看望父母，在天水师范教了半年语文。刘君肯嘉，是听课最认真的学生之一。他英姿勃发，口若悬河。课堂提问，他答得最精彩。他思维敏捷，擅长写作，每次发作文，他都会受到表扬。然而那时候，并未看到他作诗填词。1951年初春，我来西安教书，与肯嘉极少联系。后来听说他考入北大中文系，未及毕业，不知为什么回到天水参加工作了。几十年来，他写报道，把天水的建设和各种变化公诸报端，做出了显著成绩。……"这一班在外地工作的有多少，我搞不清，但肯定有。北京空军机要处副处长毛选选擅长书法，他用颜体楷书书写杜甫秦州诗，我作了长序。1995年9月我在北京开会，选选接我到他家去吃饭，正好碰上正在等我的张炬和范梓。张炬与肯嘉同班，年纪小，很活泼，听课却很认真；范梓是简师三年级丁班的，我带领三丁班上早操，范梓就在队伍中。张炬戴过"右派"帽子，在北京见我时，已是国家一级演员，曾在电视剧《三国演义》中饰张松，极传神。吃饭后我作了一首诗，写成条幅赠他俩。诗如下：

城南绿柳飐晴丝，常记晨操带队时。

四十五年弹指过，夫妇同来看老师！

我过八十岁生日时，张炬寄来一篇文章《难忘师生情》，其中说：

1950年秋，我在天水师范普师部上学，非常幸运的是，霍老师从重庆回家看望父母，临时当上了我们的语文老师。我是学师范的，我知道新老师的第一堂课是很难上的，有的学生故意提一些怪而偏的问题想把老师难倒。然而霍老师的第一堂课就把我们这些学生娃给震住了。他一开口讲课，就像一块无形的磁石把我们这些生铁块紧紧吸引住，只顾听他讲。霍老师声音洪亮，口才惊人，读课文节奏明快，韵味盎然，讲解课文语言丰富，深入浅出，幽默生动，听起来简直是一种艺术享受。不管学生提什么问题，他都对答如流，显露出深厚的文学功底和广博的学识。说实在的，从中学到普师，我还从来没遇到过这么好的语文老师。正是由于霍老师教学的魅力，激发了我对文学的特殊兴趣。那时，我们班上还有一位爱好文学的同学刘肯嘉，我们俩几乎时时刻刻都围着霍老师求教。当时，我对其他学科只求及格就行，而作文本却有三四个。只要写成一篇作文，就立即风风火火地去找霍老师批改。霍老师有求必应，不管当时在做什么都立即放在一边，认真仔细地为我批改作文。他对我的作文常以鼓励为主，老师越鼓励，我就越来劲，写得越多，当然占用老师的时间也就越多。老师不仅没有因为我这种狂热而嫌烦，相反，他更是热情有加地接待我，对我的作文逐字逐句地给予分析、讲评。我记得，我在记述一次游行活动时，在老师的启发下，一改过去记流水账的写法，而直接从游行队伍行进途中开笔，又在游行高潮中收笔。霍老师看后给我的作文本上画上了一串红圈圈，并写了批语，大意是说，摒弃流水账式的写法好。那时得到老师的夸奖，心里比吃了蜂蜜还甜。虽然后来我并未圆文学梦，但从霍老师这里汲取的文学养料，对我所从事的专业起着不可估量的作用。

我的老伴范梓当时也在天水师范上学，霍老师的夫人胡主佑老师是她的班主任。就在胡老师生小孩以后，霍老师又挑起了这个班主任的担子。当时，可把霍老师累坏了，他既要高质量地完成语文教学任务，又要伺候月子，还要在每天清晨带领这个班的学生出早操，地点就在城南公园里。"城南绿柳飐晴丝，常记晨操带队时"，就是写这一情景。

我在天师教书时，校长是刘滋培先生。他早年毕业于北大中文系，是中共老党员，为人正直豪爽，待我们夫妇非常好。他教三年级的语文，三年级学生听一年级学生讲，我教学如何如何好，便给刘校长提意见。难能可贵的是，刘校长不但不给我穿小鞋，还要我给他去代作文课，教学生如何写文章，我还真的去过几次。寒假中，西安的朋友推荐我到西北大学师范学院中文系任讲师，我接聘书后去找刘校长，提出过完春节便去西安，他却坚决挽留，不让走。我只好到教育局去求李殷木。殷木说："这是好事，你就准备去西安，我给刘校长做工作。"刘校长拗不过教育局，便对我说："你走了，普师一年级的语文只能由你爱人接，别人接，学生肯定有意见。"因此，主佑又在天师教了一学期书，直到1951年暑假，我才把她和孩子接到西北大学。

我离开天水不久，殷木也远赴乌鲁木齐。1989年接到殷木寄我的信和他画的一幅山水画，我回赠他三首七绝。第一首如下：

> 轮虱谈诗意气投，劳君推毂赋东游。
>
> 城南万柳飘零尽，地覆天翻四十秋。

"轮虱"是汪剑平先生的斋号，殷木是汪先生的妻弟，我们曾在汪先生家里谈诗。"万柳飘零""地覆天翻"，涵盖了"反右""大跃进"和"文革"。回眸往事，真要感谢殷木"推毂赋东游"！假如硬被刘校长留下，留至1957年，那就不得了！我在天师的许多同事，还有天中经常来往的许多教师，"反右"时统统被扣上"右派"帽子，赶到荒无人烟的夹边沟，在劳动改造中饿死了！夹边沟不仅有天水的"右派"，还有兰州等地的大批"右派"，包括留学归来的专家。夹边沟原是"禁区"，但后来还是出了几本书，其中最早的一本叫《苦太阳》，是天水的一位女作家庞瑞琳经过认真调查写成的。她专程来西安要我题诗，我题了一首七绝：

> 禁区谁闯夹边沟，饿鬼冤魂帽压头。
>
> 终见庞君挥史笔，饱含热泪写春秋。

二

在天水过完春节，我即乘汽车赴西安，到西北大学去看望闻名而尚未谋面的高元白先生。先给他看了南林文法学院发给我和主佑的聘书，又翻开我的诗词抄本，让他看我《将赴南林学院》的诗。他看了一遍，又高吟后两句"休将腐鼠来相吓，自有高梧待凤凰"，评论说："上句用《庄子·逍遥游》典，很恰当，下句有远见，我们西北大学就是'高梧'，真把你这个'凤凰'等来了。"高先生帮我提行李，领我到一间单人宿舍住下，他就回去了。我正躺在床上休息，刘持生先生忽然来看我，拉我到他家吃午饭。刘先生是我的甘肃同乡，抗战时期毕业于重庆中央大学中文系，是汪辟疆老师的得意门生。他此时已是西北大学文学院中文系的名教授，他从高元白先生那里得知我的近况，便准备好丰美的午饭，接我叙旧。从此以后，我们经常往来，谈诗论学。

快开学了，多次上街买书，准备上课。也忙里偷闲，登上神往多年的大雁塔，作了一首五言古风：

初登大雁塔

童年读唐诗，神驰慈恩寺。

高标跨苍穹，题咏留佳制。

今始到长安，此塔仍耸峙。

奋足凌绝顶，三秦入俯视。

终南青无极，洪河远奔逝。

纵横十二街，矮屋若鳞次。

汉殿委荒烟，唐宫何处是？

缅怀古西都，繁华留文字！

堪叹天宝末，君荒臣骄恣。

高岑与老杜，登临殒涕泗。

达夫思报国，末宦嗟壅滞。

嘉州悟净理，挂冠欲逃世。

伟哉杜少陵，忧时情如炽。

痛惜瑶池饮，呼唤贞观治。

大笔气淋漓，才思何雄鸷！

独力难回天，皇州践胡驷。

我来正芳春，江山初易帜。

铁道驰飚轮，绿野见良耜。

建设待英才，大庠招多士。

作育献绵力，凭高抒素志。

我刚到西北大学师范学院中文系的时候，正遇上课程改革：增开了几门新课，而原有的关于古典文学的好几门课则被压缩、合并为历代韵文选和历代散文选。我是想教历代韵文选的，但系主任高元白先生说："那门课有老先生教，你就开新课吧！"我强调"新课没学过，教不了"。高先生也承认这一点，但又坚持说："我们都没学过，你年纪最轻，就勉为其难，边学边教好了。"我只好同意，一开始给我派的课是文艺学、现代诗歌，不久，又增加了现代文学史（与一位中年教师合教）。

这几门新课，在当时不要说没有教材、没有教学大纲，就连必要的参考资料也十分缺乏。对于我这个基本上在"故纸堆"里讨生活的人来说，突然教这几门新课，那简直是"难于上青天"。

但我深深地感到，把这么多新课让我教，这是对我的极大信任，因而也就加强了克服困难的决心。

那真是"从头学起"啊！从头学习马恩和毛泽东的著作，从头搜集和阅读有关资料，力图用辩证唯物主义的观点、方法分析问题，拟出提纲，编写讲稿。

1951年一放暑假，我就急急忙忙地赶到天水，与主佑及孩子团聚。一周后，出乎意料地收到高元白先生寄来的聘书。那聘书是西北大学校长侯外庐签发的，聘请胡主佑任西北大学师范学院中文系兼任讲师。我们拿着聘书向刘滋培校长告别，他勉强讲了几句"惜别"的话，我们也感谢他对我们的照顾和爱护。收拾好行李，又到二郎巷王宅向无怠、淑娴辞行，他俩便邀我们到天水有名的毓明楼饭馆，在那儿设宴为我们饯行。

146

摆了八盘好菜，还有好酒。我说："太破费了！你们也不宽裕嘛。"无怠说："头破不在一斧头！"

一年前，我们告别小温泉的南林文法学院回到天水，借住王宅的第三天便回老家拜见父母，后来还回去好几次。现在将去西安工作，离老家又远了，便又回去与父母团聚了几天。父母知道我们将在西北大学教书，很高兴。

我们抱着孩子、拖着行李进入西北大学，住进学校已经给我们安排的宿舍：一大间，一小间，小院子里还有一间厨房。这时，主佑已怀孕数月，但中文系课程多，教师少，主佑不过是兼任讲师，系主任还要她讲两门课：文选及习作、教材教法。我教三门新课，她带一个孩子，怀一个孩子，教两门课，还要批改作文，带学生实习，而工资低微，一切生活用具都得逐一购买，举目无亲，孤立无援，其艰苦非现在的年轻人所能想见。

9月8日，女儿有辉出生，我冒雨进城请保姆，伤风感冒，挣扎多日，

▲后排是帮我们带大了有光、有辉的妻弟永佑、久佑，他俩也早已结婚生子，事业有成

147

终于病倒。主佑生产后未满半月，就开始上课。因为我们家徒四壁，一切条件都无法与教授们相比，所以每请来一位保姆，不多久便到教授家去了。不得已，主佑写信从湖南老家叫来两个弟弟，生活才趋于稳定，我也逐渐康复，走上讲台为学生补课。

1952年寒假，西北大学师范学院搬到大雁塔西南的新校舍独立办学，改名西安师范学院。我们分到了乙种房，一大室，一小室，一间厨房。院子很大，我种了各种蔬菜，可以自给自足。这时教师增多，我只教文学概论，主佑只教文选及习作。我从教文艺学开始，即自编讲义，到了1953年春天，我经过反复增删修改的《文学概论》讲义被选为全国交流教材，颇受好评。这时，中文系增开了一门元明清戏曲小说，系主任派我教，而把文学概论课让给主佑。和前数年相比，总算可以喘过气来了。

1955年12月，教育部邀请全国部分高等师范院校文史两系的少数教师，在北京举行教学大纲讨论会，我有幸被邀，参加了中国古代文学教学大纲的讨论，并与参加讨论会的全体成员（包括几位青年工作人员）合影留念。半个多世纪过去了，有些人看似面熟，但不敢肯定是谁。例如，李长之先生等，都参加过讨论，却都认不出来了。可以确认的，只有这几位：前排左二戴眼镜的高个子，是北师大的谭丕谟先生；左四是华东师大的施蛰存先生；左五是我，那时还不戴近视眼镜；左六是上海师院的马茂元先生；二排左二是北师大的启功先生；左五是东北师大的杨公骥先生；左六戴眼镜的，是杭州师院的夏承焘先生；后排中间散发覆额的瘦高条，是华中师院的石声淮先生，他以著名学者钱基博的女婿而闻名；后排左一戴镜子的，是北师大的邓魁英女士，当时担任讨论会的记录员，如今早已是博士研究生导师，退休了。

这次讨论会，意在了解情况、听取意见，为召开更大规模的讨论会作准备。1956年暑假，高等师范院校文史教学大纲讨论

会便在北京西苑宾馆举行，参加讨论的学
科、人数都有所增加，时间竟长达五十天
左右。

解放之初，高校文科要求多开新课，要
求用新观点教学，但并无统一的课程设置和
教学计划，更无新的教材和教学大纲，连新
的参考书也几乎等于零。1951年初，我应西
北大学校长侯外庐之聘，在该校师范学院中
文系任教，系主任派给我三门新课，其中一
门叫"文艺学"。我白手起家，自编讲义，
反复增删。1953年，西北大学师范学院迁至
大雁塔西南，独立设置，定名西安师范学院，
抓教材建设。我将"文艺学"讲义又改写一
遍，被选为全国交流讲义，稍后又被选为函

授教材，打印和铅印过好多次，流传颇广。1954年中国古代文学增加课时，系主任要我专教古代文学，文艺学改由内子胡主佑讲授。我教古代文学，既选注作品、编印教学大纲，又结合备课撰写论文，陆续在重要刊物发表。教育部通知某校某学科的教师参加教学大纲讨论会，是根据教材建设的情况作出决定的。因此，我荣幸地参加了古代文学教学大纲讨论会，主佑荣幸地参加了文艺学概论教学大纲讨论会。建校不久的西安师院中文系能有两门课程的教师参加会议，这是很不寻常的。在西苑宾馆报到以后，我们被安排在一个房间，也颇引人注目，因为夫妻两人参加此次讨论会，我们也是仅有的。

古代文学分为先秦两汉、魏晋南北朝、唐宋、元明清四个小组，各有组长。我是元明清组的组长，又与谭丕谟、杨公骥两先生同为大组的召集人。以分组讨论为主，在分组讨论的基础上，大组讨论，二十多天后意见渐趋一致，便开始起草教学大纲，边起草，边讨论，然后定稿。每一阶段，先标出总课时。这一阶段要讲授的作家、作品和重要问题都一一列

150

▼前排左二黄药眠、左三胡主佑。后排左三徐中玉、左四金启华

出，各分配课时。油印装订，是厚厚的一大本。

文艺学概论组由黄药眠先生主持，徐中玉、金启华、胡主佑等参加，人数不多。黄先生非常客气，特意约我在农展馆旁边的一家西餐馆吃饭，由他的弟子钟子翱、龚兆吉作陪，征求我对大纲的意见。《文艺学概论教学大纲》油印装订出来，也是厚厚的一大本。我在 1957 年出版的《文艺学概论·后记》中说："从 1954 年起，我专教古典文学，文艺学概论改由胡主佑同志担任。胡同志在几年来的教学过程中，对这部讲稿做了许多补充和修改，大大地提高了它的质量，丰富了它的内容。出版之前，又在胡同志的帮助下参考高等师范院校文史教学大纲讨论会修订的《文艺学概论教学大纲》进行了适当的修改。胡同志参加过高等师范院校文史教学大纲讨论会，是《文艺学概论教学大纲》的制订者之一。她在这一次修改工作中尽了很大的力量。基于这些理由，我主张用我们两人的名义出版，而胡同志坚决不肯，只好作罢。但应该声明，在这部稿子中，是包含着她的许多劳力的。"

真所谓"祸兮福所倚，福兮祸所伏"。由于我们都荣幸地参加了 1956 年教学大纲讨论会，因而在教学中贯彻教学大纲也最卖力，这就招致了 1957 年以后的各种批判，"文革"中陷于灭顶之灾，株连子女。

然而，1956 年文史教学大纲讨论会制订的各种教学大纲如果能在较长时期内贯彻落实，对于提高国民的人文素质，必能起到不可估量的积极作用。

1956 年是极不寻常的一年！1949 年以来国民经济建设高速度发展，到 1956 年已取得了举世瞩目的巨大成就。

1956 年 1 月 7 日，中共中央办公厅印发了《中共中央关于知识分子问题的指示草案》。1 月 14 日关于知识分子问题的中央会议隆重开幕，周恩来总理作了《关于知识分子问题的报告》，提出：

（一）对所使用的知识分子应给予充分的信任与支持，让他们有职有权，重视他们的研究成果；（二）改善对他们的使用和安排；（三）为他们创造必要的工作条件和必要的生活条件。

1956年2月24日，中共中央政治局通过了《中共中央关于知识分子问题的指示》，宣告知识分子政策已成为一项关系到新中国建设成败的重大政策。

1956年9月27日，中国共产党第八次全国代表大会通过的《中国共产党第八次全国代表大会关于政治报告的决议》明确提出："我国的无产阶级同资产阶级之间的矛盾已经基本上解决。""我国国内的主要矛盾，已经是人民对于建立先进的工业国的要求同落后的农业国的现实之间的矛盾，已经是人民对于经济文化迅速发展的需要同当前经济文化不能满足人民需要的状况之间的矛盾。这一矛盾的实质，在我国社会主义制度已经建立的情况下，也就是先进的社会主义制度同落后的社会生产力之间的矛盾。党和全国人民当前的主要任务，就是要集中力量来解决这个矛盾，把我国尽快地从落后的农业国变为先进的工业国。这个任务是很艰巨的，我们必须在经济、政治、文化等方面采取正确的政策，团结国内外一切可能团结的力量，利用一切有利的条件，来完成这个伟大的任务。"

1956年，教育部召集全国高校文科骨干教师制订的《教学大纲》，就是在这种良好的政治气氛下颁发的。当然，随着这种良好的政治气氛的突然逆转，也就突然变成鼓吹"阶级斗争熄灭论"、贩卖"封、资、修黑货"的罪证。

1956年，的确是极不寻常的一年，是值得中国人民永远怀念的一年，也是令人叹息不已的一年！

152

第七章

从"反右"至"四人帮"垮台

经过几年的艰苦奋斗，到了1953年，我们已能喘过气来。从1954年到1957年"反右"前夕，更是渐入佳境，蒸蒸日上。文艺理论课程由文艺学、文学概论改为文艺学概论，由主佑讲授，她颇能胜任，且很愉快。古代文学课程把历代韵文、历代散文、元明清戏曲小说三门合并为中国古典文学，增加课时，分为先秦两汉文学、魏晋南北朝文学、唐宋文学、元明清文学四段，每段各占一学年。由于每年级都有几个班，添了许多教师，成立了教研组，我被任命为主任。这时期，政治相对宽松，社会繁荣稳定，校领导重视教学、科研，英雄有用武之地，我在教学和科研两方面都做出了成绩。

从1954年1月至1957年7月，我在《光明日报·文学遗产》发表论文六篇，在《新建设》发表论文五篇，在《新华月报》《人民文学》《延河》《语文学习》《〈文学遗产〉增刊》发表论文十二篇。当时报刊不多，用新观点写论文的人也比较少，所以，我在上述那几种重要报刊上发表的论文，读者面极广，特别是发表于《新建设》1956年5月号上的《试论形象思维》，引起强烈反响。

1957年前半年，我还出版了两本书。一本是《〈西厢记〉简说》，由作家出版社出版（1962年由中华书局再版），另一本是《文艺学概论》，由陕西人民出版社出版。这两本书，前者印三万二千册，后者印四万六千七百册，不久就销售一空，出版社正准备重印的时候，"反右"开始了。

这期间，还多次进京开会，并参与教学大纲的讨论和编写。

在当时，我自然很得意，但"人怕出名猪怕壮"，"木秀于林，风必摧之"，"反右"开始，就不断有人咬我。幸而我还算"青年教师"，历史既单纯，又清楚，埋头业务而无政治野心，所以，未被列入预定的"右派"名单，经过几次揭发批判以肃清流毒，就网开一面，帽子拿在手中，没有戴。

1957年后半年到1958年前半年，又在《延河》《人民文学》《语文学习》《光明日报·文学遗产》等报刊发表了好几篇文章，还由长江文艺出版社出版了第一本论文集《诗的形象及其他》。

"反右"中虽然未戴帽子，却种下祸根，不管搞什么运动，我都是现成的对立面。当然，对立面是可以转化的，但我一直顽固不化，不肯认输，于是批判愈来愈升级。

1957年大鸣大放，中文系学生一马当先，搞得热火朝天。我和几位古典文学老师去看大字报，每看到诗、词、对联写得生动、深刻，便眉飞色舞地说："看来，我们的古典文学教学还真帮了学生的忙，发挥了战斗作用。"这便成了我的一条罪状。

我作为古典文学教研室主任，经常组织教师互相听课，然后开会讨论如何提高教学质量。因此，古典文学教学最受学生欢迎，系领导把学生对各门课程的学习态度概括为"一古、二外、三现代"的错误倾向，这又是我的一条罪状。中文系学生的大字报多为我鸣不平，也对我很不利。

1958年后半年，开展反对"厚古薄今"运动，我自然首当其冲，大会小会相配合，不批臭不罢兵。我如果一开头便"低头认罪""深刻检查"，那必然不顶用，因为批判还未展开，"流毒"无法"肃清"；但糟糕的是，我始终不承认有罪，而且辩口悬河。比如，闯将某助教指斥关汉卿的套曲《不伏老》"歌颂老嫖客"，然后用与"老嫖客"相联系的下流语言攻击我"美化老嫖客，向学生放毒"。我则用高雅语言一一反驳，直驳得他张口结舌，无言以对。坚持很久，每一次都如此收场，主持者只好在下不了台的处境中鸣锣收兵。这场运动的结果是：古典文学教时压缩了三分之一，现代文学教时增加了三分之一，从而从数量上变"厚古薄今"为"厚今薄古"。还有，不论是介绍古典作家还是讲解古典作品，都必须批判得体无完肤，"封建性糟粕"固然要狠批，"民主性精华"也同样要狠批，以"无产阶级革命知识分子"面貌出现的王系主任多次指示："愈是精华愈要批判。"这就从质量上变"厚古薄今"为"厚今薄古"。

"厚今薄古"与"厚古薄今"被说成两条路线的斗争，"厚古薄今"被说成资产阶级学风。事实上，我从来不曾"薄今"，也不曾盲目地"尊古""泥古""拟古"，而只是认为悠久的文化传统和丰富的文学遗产应该继承，中文系学生应该有较好的古典文学修养。而这，就被说成"厚古薄今"，成为资产阶级知识分子的典型。在继之而来的"红专辩论""向党交心""兴无灭资""拔白旗""思想改造""教育革命"等运动中，我都是批判的重点。特别是持续两年多的"修正主义文艺思想批判"，集中批判的，就是我的《文艺学概论》。先由中文系批，然后由全校批，批判文章印刷装订成《红旗》杂志那样的本本，一本接一本，广泛散发。1961 年 1 月，西安师院与陕西师院合并，命名为陕西师范大学。两院中文本科、专科各班级的学生加起来，有一千几百人，两院中文系教师加起来，超过一百人，这是批判我的主力军，不过真正的笔杆子，也只是"红"而不专的十多人而已。到了 1961 年夏天，经过充分准备，把我的"修正主义文艺观点"归纳为"人性论""写真实论""世界观与创作方法矛盾论"等五大"论"，集体撰写文章逐一批判，印刷成册，然后以师大中文系师生为主体，邀请西北大学中文系师生和西安文艺界、教育界数百人参加，召开大会。以前的多次批判会，还是相当民主的，我坐着听，还允许我随时申辩。我认为学术问题必须坚持真理，因而每次批判，都被我驳得理屈词穷。这一次则不同，我被告知"只能坐着听，不能起立申辩"。大会开始，主席台上的主持人宣布"向何其芳同志献礼"，于是，由中文系总支书记献上两厚捆像《红旗》

杂志那样的本本，足有几十本。我这才知道，上边坐的是大名鼎鼎的诗人、理论家何其芳。接下去，五位闯将陆续登台，依次批判了我的五大论，或激昂慷慨，或义愤填膺，仿佛句句是真理，没有反驳的余地。

时任校长听得十分得意，请他的同乡何其芳作总结。何其芳就所批判的问题逐一发表意见，不仅毫无火药味，而且侃侃而谈，就像老师给学生们讲书。令人惊异的是：他讲每一个问题，都仿佛复述我的《文艺学概论》的相关内容。校系领导和批判闯将们是什么表情，全场所有听众是什么表情，都是不难想见的。

事后听说，当天晚上，校系领导和批判闯将开会，校长气愤地说："何其芳真是书呆子，不懂政治！不懂政治！"

何其芳同志逝世以后，刘建国同志告诉我："学校批《文艺学概论》时，我正在北京人大研究班学习，为我们讲课的何其芳从西安回京，一见我就生气地说：'你们陕西师大真是胡闹！霍松林的《文艺学概论》分明是一部好书，却硬是批来批去，没完没了。面对上千名学生，不是向他们灌输正确的东西，而是颠倒是非，把正确的东西说成错误的东西，胡乱批判，这对学生会产生什么影响？'"我不禁赞叹道："何其芳毕竟是何其芳！真了不起！"

批判者想把我批臭，但事与愿违。当时两院刚合并，中文系本科、专科班级很多，凡我没有带课的班，都向党总支申请，指名要请我讲一堂课，而总支又无法说服学生，只好忍气吞声给我下达任务。有一次，上午刚开大会批判我，下午就要我去给一个班讲课。我前脚踏进门，只见偌大的阶梯教室里挤满人，"哗"的一声站起来热烈鼓掌，经久不息，弄得跟我去听课的两位革命助教十分狼狈。一个班不过五十名学生，其他都是赶来旁听的，教室里挤不下，就站在窗外、门外和过道里。还有，本科四年级

八个班的学生向总支提出:"因为反对'厚古薄今',古典文学没有学到东西,必须请霍老师为我们补课。"于是,我只好接受任务,为他们补课一学期,从先秦补到晚清。最后一堂下课前,也是全场起立,鼓掌达五分钟之久。

持续数年之久的大批判如此收场,主事者当然很不甘心,但这时候已开始贯彻"八字方针",不久又贯彻"高教六十条",不好再搞什么批判了。到了1962年春天,校党委终于按上级指示召开"甄别平反"会,那位校长在会上说:"我们批判霍先生,演了一场《三岔口》,自己人打自己人。"我本该感激涕零,歌功颂德,但当时愚不及此,竟然说:"自己人如果做出了该打的事,就要打。如果他没有'放毒'而硬说他'放毒'毒害学生,屈打成招,不招就继续打,大家打,打他好几年,最后以'自己人打自己人'一笑了之,而谁是谁非的问题却避而不谈,这对打人者和被打者都没有好处。"这些话,不仅触怒了校领导,而且触怒了在场的那些揪住我不放的人,从而又种下了祸根。

从1956年7月到1965年秋,我作为教研室主任,什么课缺人就教什么课,元明清文学、唐宋文学、魏晋南北朝文学、先秦两汉文学、古代文论都教过,都深受欢迎。结合教学搞科研,成果也不算少。第一,出版了几本书:1959年,百花文艺出版社出版了《白居易诗选译》,1960年再版;1962年,人民文学出版社出版了《〈瀛南诗话〉校注》(与主佑合作),1963年再版;1963年,人民文学出版社出版了《瓯北诗话》(与主佑合作校点),1964年再版。还为少年儿童编写了两本书:《打虎的故事》,1962年少年儿童出版社出版,多次重印;《古人勤学的故事》,1964年天津人民出版社出版,多次重印。第二,先后在《光明日报·文学遗产》《〈文学遗产〉增刊》《人文杂志》《延河》等刊物上发表学术论文十八篇,在《光明日报·东风》等发表杂文五篇,并在《陕西日报》辟有《诗海一瓢》专栏,在《西安晚报》辟有《奋勉集》《长安诗话》专栏。

1958年"大跃进"的号角一吹响,我们学校就积极响应,某某系的书记一晚上办了十几个工厂,我们中文系仅三天就垒起了四座小高炉,拉来了几大堆煤,还请来西安的几位大作家作报告为全系师生打气。杜鹏程说,他和王汶石刚访问东欧归来,东欧友人正对"大跃进"怎样翻译争论不休,有的译为"跳着跑",有的译为"跑着跳",有的指出不论是"跳着跑",还是"跑着跳",都漏了那个"大"字。惹得大家想笑又不敢笑。王汶石说,他们从北京坐火车回西安,路旁正"深翻地",已经翻了两米深,还在翻。总支书记面向全体师生插话:"听见了没?看看人家,那才叫'大跃进'!那才叫'干劲冲天'!"

1959年元月中旬,我因学校放寒假,回家看望父亲,父亲卧床叹气。我喊了好几声,都不理。嫂子说:"家里没吃的,都上公共食堂了。"我找到食堂,管事的虽然是年轻晚辈,也都认识,对我说:"今天是'腊月八',该过节,可是无米无面无油盐,只用清水煮了一大锅白菜汤。"碰见一位老邻居,比我大二十几岁,人好,有文化,有威信,他把我领到他家里低声说:今年的小麦长势特别好,眼看要丰收,可是全村的青壮年都"大炼钢铁""引洮上山"去了,劳动力强一点的妇女也跟去给人家做饭,只好由他组织老弱残疾割麦子。刚开始割,县上下令"深翻地",拖拉机也开来了,把那么好、那么多已经成熟的麦子都翻到地底下去了!现在没饭吃,又要搞"车子化",雷厉风行,谁都不敢说一个"不"字。我问:"食堂"外面立了那么多口袋,里面都是洋芋,为什么不拿来吃?他说:家家户户都没粮,但还有洋芋,可是县上派人下来挨家挨户搜,说要把洋芋运到东北去做种子。他还说:

被抽去"引洮上山"的人，有不少已经饿死了，村里的不少老人也躺下了，起不来！

我回家躺在父亲身旁，惊恐万状，一夜未能入睡。第二天天一亮，就赶到新阳镇坐火车回西安，在车上作了几首诗：

回乡偶书（三首）

声声跃进火浇油，上任新官办法稠。
鸟道也须车子化，窗框门板一时休。

钢帅威风孰可当，高炉日夜吐霞光。
刀勺锅铲都熔铸，爬进食堂喝菜汤。

报产三千未表扬，公粮交够剩空仓。
引洮欲上高山顶，干劲冲天饿断肠。

回想 1955 年的一次回家，真是感慨万千！那时候，政通人和，物产丰饶。暑假中，我带了许多钱和许多好吃的糕点回家，看望双亲。一进门，只见母亲卧病在床，痛苦不堪。我急忙翻父亲的医书，查出一个验方，父亲看后说可用，我便从父亲的药柜里取了一大包药，煮了大半碗给母亲喝，喝后不久要大小便，便后便能说话，说她的病好了。我坐在她身旁，打开我带来的糕点，她吃了好几块鸡蛋糕，还吃水果糖，伸手摸我的头。那时候，老人病危，要准备纸钱和各种"纸货"，我家院子里已有不少"纸货"摆在那里，有床，有柜，有两层小楼房……还有童男童女。母亲亲自给童男童女取了名字，叫我写在他们背上。大家有说有笑，很高兴。我在父母身边睡了一夜。第二天吃了早饭，母亲对我说："你很忙，回去吧！"我回校后接到家信，说我离家不久，母亲便闭上了眼睛，舒舒服服地走了。又说我"有孝心"，母亲久患重病突然好转，那是回光返照。

比较而言，母亲的晚景和结局还是很好的，她活了七十五岁，那时候也算长寿老人。父亲比母亲大一岁，多活了三年多，虽然更长寿，但他的结局实在太悲惨了！我回到西安，个别商店里还有高价饼干，我用粮票买了几大包，分几次挂号邮寄给父亲。当然还想寄，但粮票有限，妻子儿女都浮肿，商店里也没有任何吃的可买了。

要补充说明的是，1959年元月中旬回家，还给我惹了麻烦。当回到学校之时，有些不怀好意的人便明知故问："人民公社'一大二公'，好得很吧？""公共食堂是不是不交钱，还敞开肚皮吃饭？""小高炉多得很吧！是不是每天都能炼出好多钢？"我虽然很小心，但人家问，总不能不答，一答，就难免出漏洞。正是这些人，"文革"中逼我交代恶攻"三面红旗"的言论，揪住不放。

▼贯彻"八字方针"时期的全家福，孩子们都戴上了红领巾

1961 年以后，党中央贯彻"调整、巩固、充实、提高"的"八字方针"，阶级斗争的弦相对松弛，因而我能够在教学科研上做出成绩。孩子们也安心学习，都戴上了红领巾。这样的好时光是值得珍惜、值得留恋的；可是好景不长，风云突变，整个中华民族被推入"史无前例"的浩劫，我当然在劫难逃。

1966 年 4 月出版的《红旗》刊载了郑季翘《在文艺领域里必须坚持马克思主义认识论——对形象思维论的批判》一文，指斥"形象思维论""正是一个反马克思主义的认识论体系，正是现代修正主义文艺思潮的一个认识论基础"，"是某些人进行反党、反马克思主义活动的理论武器"。而我，则被封为"形象思维论者"，我的论述被多次引用，多次被点名批判，火药味极浓。到了 5 月，中共中央发出"文化大革命"的纲领性文件（《五一六通知》），号召全党全国"彻底揭露那批反党反社会主义的所谓'学术权威'的资产阶级反动立场……"

162

我于是从参加社教的泾阳被"揪"了回来。中共中央西北局派工作组进驻我校，组长向全校宣布："文化大革命的对象是'资产阶级反动学术权威'，具体到陕西，就是霍松林。"于是，揭批我的大字报风起云涌，覆盖了整个校园，连子女们也受株连，小儿子有亮经常挨打，不敢去上学。不多久，全校学生明白了《十六条》指出的运动重点，指斥工作组和校党委"抛出一只'死老虎'（指我已被《红旗》点名点死）转移运动大方向"，从而直"揪"所谓"走资派"，我便被降为"走资派"的"社会基础"，陪"走资派"挨"斗"、陪"走资派"游街，不游街、不上斗争会的时候，便扫马路、扫厕所。

7 月底被抄家。由于全校、全西安尚无抄家先例，又万万没有想到，社会主义社会的光天化日之下会公然抢劫，所以毫无准备。万卷藏书，万余元存款，碑帖，于右任、齐白石等许多大家、名家的书画，以及刚完成的三十余万字的《三袁年谱》手稿和其他文稿、诗稿等等，都被突然破门而入的"东风红卫兵"抄掠一空。

"牛棚"里的"棚友"越来越多，到了1968年"清理阶级队伍"的时候，增加到一百五十人以上，各人戴个白袖章，上面书写的头衔五花八门。每逢集体游街，队伍浩浩荡荡，高帽子千奇百怪，十分壮观。比起一个人被揪斗的那阵子，我精神上的压力小多了，还乘机爬上大雁塔哼了两首诗：

"文革"中潜登大雁塔

打砸狂飚势日增，凌霄雁塔尚崚嶒。

幽囚未觉精神减，放眼须攀最上层。

盘空磴道出尘嚣，四望三秦万卉凋。

奋臂倘能回斗柄，洪河清渭起春潮。

1969年4月，工宣队要解放一批人为"九大"献礼。工宣队长陈玉江是一位工人作家，读过我的文章和著作，知道我不是坏人，便提出要解放我，而中文系"革命教师"中的那些揪住我不放的人们却坚决反对，开会和我"拼刺刀"，拼杀几场之后，工宣队长总结说："拼来拼去，霍松林的问题还不就是那几篇文章吗？"于是，在4月23日晚上开会批判之后，以"虽有严重的思想问题，但仍属人民内部矛盾"的结论宣布解放。一解放即被起用，作为"教育革命小分队"的成员在临潼、潼关、兴平等地进行"教育革命调查"，这又激起了那些揪住我不放的人们的嫉恨。当这年冬天"战备疏散"到永寿县上营村的时候，又被"隔离审查"，劳动改造。

永寿县在北距西安约一百华里的山区，上营是永寿县的一个山村。村中有一些房院，但不少人还住在窑洞里。我们被塞进一孔长久无人居住的破窑，苦不堪言。我作了四首七律：

放 逐 偶 吟

一息犹存虎口余，破窑权寄野人居。
翻江倒海吾兹惧，淑世匡时愿岂虚？
休恨无门可罗雀，也知有釜亦生鱼。
携家放逐宁关命，佳气曾传夜满闾！

奴仆旌旄又一时，不须出处费然疑。
已无枳棘栖鸾凤，尚有生灵厌虎黑。
南郭子綦将丧我，东方曼倩欲忘饥。
凭窗尽日嗒焉坐，却为看云每挂颐。

庑下相依事事非，更怜无复董生帏。
顽蝇尽日纷成阵，黠鼠深宵屡合围。
不战何能驱逆类，图存未肯树降旗。
防身莫叹无余物，残卷犹堪奋一挥。

劳心劳力费商量，辟谷休言旧有方。
斯世宁容嵇散懒，何人更许接舆狂？
著书壮岁谤犹烈，学圃髫年技未荒。
窑畔拟开三亩地，倘能种菜老山乡！

1970 年夏，自上营转到泾阳县，先后在王桥、船头劳改达三
年之久，作了不少诗：

劳改偶吟（二首）

横风吹雨打牛棚，黑地昏天岁几更。
毒蝎螫人书屡废，贪狼呼类梦频惊。
久闻大汉尊侯览，休叹长沙屈贾生。
剩有孤灯须护惜，清光照夜盼鸡鸣。

泾河曲似九回肠，河畔伶俜牧羝羊。

戴帽难禁风雨恶，挥鞭敢斗虎狼狂！

雪中抖擞松含翠，狱底沉埋剑有光①。

不信人妖竟颠倒，乾坤正气自堂堂。

注：①《晋书·张华传》记载，晋初，牛斗之间，常有紫气照射。雷焕告诉张华：宝剑之精，上彻于天。张华命雷焕寻觅，结果于丰城牢狱地下掘出宝剑一双，一名龙泉，一名太阿。

"文革"书感

熬过严寒待物华，狼奔豕突毁春芽。

凋零文化连年火，寥落人才到处枷。

吉网罗钳通地狱，蛇神牛鬼遍天涯。

"史无前例"夸新创，忍对神州看暮鸦！

1970年夏天，在泾阳农场劳改，干的都是最苦的活，开荒地，搬石头，拉架子车，经常累得大汗淋漓。哮喘病发作，也得不到休息、治疗。晚上睡的是双人架子床下铺，上铺的人半夜下床踩在我身上，开灯一看，发现我从床上跌下，昏迷不醒。等到第二天，才打电话给学校的主管部门，下午来了一辆小吉普，从车上下来的是中文系的两位干部。他们把我拉到附近的王桥诊所打了强心针，醒过来了，但头痛难忍。理应拉到西安市大医院诊治，但人家首先想到的是"划清阶级界限"，车开到我家门外，就不管了。在家里休息了七天，又被赶回农场劳改。类似的遭遇还有好几次，每次都是死而复活，复活后继续劳动改造。

长子有光和女儿有辉，都是第一批下乡的知青，1968年9月底，插队于宝鸡山头的"红硖"公社（那地方本来叫"硖石"，"文革"中才变"红"的）。由于他们被列入"黑五类"，所以

备受大队干部歧视，干脏活、重活，还经常挨批，又吃不饱饭。我和主佑、有明、有亮被"疏散"到永寿上营村的窑洞里。春节来临，有光、有辉赶来过年，诉说了他们的苦况。主佑立刻带有光赶回阔别多年的湖南老家，试探能否将光、辉转去插队。我也乘工宣队及"革命教师"回家过年之机，回到我的天水老家。从"文革"开始，家乡的干部、乡亲一直为我担心，听到我回家，纷纷赶来看望，轮流接我吃饭。当听到光、辉的处境时，大队书记、队长等多人异口同声地说："耕田种地嘛，何必要跑到宝鸡山头？叫娃们回来，马上给他们划院子修房！"大家要我写字留念，在大院子里拼了四张方桌，写了三整天。第五天上午，我必须告辞，男女老少聚集了百余人，望着我爬山，当爬上山顶的时候，我回过头望着乡亲们频频挥手，乡亲们也望着我频频挥手，不肯散去。我只好急转身翻过山头，匆匆赶路，热泪夺眶而出，模糊了视线。

主佑比我晚半个多月才回到窑洞，交流情况之后商定把光、辉转回老家插队。大队干部立刻为他们分配住房，安排生活，一位小队长还主动把他的民办教师岗位让给有辉。

两个孩子回到老家，受到无微不至的照顾，使我精神上感到极大的安慰。

在泾阳农场劳改时，经常北望埋葬唐太宗的昭陵和埋葬唐高宗、武则天的乾陵，伤今忆往，百感纷来。

乾 陵 二 首

砍李摘瓜周代唐，奶头双笋墓深藏。
乾陵那有乾纲在？唯见游人说"女皇"。

昭陵高笋九峻阳，遥望乾陵气郁苍。
当日才人临玉宇，不知功过怎评量？

望 昭 陵

一统中华四百州，烟尘扫尽放骅骝。

兴邦端赖人为镜，固本深知水覆舟。

首倡六诗鸣盛世，兼综三教展鸿猷。

大唐气象今何在？欲访昭陵泪已流。

1970 年仲夏，次子有明以初中六九级学生的身份，远赴陕南紫阳县铁道兵二师学生八连，参加襄渝铁路建设。在饥一顿、饱一顿的情况下，打猪草、开电锯、打风枪、长途搬运，经受了无数严峻考验，曾六次获连部嘉奖，加入共青团。但仍因家庭问题而受歧视，常惴惴不安，恐犯"错误"。我在他十八岁生日的时候，从农场寄去两首诗：

雪暴风狂忆上营，窑中灯火倍温馨。

候门喜我还家早，阅课夸儿用力勤。

虎卧龙跳临晋帖，蟹行鴃语学英文。

裁诗问字无休歇，谈笑浑忘夜已深。

洪炉三线炼纯钢，慷慨驱车赴紫阳。

髫岁离家怜稚弱，频年苦战喜坚强。

心向北京开电锯，胸怀世界握风枪。

出身难选路能选，换骨脱胎看导航！

第一首追忆上营情景。从 1969 年冬到 1970 年夏，有明一直在窑洞中做饭、学习。我下午出去劳动，往往于下工后被带到"专案组"，乘疲劳、饥饿之时逼供，很晚才能回到窑中。当该下工之时，有明常在门口等候。未被传讯而按时回来，他便高兴地说："今天回来得还早！"吃完晚饭，我便检查他一天的功课，夸奖他学习勤奋。然后他又学作诗，提问题，一盏煤油灯，照亮了沉沉的暗夜，平添了许多温馨。

第二首写他的三线生活。后两句是当时的口头禅，但在这里却表现了一位备受政治迫害的父亲对心爱的儿子所倾吐的复杂而沉痛的心情，有同样经历的人读起来，很可能会掉下眼泪。

我在农场劳改，明儿在三线锻炼，都利用晚间休息的时间写信，互通信息，互相鼓励。我特别鼓励他学作诗词，以抒建设祖国的豪情。下面选录明儿寄我的两首词：

菩萨蛮·三线迎春

军民豪气冲霄汉，誓将大地重装扮。巨刃辟荆榛，深山扎大营。开路争朝夕，万炮轰石壁。战斗送残冬，旌旗遍野红。

采桑子·赴三线接受再教育一载

烟尘滚滚相迎送，山岭连绵，遮断长安，满载豪情赴陕南。军民奋战伏天险，斩水凿山，襄渝接联，笑指长龙吐瑞烟。

1971年元月26日是农历狗年的除夕，我出生于1921年，这时已五十岁，尚在泾阳的"牛棚"里辞别狗年，等待猪年，天亮后还要放羊。长夜难眠。吟成八句：

狗年（庚戌）除夕

牛棚除夜拨寒灰，半百年华唤不回。

囊内钱空辞狗去，肠中脂尽盼猪来。

恶攻罪大犹添谤，劳改期长未换胎。

明日饿羊何处放？谁施春雨润枯荄！

1970年夏，我从永寿县转到泾阳县劳改，有光、有辉转至老家插队，有明远赴紫阳修路，真有"妻离子散"的感伤。幸而承蒙工宣队照顾，允许主佑和小儿有亮搬出永寿窑洞，回到陕西师大家中，有亮也回到师大附中上学了。

家乡人对我的深情厚爱是无法回报的。1971年推荐有辉上甘肃师大中文系，1972年又推荐有光上兰州大学地质系，这不仅将光、辉两儿领向光明大道，而且鼓舞了我的斗志，克服万难，活出十年浩劫。下面是我勉励光、辉两儿的诗：

寄光、辉两儿（二首）

潇湘秦陇各西东，雪里寒梅几度红。

八里村[①]边望明月，五峰山[②]外盼归鸿。

老牛舔犊情如海，乳虎登山气似虹。

四野坚冰双手茧，战天斗地建新功。

争夸琥珀放红光[③]，人换灵魂地换装。

数载辛劳终结果，两枝丹桂竞飘香。

文心穷究知规律，地质精研发蕴藏。

更炼铁肩挑重担，莫将华胄愧炎黄。

注：① 陕西师大在八里村附近。1970年夏，有亮回校上附中，主佑时往照料。

② 上营南对五峰山。

③ 老家琥珀乡，"文革"中改名红光公社。

1973年5月，有明从紫阳回来，在富平压延设备厂当模型工。1974年夏，有辉毕业于甘肃师大中文系，在甘肃日报社任记者。1975年夏，有光毕业于兰州大学地质系，在天水地震办工作。同年夏，有亮毕业于师大附中高中，在水电部西安热功研究所化学室任技术员。同年春，主佑在师大图书馆任编目员，我从泾阳农场回校，在中文系为工农兵学员编教材。一家人都有工作了。

1976年元月8日，敬爱的周总理逝世，举国悲痛，我作了两首诗：

悼念周恩来总理

妖雾迷灵曜，哀音泣电波。

兆民垂热泪，四海咽悲歌。

竟毁擎天柱，谁挥返日戈？

短弧犹射影，伟绩岂能磨？

心血都抛尽，遗言撒骨灰。

人间挥泪雨，天际响惊雷。

大海消冰窟，高山化雪堆。

阳和回禹甸，会见百花开。

第二年清明节，我又作了两首悼念周总理的诗：

清 明 书 感

"文革"无前例，玄黄战未休。

横眉排逆浪，俯首护清流。

磊落人民爱，光明鬼蜮愁。

徒劳织贝锦，处处起歌讴。

民心不可侮，"四五"谱新章。

终扫妖氛净，空余镜殿凉。

乾坤初转正，葵藿自倾阳。

四化宏图展，甘棠百世芳。

周总理逝世，"四人帮"加快了篡党夺权的步伐，也加快了自取灭亡的进程，没多久便彻底垮台。接踵而来的是："史无前例"的"文化大革命"哑然收场，"以阶级斗争为纲"的那个纲被抛入历史的垃圾堆。千千万万颗伤痕累累的心燃起了新的希望，雾散云开的神州大地，在举国欢庆中迎接改革开放的明天。

第 八 章

南游北上　以文会友

一

南游，指 1979 年春南下昆明，参加中国古代文学理论研讨会；北上，指 1979 年冬在北京参加中国文学艺术工作者第四次代表大会，1980 年夏在哈尔滨参加全国首届《红楼梦》学术讨论会。

1975 年春，我从泾阳农场回到学校，为工农兵学员编教材，但无权署名，因为我的"问题"还未解决。我本是 1969 年 4 月工宣队为"九大"献礼而宣布"解放"的，只因"革命教师"中的那些揪住我不放的人们害怕我的工作能力强，"解放"后将不利于他们向上爬，便企图将我打成"现行反革命"。当时有人所共知的三句话：谁反对伟大领袖，就打倒谁；谁反对林副统帅，就打倒谁；谁反对旗手江青，就打倒谁。那些揪住我不放的人们找到也被劳改的某某，谈好了互惠条件，便由某某写揭发材料，给我编造了九句反革命言论：三句"恶攻"江青，三句"恶攻"林彪，三句"恶攻"毛主席。1971 年 9 月 13 日林彪摔死，便有三句话不再追究。1976 年 10 月 6 日"四人帮"被抓，又有三句话不再追究。还剩下的三句话，我既坚决否认，他们又找不到旁证，但仍不肯放过，又回过头清算"鼓吹形象思维"的老账。1976 年冬，毛泽东给陈毅谈诗的信发表，信中明确提出"诗要用形象思维"。连伟大领袖都是"形象思维论者"，我的这一条罪状也不好再提了，但他们还硬着头皮，就是不为我平反。那时候，报刊向某人约稿，都要通过组织。1978 年 9 月 11 日下午，《西安晚报》的两位编辑赵宏、张静波突然来家，拿出北京电传过来的毛泽东《贺新郎·读史》，要我速写一篇稿子，第二天上午来取，我高兴地问："总支允许我写稿了？"他们气愤地说："多次找你们总支向你约稿，都被拒绝。这次因为任务急，总编叫我们直接找你，不通过组织。"当时，《西安晚报》的总编由西安市委宣传部长袁烙兼任，所以才敢作出这样的决定。我当晚赶写的《形象思维第一流——读毛主席〈贺新郎·读史〉》，第二天便见报，整整一版，很引人注目。一周后赵宏告诉我："我们把稿子送给总编，总编快读一遍，即于稿后批道：'文章极好，速发！'文章见报的第二天，师大中文系总支打电话质问，总编很不客气地说：'都是什么时候了，你们还搞这一套！'他们听出回电话的是市委宣传部长，才像硬鼓鼓的皮球泄了气，软作一团。从此，向我约稿的便纷至沓来，谁来找我就给谁写。

1978年12月，党的十一届三中全会召开，伟大的历史转折促使校党委作出决定，让我先给中文系助教班讲课。不久，便拿出"解放"我的"结论"要我签字，我看见留有尾巴，坚决不签。如此往返数次，直到1980年3月才彻底平反。从1966年5月至此，我遭遇的"浩劫"不止十年，而是十四年！

1979年春，我虽未平反，但形势已很明朗，因而可以应邀参加各种会议。

1979年3月21日自陕飞滇，参加古代文学理论研讨会，被安排在昆明温泉宾馆，得浴"天下第一汤"，有诗为证：

> 万里云涛吼巨鲸，抟风俄顷到昆明。
>
> 温汤一洗十年垢，新地新天赏嫩晴。

老友相逢，各诉"文革"中的经历，我借用"江西诗派"的"脱胎换骨"法，写了一首诗：

> 相逢把酒话曾经，杜圣韩豪各瘦生。
>
> 换骨脱胎余一息，诗家三昧要重评。

会议期间游黑龙潭，潭上古寺中有唐梅、宋柏、元杉及明代山茶，号称"四绝"。宋柏笔立千尺，黛色参天，虽经千年风雨，仍健旺异常。又赋诗一首：

> 潭中岂有黑龙眠？梅老杉衰不计年。
>
> 宋柏依然舒健笔，白衣苍狗写南天。

闻一多先生是著名的现代诗人和文史学者，《红烛》《死水》两本诗集，是他的新诗代表作。抗战期间，他在昆明西南联大任教，从事著述，鼓吹民主。1946年7月15日被特务暗杀。墓前有碑，读完碑文，感而赋诗：

> 烧残红烛夜未阑，死水终然卷巨澜。
>
> 宁舍头颅要民主，丰碑留与后人看。

游览昆明市容，听群众讲"四人帮"时代毁掉宏伟的文化宫而开辟"红太阳广场"的"革命行动"，愤而吟诗：

> 高楼万栋拂晴岚，底事夷平心始甘？
>
> 除却乌云遮望眼，太阳终古照滇南。

幼年读梁章钜《楹联丛话》，见"海内第一长联"，口诵神驰，作诗云："万顷碧波来眼底，何时得上大观楼？"经浩劫折磨之后，终于登上大观楼，但"奔来眼底"的"滇池"，哪有"八百里"？连八十里都没有，真令人失望。询问游人，始知围湖造田始末，怅然吟诗：

> 休觅昆明劫后灰，大观须上好楼台。
>
> 奔来眼底嗟何物？黄竹歌曾动地哀。

游石林，于阿诗玛石峰前摄影，因而联想阿诗玛传说结局，及《阿诗玛》长诗、《阿诗玛》电影、阿诗玛演员在"文革"中的悲惨遭遇，感慨系之，吟成一绝：

> 悲剧根源异古今，古今悲剧总伤心。
>
> 几番欲唤阿诗玛，却自吞声望石林。

游西山，登龙门，贾勇直上，竟入通天阁，因赋七绝一首：

> 龙门奇险接天门，况有狰狞虎豹蹲。

> 今日天门亦开放，试裁云锦访天孙。

登通天阁，倚栏纵目，雾敛云消，阳光普照，碧鸡（山名）引颈，金马（山名）奋鬣。诵孙髯翁"东骧神骏""喜茫茫空阔无边"之句，意气风发，诗情喷涌：

> 伏枥频年老不鸣，过都越国忆秦坑。

> 而今所向皆空阔，金马何妨万里行。

睡美人山倒映滇池之中，春风吹拂，倩影摇漾，栩栩欲活，因献小诗：

> 美人一睡几千春，辜负滇池照影明。

> 梳洗何当临晓镜，中华儿女尽长征。

对于这次盛会，对于春城昆明，印象极佳，感受甚深，不能无诗：

> 新苗老树竞开花，万紫千红胜彩霞。

> 雪虐霜欺成昨梦，春城春色美无涯。

4月2日中国古代文学理论讨论会结束，会议主办单位云南大学派专车送代表游大小石林，流连两日。钱仲联、程千帆、周振甫、王达津、顾学颉、马茂元、张文勋、舒芜诸先生都作了很好的诗。我于石林宾馆独宿一室，心情兴奋，深宵不寐，作成一篇《石林行》：

> 盛会昆明兴未穷，神往石林少长同。东道主人亦好事，专车远送情何隆！相随步入石林丛，百态千姿玉玲珑。古藤垂枝发冷艳，时有幽鸟鸣苍松。左穿右绕忽迷路，细听涧水流淙淙。寻声攀援得曲径，拾级直欲扪苍穹。望峰亭上倚栏望，赞叹之声震耳聋。"人间安得此奇境？"驰骋想象劳诗翁：或云"李白斗酒难浇块磊平，一吐变

▲与吴组缃老师（右）、
程千帆先生（中）合影

作千奇峰"；或云
"范宽胸中多丘壑，
挥毫落纸忽然飞向
南陬养潜龙"。"李、
范之前久已有石
林，此说虽美吾不
从。想是当年鲧治
水，鸠集天下石族
来堵壅。壅川之祸
有似防民口，羽山
一殛化黄熊。大禹聪明知水性，
疏江导河弭巨洪。此辈流散徒作
梗，挥鞭驱赶聚滇中。不见石林
深处犹有'石监狱'，狱中永囚
石族之元凶。"辩口未合遭反问：
"大禹岂有此神通？颂扬周孔且
获罪，况乃'禹是一条虫'！我闻
两亿八千万年以前海水涌，海底
凸起露龙宫，瑶阙玉殿遽崩坼，
琼花琪树失葱茏，有生之物亦化
石，遂留石林万顷青濛濛。"同
游闻此俱解颐，东指西点认遗踪：
孰为云师孰风伯，孰为雷公孰雨
工；鬼母兴妖献狐媚，夜叉丑态
难形容；一峰之顶如花萎，应是
当年御苑之芙蓉；彩凤高翔忽堕
地，虽展双翅难腾空；长剑插天

忽断折，虾兵蟹将怎称雄？曼衍鱼龙
演百戏，涛喧浪吼何汹汹！海桑巨变
谁能料，人间正道愁天公。回想往日
关牛棚，钳舌垂首腰似弓；岂意终能
笑开口，八方冠盖此相逢。揽胜小试
谈天技，论文初奏雕龙功。莫叹明朝
便分手，前程万里朝阳红。

这次学术研讨会，是"文革"结束后中国
古代文论界召开的第一次盛会，专家毕集，胜
友如云，探讨学术问题，游览名山胜水，大家
都兴奋异常，一位专家说："得享友朋山水之
乐！"另一位冲口而出："堪称牛鬼蛇神之会！"
惹得哄堂大笑。

《石林行》是写石林的，属于山水诗范
畴；但这并非一般的山水诗，而是"文革"中
的"牛鬼蛇神"所写的山水诗。此诗发表后"好

评如潮",大诗人李汝伦竟写了几百字的评语,最后说:"此诗之出,料当场赞以想象丰富、浪漫夸张者不少,但此实为'项庄之舞',舞得人们眼花缭乱,竟不察此乃'意在沛公'。"我将此诗初稿托人送给我的老学长刘持生教授看,他就看出"意在沛公",托人传话给我:"此诗不可示人,今后不可再作,'七八年又来一次',记住。""四人帮"早垮了,党的十一届三中全会也开过了,还会"又来一次"吗?我不信。正因为不信,《石林行》才有"前程万里朝阳红"的结句。

二

　　昆明盛会之后,我的处境便越来越好。1979 年暑假,招收了五名硕士研究生。同年冬天,出乎意料地收到陕西省作家协会的通知,通知我远赴北京参加中国文学艺术工作者第四次代表大会。我曾有过"资产阶级反动学术权威"的光荣称号,但还没有沾上"作家"的边。据说,这次文代会的代表是选出来的,我之所以被选上,一因我创作了几百首紧跟时代的诗词,其中的抗战诗影响深远,二因我编著了新中国第一部新型文艺理论教材,又发表了《试论形象思维》的长篇论文,影响也深远。收到通知后我即与陕西代表团会合直飞北京,同住京西宾馆。

　　众所周知,在十年浩劫中,文艺界是一个重灾区。江青勾结林彪炮制的《部队文艺工作座谈会纪要》,是他们篡党夺权阴谋的步骤之一。《纪要》中抛出的"文艺黑线专攻论",则是他们在文艺界夺权,推行极左路线,实行法西斯专政,打击迫害文艺工作者,给古今中外的优秀文艺作品贴上"封、资、修"的标签,进行"彻底扫荡"的合法理论根据，使我国的文艺事业遭受了"史无前例"的浩劫。粉碎"四人帮"以后，党中央撤销了《纪要》，挽救了社会主义文艺事业。中国文学艺术工作者第四次代表大会，正是在这种时代背景下召开的。

大会在人民大会堂开幕，邓小平同志致祝词，胡耀邦同志讲话，代表们争先发言。不少代表是被"打翻在地"多年，不久前才爬起来的，他们一开口便自称"出土文物"，既吐苦水，又对如何繁荣社会主义文艺事业发表真知灼见。小平祝词的核心是取消了"文艺为政治服务"的提法，代之以"二为"方向和"双百"方针。"二为"就是"为人民服务，为社会主义服务"；"双百"就是"百家争鸣，百花齐放"。第四次文代会已展现了"文艺复兴"的新气象，不论是大会发言，还是小组讨论，代表们都各抒己见，畅所欲言，享受了思想解放的欢乐。下面是我作的一首七律：

参加中国文学艺术工作者第四次代表大会感赋

文艺精兵意气豪，"争鸣""齐放"振风骚。

春浓赤县香花艳，日丽红旗斗志高。

已挽狂澜驱虎豹，争歌四化掣鲸鳌。

人寰正要新诗史，万国衣冠看彩毫。

1980年暑假，我怀着"争鸣齐放振风骚"的雄心，应邀参加了全国首届《红楼梦》学术研讨会。此次会议在哈尔滨友谊宫召开，高兴地遇见了阔别三十多年的吴世昌老师。

吴先生是著名学者、诗人、词人、古文字学家、红学家、博士生导师。1946年至1947年，我在南京中央大学中文系上学期间，他为我们讲授古文字学。1948年初，他应牛津大学电聘，赴英国讲学。虽然早在1962年就响应周恩来总理号召回到北京，但直到此时才不期而遇。

先一天晚上有个小型笔会，让大家作诗写字，我在一整张宣

▲与吴世昌老师话旧

纸上写了四句诗：

　　名言伟论古无俦，友谊宫高集胜流。

　　快事平生夸第一，松花江畔话红楼。

　　这张字当晚被挂在会场主席台旁。次日上午开讨论会，吴先生早到，看了我的诗，一见我走进会场，就招手让我坐在他旁边，对我说："没想到，你还会作诗！胡念贻和你同班吧！他也懂平仄，能作几句。"我说："在中大读书时，同班有四个人会作诗填词，我们同住一室，关系很好。这四个人就是胡念贻、王叔武、易森荣和我，都听过您讲古文字学。现在都是六十岁上下的人了，懂点儿平仄，不算什么！"吴先生是以心直口快，只顾说真话，不怕得罪人出名的，他听我说懂平仄不算什么，就有点儿动感情："今非昔比，懂平仄的人太少了！多少人研究唐诗宋词，教授、研究员都当上了，成了专家了，有谁懂平仄！自己不会作，甚至连平仄都不懂，怎么研究诗词？胡念贻懂平仄，能作诗填词，就比他们强，可现在还当不上研究员！"接下去，便详细地讲胡念贻的情况，当讲到下一次能评上研究员时，情绪才平静下来。谈完胡念贻，问我的职称，我说："'文革'初因《红旗》点名被揪斗，不断'揭发'，'问题'成堆，上纲上线，层层加码，抄家、批斗、扣发工资、监督劳改，直到今年春天才彻底平反。但从去年起就特许上课，特许招研究生，特许外出开会，并且评了正教授。现在，一切都很好。"吴先生听了很高兴。人已到齐，就要开会，于是结束了这次谈话。

哈尔滨的夏季美丽而舒适。每天早饭前和晚饭后，与朋友们沿着松花江畔的斯大林大街漫步，绿树成荫，清风徐来，遥望远去的江水或隔江的太阳岛，不禁悠然神往。星期天傍晚，偕周绍良、舒芜两兄乘大游艇与群众共泛松花江，变幻无常的天际浮云忽然散尽，即将在地平线上沉没的太阳丧失了令人目眩神摇的万道光芒，现出了又红又圆的真面目，因而触景生情，别有会心，吟成一首七律：

同舒芜、周绍良乘群众游艇夜泛松花江

万顷烟波好放船，松花江水远连天。
变穷苍狗浮云敛，散尽红霞落照圆。
士女歌呼消假日，媪翁指点话当年。
且看皓月清光满，莫倚危栏叹逝川。

会议结束之前，吴世昌先生大约先回北京，或者去镜泊湖游览，总之，已不在哈尔滨了。我与舒芜、周绍良、端木蕻良诸先生接到吉林、辽宁两省社科院、文联等单位的电报，邀我们去讲

学。先在长春盘桓数日，参观了不少地方。特别值得一提的是，老友杨公骥夫妇邀我在他家做客，款以盛宴，互诉"文革"经历，时而嬉笑怒骂，时而感慨唏嘘。我们是同龄人，互称"庚兄"。1956年夏，在北京西苑共同主持古典文学教学大纲讨论会，当时正当盛年，意气风发。不幸同罹浩劫，岁月虚掷，而今已年逾花甲，我身体尚好，而他却患高血压和严重心脏病，所以，欢笑中不无感伤。吃饭时夫人不让他吸烟喝酒，他却说："老朋友难得见面，你就宽大一次吧！"于是既吸烟，又喝酒，喝得很多。时间已晚，我不得不告辞，他扶杖远送，依依不舍。此情此景，历历如在目前，而他辞世已经二十多年了。

在沈阳，被安排在"安乐窝"住宿，既游了东陵、西陵，又乘专车参观了鞍山，游览了著名风景区千山。值得一提的是，与端木蕻良先生及其夫人、小姐共乘一车，同游千山，谈得很投机。此时他正创作长篇小说《曹雪芹》下卷，他看过我50年代发表的评红文章，便和我交换意见，往往不谋而合，自然成了好朋友。他不仅是杰出的小说家，而且擅长诗词创作。回西安后寄给他一本油印的《松林词》，不久收到回信，给好几首词写了评语，留下了永久纪念。

第 九 章

培养首届硕士
阐扬形象思维

一

1979 年初至 1982 年暑假前，我先后给中文系助教班讲唐宋文学，给中文系毕业班讲选修课中国历代韵文、中国历代散文和杜甫近体诗研究。

1979 年秋，我面向西北招第一届研究生，后来面向全国。第二届招了十名，第三届招了三名。以后，便面向全国招博士研究生了。

招第一届硕士研究生，虽然面向西北，但报考人数之多，居全校之冠，所以选拔出的五位都比较出色，学习也十分努力。十年以后，他们大都升了教授，成为所在单位的教学、科研骨干，指导研究生，有的兼任系主任、副系主任，有的还在日本、美国讲学。

我第一届招收的五名唐宋文学硕士研究生，在第六学期都完成了二十多万字的学位论文，经过专家评审，举行论文答辩。委员会由五人组成，其中三位委员由本系及西北大学中文系的教授担任，又特邀南开大学王达津教授任答辩委员会主席，中国社会科学院文研所胡念贻研究员任答辩委员。

我和念贻在重庆柏溪读中大一年级时，王达津先生给我们班讲《尚书》。他于 1944 年毕业于西南联大北京大学文科研究班，是闻一多先生的研究生。为我们上课时，他是青年讲师，正在谈恋爱，在年龄、心理等方面，都与我们距离不大，所以，我和念贻等几个国学基础较好的同学，有时就到他房里去请教、聊天，并且吸他的香烟。我离开柏溪的时候，他还作诗送行。一别三十多年，几经沧桑变幻。这次师生三人在西安会面，都十分高兴。游览乾陵，我陪王先生就地休息，念贻独自爬上乳头山顶，下来后兴奋异常，说他看见了八百里秦川，看见了华山，看见了终南山，看见了汉唐气象，连声赞叹："太雄伟了！太壮阔了！"他一贯闭门读书，这次尝到了游览名山大川的甜头，回京不久去了一趟山东，寄来了诗词；接着又南下广州，寄来了信。没想到，他这时已患癌症，一经检查，已到晚期，无可挽回了！达津先生虽然瘦弱，却精神健旺，乐观诙谐。此后多次在学术会议上见面，我又多次请他来主持博士论文答辩。有一年冬天，他怕我读书过贪，起居无时，有损身体，特意寄来一首诗：

　　迢递西飞一纸书，起居可有不时无？

　　料知华发贪黄卷，那管青阳逼岁除。

　　门对终南诗兴远，步登雁塔郁怀舒。

　　文章每发凌云气，定是江山入画图。

　　我当即奉酬，寄去一首七律，盼望他重来西安：

　　出海云霞若可扪，几回翘首望津门。

　　穷年讲学心常热，终夜笺书席未温。

　　信有文思浮渤澥，能无诗兴咏昆仑？

　　西来东去非难事，桃李春风酒一樽。

　　不幸的是，达津先生不久也辞世了。我保存了一张与达津老师、念贻同学的合影。

▲从左至右：胡念
贻、王达津、霍松林

作为背景的大雁塔，也就是杜甫、高适、
岑参等无数唐代诗人吟咏过的"慈恩寺
塔"，凡是熟读唐诗、研究唐诗的人，
都想爬上最高层，作几句诗。此次登塔，
三人都有吟咏，现将王先生的《偕霍松林、
胡念贻两学弟登慈恩寺塔》录在这里：

> 长安一月雨，泾渭纵横流。
>
> 众力与天搏，雨亦为少休。
>
> 我适偕二子，同登雁塔游。
>
> 缅思杜高岑，浩歌鬼神愁。
>
> 壮怀何激烈，犹若见凝眸。
>
> 霭霭终南山，黛螺云中浮。

紫光真妙逸，谁不眷神州！

二

1957年"反右"前夕，陕西人民出版社出版了我编著的《文艺学概论》，印了四万六千册，不久便销售一空，却因形势突变而未能重印。"反右"以后，我们学校对这本书，大会小会批判了好多年，而社会上的反映却完全相反。文艺理论家张炯先生在发表于《文学评论》1989年第5期的《毛泽东与新中国文学》一文中提到此书，说它"对文学艺术作为审美意识形态的各方面的特征与规律，作了较为全面和深入浅出的论述，这对于指导广大作家和文艺爱好者进行创作，也起了不容忽视的积极作用"。浙江大学中文系主任陈志明教授在连载于《人文杂志》1988年第2、3期的《霍松林先生的文艺理论研究述评》一文的第四部分说："霍松林编著文艺理论教科书时，参考资料是不多的。对比季摩菲耶夫的《文学原理》，除了在理论框架上有所差异、具体论点上有所不同之外，在结合中国文学的历史与现状进行论述这一点上，更是一空依傍，难能可贵。……著者在当年筚路蓝缕、创业维艰的情况，却应该予充分肯定。《概论》不仅开了建国以后国人自己著述系统的文学理论教科书的风气之先，而且发行量大，加之其前已作交流讲义与函授教材流传，影响及于全国，大学师生、文艺工作者与文艺爱好者，不少人就曾从中得到教益，受到启发。笔者即是其中的一个。不少在五十年代后期和六十年代前期的大学中文系学生，其中有些今天已成为专家，还不忘《概论》在当

第九章 培养首届硕士 阐扬形象思维

年如春风化雨给予他们心灵的滋养。"

粉碎"四人帮"以后，陕西人民出版社派专人找我，要重印此书，"为出版社恢复名誉"。我口头应允，但如要重印，必须修改，而要修改得令人满意，就要付出很多劳力，因而一直没有动手。1979 年冬，在北京参加中国文学艺术工作者第四次代表大会，又有不少人问到这本书，建议重印。中国社会科学出版社的一位编辑提出："您如修改，我们给您出版。"我说："你们是权威出版社，那就一言为定。"

我用大半年课余时间，在《文艺学概论》的基础上删减、修改、补充，共四编二十五章，三十七万三千多字，改名《文艺学简论》，由中国社会科学出版社于 1982 年 6 月出版，共印二万五千册。《内容提要》说："本书从文学艺术的特殊规律入手，系统地论述了文艺的性质、文艺作品的种类和文艺的创作方法等文艺学上的基本问题。作者注意结合丰富的中外文学现象和实例，来阐释自己的理论见解，深入浅出，娓娓而谈，具有一定的学术性和知识性。"此书出版后颇获好评。中国社会科学院文研所当代文学研究室编著的《新时期文学六年》评此书"论证扎实，例证丰富，对文艺内在规律的探讨，颇见功力"。《文艺评论》所刊《有识有见，有声有色——文艺学简论评介》一文也说："从文学艺术的规律出发，探索文艺理论的基本问题，是本书的第一个特点。全书二十五章，无一不是紧扣艺术发展规律探本溯源。尤其是《文学作品的构成》一编，'内容和形式'、'题材和主题'、'人物'、'环境'、'情节'、'文学语言'等理论要素，都单独立章，展开论述，分得细密而又系统。"此书出版不久即销售一空，深受广大读者欢迎。

我撰写的《试论形象思维》长文在《新建设》1956 年 5 月号

发表后，颇受文艺界重视，影响深远，却在"文革"中陷我于灭顶之灾。《红旗》杂志 1966 年第 5 期发表了郑季翘《在文艺领域里必须坚持马克思主义的认识论——对形象思维论的批判》一文，杀气腾腾地宣称："所谓形象思维，不过是一种违反常识，背离实际的胡编乱造。""是一个反马克思主义的认识论体系，是现代修正主义文艺思潮的一个认识论基础。"指斥我为"形象思维论者"，多次点名批判，无限上纲，使我受尽折磨，株连全家。直到 1978 年 1 月《诗刊》发表《毛泽东给陈毅同志谈诗的一封信》才看见曙光，到 1978 年 9 月 13 日《西安晚报》发表我写的《形象思维第一流——读毛主席〈贺新郎·读史〉》，才扬眉吐气。

出人意料的是，在《毛泽东给陈毅同志谈诗的一封信》发表一年以后，郑季翘又在《文艺研究》1979 年第 1 期发表《必须用马克思主义认识论解释文艺创作》一文。此文不仅为他"文革"前夕发表于《红旗》的文章辩护，而且"棍""帽"交加，无限上纲，压制百家争鸣。为了捍卫第四次文代会确立的"二为"方向和"双百"方针，我奋起反击，撰写了长达二万八千多字的《重谈形象思维——与郑季翘同志商榷》，对郑文逐条驳斥，直驳得对方理屈词穷，体无完肤。这位妄图在文艺领域杀出一条血路的闯将，终于弃甲曳兵，偃旗息鼓了。

众所周知，郑季翘并非寻常之辈，而是有地位、有来历的大人物，岂敢小觑！感谢我校学报的负责人，在大家"心有余悸"的背景下敢冒风险，在《陕西师大学报》1979 年第 1 期发表了这篇批驳郑季翘的长文。

在同一时期，我还写了有关形象思维的两篇论文，一篇是《诗的"直说"及其它——我对〈毛泽东给陈毅同志谈诗的一封信〉

的理解》，发表于《陕西师大学报》1979 年第 3 期；另一篇是《从杜甫的〈北征〉看"以文为诗"》，发表于《人文杂志》1979 年第 1 期。

《毛泽东给陈毅同志谈诗的一封信》发表后，根据这封信的精神探讨形象思维的文章很多，其中不乏真知灼见，但也有值得商榷的问题。例如，有些作者只抓住了《一封信》中的个别字句大加发挥，认为：（一）形象思维就是"比兴二法"，这是一切文艺创作的规律；（二）诗不能"直说"，进而否定"以文为诗"的宋诗。前面提到的《诗的"直说"及其它》和《从杜甫的〈北征〉看"以文为诗"》，都是针对这种误解形象思维的现象撰写的。

回想 1956 年，我在《新建设》发表了《试论形象思维》的长文，1957 年出版的《文艺学概论》，第二章专讲形象思维，1957 年《延河》第 5 期发表的《诗的形象与诗人》，也谈形象思维。从粉碎"四人帮"至 1982 年，我通过出版《文艺学简论》和发表好几篇论文，又捍卫和阐扬了形象思维。形象思维给我带来了深重的灾难，也增强了我追求真理，百折不挠的毅力。

第 十 章

研讨唐诗　编写教材

一

1980年春，中文系成立唐宋文学研究室，我做主任。次年夏季，科研处负责人对我说："学校准备拿出一笔钱，召开一次由您主持的学术会议，活跃学术气氛，促进全校科研工作。"经商议，决定召开全国唐诗讨论会。

1981年10月上旬，我们发出了五十多份邀请书，打算开小型会议。但各地收到请柬的专家们传播消息，知道我校将开唐诗讨论会的人便纷纷来信要求参加，我们不断增发请柬，满足大家的要求。于是，东至黄海、

▲致开幕词

东海之滨，西到新疆、青海，南至海南岛，北至齐齐哈尔，除台湾而外，全国各省、市、自治区的各大专院校，各科研机关，各报刊、电台和出版单位的一百七十多位代表携带各有独到见解的学术论文，如期赴会。在一百七十多位代表中，有许多是年近古稀或年逾古稀的著名教授，有许多是著述宏富、硕果累累的唐诗研究专家，有许多是科研、新闻、出版单位的负责同志。真可谓胜友如云，盛况空前。

在开幕词中，我说明开这次会出于几种考虑。

第一，我们的所在地，曾经是周、秦、汉、唐等十三个朝代建都的历史名城。在唐代，就是丝绸之路的起点，就是驰名世界的唐都长安。唐朝是我国封建社会经济文化繁荣的高峰，而作为京城的长安，则是经济文化的中心。当时的著名诗人，几乎都在长安度过了一生中最重要的时期，在长安一带写下了他们的代表作。长安一带的民情风俗、山山水水、文物古迹，都是唐代无数诗人从不同角度反映过的、描写过的、歌咏过的。即使在离开长安以后，他们的创作也往往和在长安的政治遭遇密不可分。因此，就地理条件有利这一点来说，我们陕西师大中文系理应在唐诗的教学和研究方面做出成绩，然而由于我们的力量不足和人所共知的客观原因，我们做出的成绩实在微不足道。当前，党的十一届三中全会的精神像春天的阳光一样照耀着我们前进的道路。振兴中华、向四化进军的声声战鼓，又给我们以新的力量。我们之所以召开这次唐诗讨论会，就是为了邀请在唐诗教学、研究方面成绩卓著的专家给我们传经送宝，从而促进我们的教学和研究工作，使我们能够赶上奔腾前进的时代步伐，做出应有的贡献。

第二，新中国成立以来，特别是粉碎"四人帮"以来，唐诗的研究是有成绩的，但还没有召开过全国性的学术会议。我们之所以召开这次会议，就是为了在唐都长安给全国专家提供一个进

行学术交流的平台。现在，群贤毕至，欢聚一堂，让我们在坚持"二为"方向的前提下各抒己见，百家争鸣，既交流研究成果，总结研究经验，又讨论在唐诗发展规律和作家、作品、流派、风格等方面有争论的问题，并着重就如何扩大唐诗研究领域和如何提高唐诗研究水平问题交换意见、互相启发，以期在唐诗研究的广度和深度上都能有新的突破。

第三，唐诗是海峡两岸的中华儿女共有的精神财富，也是全人类所共有的精神财富。如何通过唐诗研究促进台湾回归祖国、如何通过唐诗研究加强国际性的学术交流，也是一个迫切的现实问题，可以在这次会议上讨论。（开幕词全文载《全国唐诗讨论会论文选》）

讨论十分热烈，涉及面虽广，但比较集中地讨论了两方面的问题：（一）如何革新研究方法；（二）如何扩大研究领域。会后我写了一篇《要加强对唐诗的研究——唐诗讨论会综述》，发表于 1982 年 4 月 12 日《光明日报》，又刊登于 1983 年《唐代文学研究年鉴》。

参加这次会议的代表有许多既是著名学者，又是诗人和书法家。因此，我们特意安排了一次笔会，即席赋诗，当众挥毫。姚奠中、金启华、程千帆、吴调公、陈迩冬、华钟彦、丘良任、姜书阁、匡扶、聂文郁、舒芜、曹慕凡、谭优学、林从龙、李汝伦、何均地诸先生，都写出了他们的佳作。汝伦把大家的诗搜集起来，略加选择，编为《唐诗讨论会吟咏专辑》，让我写了小序，发表于他主编的《当代诗词》。

研究唐诗的人应该自己能作诗、会吟诗。华钟彦先生是研究唐诗吟唱的专家，其他代表，也有不少人善于用当地方音和当地传统吟唱方法吟唱唐诗。因此，我们安排了一次唐诗吟唱会，华

▲千帆先生题榜，迩冬先生吸烟观赏，双手按纸的是程夫人陶芸

钟彦、程千帆、吴调公、陈迩冬、林家英诸先生先后登台吟唱，掌声四起。

在学术会议中间穿插即席赋诗、书法表演和诗词吟唱等活动，是这次会议的一大特色，为以后许多学术会议所效法。

我在开幕词中讲过这样的话："唐代诗歌由于意境雄阔，情韵悠扬，具有独特的时代风貌和艺术风格，因而被称为'唐诗'或者'唐音'。"程千帆先生在笔会上乘兴挥毫时想起了这句话，便用隶体写了"唐音阁"三字，作为我的斋榜。陈迩冬先生立即赋诗：

第十章　研讨唐诗　编写教材

一阁连天水，唐音继汉讴。

东南多绮丽，西北自高遒。

盟会执牛耳，群贤仰马头。

归来霍去病，不愧冠军侯。

华钟彦等老诗人，无不赞其典雅。

这次会议共收到学术论文八十八篇，我编为《全国唐诗讨论会论文选》，由陕西人民出版社于 1984 年 4 月出版。

这是改革开放以后中国古典文学研究领域召开最早的一次盛会，专家众多，讨论深入，影响深远。稍后的中国唐代文学学会，就是在这次盛会的基础上成立的。

大会于 1982 年 3 月 27 日开幕，4 月 6 日闭幕。会前登大雁塔；会间和会后，游览华清池、秦俑馆、昭陵、乾陵、杜公祠。会前和会后，我作有欢迎诗和送别诗：

196

首届唐诗讨论会在西安召开，海内学人，纷纷应邀，喜赋拙诗相迓

终南突兀接天阍，唐代文明举世尊。

学海珠玑光简册，诗坛星月耀乾坤。

新春好景繁花簇，四化前程万马奔。

盛会长安振骚雅，云开仙掌捧朝暾。

唐诗讨论会杂咏，录呈与会诸公吟正，兼以送别

李杜遗踪信可寻，胜流云集曲江浔。

论文今始窥三昧，管晏经纶稷契心①。

登临高唱入云霄，岑杜而还久寂寥。

塔顶新吟晴翠句②，连山天际涌波涛。

绣岭东西花欲燃，绿杨晴裹万丝烟。

温泉尽付游人浴，遗事休提天宝年。

嬴政雄图并八荒，畏儒如虎亦孱王。

神州此日夸多士，奋智输能日月光。

坑儒千古祸无穷，坑俑翻垂不朽功。

想见挥师壹华夏，弯弓列阵起雄风。

昭陵高耸九峻阳，遥望乾陵气郁苍。

当日才人临玉宇，不知功过怎评量！

荒祠寂历鸟声哀，遗像凭谁洗劫灰？

万里桥西花似海③，诗魂宁返杜陵来！

嗣响唐音我未能，多君大笔赐嘉名④。

渭城欢聚才旬日，忍唱阳关第四声！

中兴诗教赖吾俦，万里黄河竞上游。

惜别休攀灞桥柳，明年高会在兰州。

注：① 李白《代寿山答孟少府移文书》："申管晏之谈，谋帝王之术，奋其智能，愿为辅弼，使寰区大定，海县清一。"杜甫《自京赴奉先县咏怀五百字》："许身一何愚，窃比稷与契。"

② 程千帆先生《唐诗讨论会杂题》有"拾级便应登雁塔，终南晴翠扑眉来"之句。

③ 成都杜甫草堂在万里桥之西，杜甫《狂夫》诗云："万里桥西一草堂，百花潭水即沧浪。"

④ 唐诗讨论会期间，程千帆先生为余榜书"唐音阁"。

王钟陵教授在《一代骚坛唱大风——评霍松林先生〈唐音阁吟稿〉》中说：

　　1982年春，霍松林先生主持首届全国唐诗讨论会，其后《当代诗词》编发了《唐诗讨论会吟咏专辑》。著名诗学家马茂元先生看到后写信给霍松林先生，信中说："这些诗篇的作者都是当今骚坛射雕手，各有极诣，自足千秋；但弟所击节叹赏者，则是尊作七绝中的第一、二、四、五、六五首。我以为这才是真诗。所谓真诗，指的是有真襟抱，真识力，真气内涵，精光外耀，掷地作金石声。如'论文今始窥三昧，管晏经纶稷契心'，'嬴政雄图并八荒，畏儒如虎亦屏王'，'当日才人临玉宇，不知功过怎评量'，没有真襟抱，真识力，能道出一字否？这样的诗，才是力透纸背，惊心动魄，一字千金。其感染读者，不在于韵调之美，色泽之华，而在于诗人身心独喻之微。故片言可以明百意，坐驰可以役万景。杜陵云：'或看翡翠兰苕上，未掣鲸鱼碧海中。'何谓'鲸鱼碧海'？过去只看到浩瀚波澜的长篇，如今始悟得真力弥满的短章，亦具此境界，证之于兄诗而益信。但是这样的短诗，即在名家集中，亦是不可多睹的。"细味《吟稿》的诗，便知马茂元先生的评论十分中肯，绝无溢美之词。

二

　　十一届三中全会以后，各高校文科都开设了中国古代文学理论方面的课程，但由于受"厚今薄古""知识愈多愈反动"的毒

古代文学理论教材编审会议全体同志合影
古代文学理论教材编审会议全体同志合影 81.6.13

▲古代文学理论教材编审会议全体同志合影

害，学生阅读古文的能力很差，师资力量也显得薄弱，因而古代文论的讲授和学习都有一定困难。针对这种情况，早在 1980 年，重庆师院、西南师院、贵阳师院、南充师院等院校的同志就倡议编写《古代文论名篇详注》，得到了原高教一司与有关院校领导的支持。于是，商讨编写原则和体例，分工写出初稿，在重庆召开编审会，对初稿进行讨论。

参加《古代文论名篇详注》编写的同志有：北京师院漆绪邦，吉林大学张连第，武汉师院张国光，昆明师院王彦铭，齐齐哈尔师院解希三，河南师大毕桂发，

第十章　研讨唐诗　编写教材

新疆大学张佩玉、秦绍培，新疆师大王佑夫，贵阳师院关贤柱，南充师院吴熙贵，西南师院刘健芬，重庆师院黄中模、王开富，安徽师大梅运生，内蒙古师大申建中，陕西师大胡主佑。

胡主佑参加编写，我则是被邀请的顾问。我们两人都曾在重庆上学、教书，又在那里结婚，很想重游故地，所以接到开编审会的通知，就一同去了。我没有参加讨论，但讨论中出现问题，王开富等同志便到我的房间里来问，我尽可能予以解答，大家很满意。因此，在商讨成立编委会时，一致推举我任主编，坚辞不允。

经全体成员推选，由黄中模、关贤柱、张连第、漆绪邦、霍松林任编委，霍松林兼主编。

国家教委看到我们的申报材料，便把这本书列入"高校文科教材"，正式"委托"我任主编，"实行主编负责制"，这就加重了我的担子。书稿出于众手，兼之写作匆促，大多数质量不高，体例也不统一。我夜以继日，整整花了两个月时间认真修改，累出一场大病。

这本书由上海古籍出版社于1986年8月出版，以后多次重印。

继这本《古代文论名篇详注》之后，我们又编写了《中国近代文论名篇详注》，仍被国家教委列入"高校文科教材"，由贵州人民出版社于1986年8月出版，以后也多次重印。国家教委文科教材办公室对这两本教材很重视，在《文科教材建设》创刊号上发表了评介文章，评价较高。

《中国近代文论名篇详注》仍由关贤柱、漆绪邦、张连第、黄中模、霍松林任编委，霍松林兼主编。

这两本书中的大多数编写者，当时还是讲师、助教，后来都升了教授，漆绪邦同志还担任过北京师院（今首都师大）的副院长。张国光同志则是名噪全国的学者，不用介绍的。王钟陵、曹顺庆两同志不是编写者，而是参加讨论的，他们当时还在师从四川大学杨明照先生攻硕士学位，现在早已是著述宏富的博士生导师了。

重庆审稿会结束，会议主办单位重庆师院中文系还送大家游南温泉。我和主佑便直奔小温泉寻访我们当年教书的南林学院和结婚的小泉行馆。

上述两部教材出版之后，曾在编写中起过重要作用的漆绪邦、梅运生、张连第三位教授和我商量，打算在整理我国古文论遗产方面继续努力，撰写一部上起先秦、下迄晚清的《中国诗论史》，仍推我任主编。经过申请，这一课题被列入国家教委"八五"重点科研资助项目，使我们深受鼓舞。

我们如此选题，出于两种考虑。第一，如果撰写中国文学理论批评史，则涉及面太广，我们很难胜任；这类著作已经很多，我们也很难有新的开拓。第二，当时尚无全面系统的中国诗论史著作，而这样的著作涉及面相对集中，有利于以简驭繁，触类旁通。

中国是诗的国度，诗歌是中国最早的也是最基本的文学样式。作为最基本的文学样式，不仅产生了脍炙人口的唐诗、宋词、元曲，而且被其他各种文学艺术样式所利用。例如以元人杂剧和明清传奇为主的戏剧，除了比重极小的宾白，便是曲——唱词，所以一般不叫戏剧而叫戏曲，《西厢记》《牡丹亭》《桃花扇》等戏曲的唱词之美是无与伦比的。章回小说的回目是诗，中间有诗，《红楼梦》中的诗词曲是红学研究的重要内容之一。国画一般有题诗，画好、诗好、字好，被赞为"三绝"。各种形式的讲唱文学，其唱的部分当然是诗。至于音乐，其歌词便是诗——我国诗歌最初多数是入乐的，因而音乐性特强，这是我国诗歌的突出特点之一。

我国诗歌被我国其他各种文学艺术所利用，这只是一个方面，更重要的方面是：诗情、诗意、诗美，是我国一切文学艺术的本质和灵魂，甚至是数千年中华灿烂文化的本质和灵魂。中华民族从《诗经》《楚辞》以来创造了无数辉煌瑰丽的文学艺术珍品，为世界文化的发展做出了不可磨灭的贡献。而那无数文学艺术珍品，其中的诗歌当然是诗情、诗意、诗美的集中体现，其中的散文、戏剧、小说、音乐、绘画等等，也无不洋溢着诗情、诗意、诗美。苏轼称赞王维"画中有诗"，鲁迅推崇司马迁的《史记》是"无韵之《离骚》"，类似的评论很多，无烦辞费。

正因为中国诗歌与中国其他文学艺术有如此密切的联系，所以中国诗论中的物感、神思、风骨、情采、兴寄、兴象、意象、情

▼荣誉证书

境、意境、气韵、滋味、兴趣、性灵、情景、神韵，以及味外之旨、韵外之致、言外之意、象外之象等许多概念、范畴和术语，或适用于其他文学艺术，或与其他文学艺术理论相通。这一切，也正是中华文化民族特色的突出体现。

基于上述种种考虑，我们决定撰写一部体现中国特色的《中国诗论史》，为增强当前诗歌创作的民族特色服务，为建设具有中国特色的当代文艺学服务。

在撰写《中国诗论史》的准备阶段，我们对历代诗词曲论专著进行逐一研究。凡重要者介绍其作者、时代和版本情况，概述其主要的理论内容，评价其在中国诗论史上的地位；凡理论价值不高者则列入存目，只作简介。全书分诗论、词论、曲论三类，各按成书先后编排，包含诗论专著三百零二种，词论专著一百零四种，曲论专著三十一种，总计四百三十七种。取名《中国历代诗词曲论专著提要》，由北京师范学院出版社于 1991 年出版。

《古代文论名篇详注》《中国近代文论名篇详注》和《中国历代诗词曲论专著提要》出版后都受到同行专家的好评，说明《中国诗论史》的撰写是有基础的；但头绪颇繁，问题甚多，时间跨度极大，在具体撰写过程中仍需进行更广泛、更深入的研究，才能不断克服困难，蹒跚前进。几位执笔者都是所在高校的教学科研骨干，有的还兼有校、系行政职务，在做好岗位工作的同时夜以继日，坚持不懈，经历十多年的艰辛劳动，全书始得脱稿。限于我们的学养和胆识，这部书稿自难尽如人意，但撰写态度的确是认真的，是付出了不少心血的。

此书由黄山书社出版，颇获好评。《中华读书报》2007 年 1 月 10 日发表金桂兰、赵敏、吴立会所写的《中国诗论史研究的最新探讨与成果》，对此书作了比较全面的评介，转录于后：

中国古典文学中广义的诗的概念，涵盖中国古代"诗、词、曲"等韵文，而"诗论研究"则相应地涵盖对这些内容和与之相关的批评和理论的研究。这是中国古典文学研究中最重要的一部分，因此，"系统全面、规模空前"的《中国诗论史》(霍松林主编，漆绪邦、梅运生、张连第合著，黄山书社，2007年1月)的新近出版即受到学术界关注、并成为一个学术话题。

《中国诗论史》是国家教委"八五"重点科研资助项目，由陕西师范大学著名学者霍松林先生主持，并担任主编，由首都师范大学漆绪邦教授、安徽师范大学梅运生教授、吉林大学张连第教授负责具体撰稿，经过十多年的艰辛劳动，始得脱稿成书。为了写好本书，早在1991年就先由霍松林先生主编，由漆绪邦、梅运生、张连第、林珂四位教授合撰，出版了《中国历代诗词曲论专著提要》(由首都师范大学前身北京师范学院出版)。该书著录诗论专著二百一十四种，词论专著五十三种，曲论专著二十七种，共计二百九十四种。列入"存目"的，诗论专著八十八种，词论专著五十一种，曲论专著四种，共计一百四十三种。两项总计四百三十七种。该书重点在精要准确地撮述诗词曲论"原典"的主要内容，同时考述作者生平，成书时间及版本源流等。是书出版后，在学术界获得极高赞誉，迄今仍然被作为本专业教学研究的重要参考书。正是在这样扎实的前期工作的基础上，著者才能够成功地撰写完成《中国诗论史》这一洋洋大著。有学者评论，这种研究过程和研究方法无疑也可以成为典范，对今天赶课题的浮躁学风，特别是逼迫学者们匆匆忙忙地完成所谓的考核指标的高校科研管理体制，是一种无声而严肃的批评。

日前在首都师范大学文学院举办的有关《中国诗论史》的学术座谈会上，学者们一致评价《中国诗论史》是一部"本色、平实而厚重，精当且精美"的高水平的学术著作。黄山书社在古籍整理出版方面为弘扬祖国传统文化做出的成就，则得到陶礼天教授的特别敬意。他认为这部书是当前中国古代诗论研究中最重要的一部著作。山东大学戚良德教授认为这本书从诗学角度完成一部文学理论批评史；该书的创新处即在于"敢于碰硬"，如对经学与诗论的关系这样高难度的"硬"问题，作了深入细致的研究，结论令人信服；该书典型地体现了从"诗学"角度来研究中国古代文学理论的特点，令人耳目一新。

《中国诗论史》为中国古代诗歌理论

▼证书

"三个一百"原创出版工程

证　书

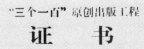

黄山书社　出版社：
　　你社出版的《　　中国诗论史　　》一书入选新闻出版总署第一届"三个一百"原创图书出版工程。特颁此证。

中华人民共和国新闻出版总署
二〇〇七年四月

第十章　研讨唐诗　编写教材

批评史研究的学术专著，又可以视为从诗歌理论批评角度进行切入研究的一部中国古代文学理论批评史，上自先秦，下迄晚清，采用广义的"诗"的概念，涵盖中国古代"诗、词、曲"等韵文学的理论批评的基本内容，包括先秦两汉诗论、魏晋南北朝诗论、隋唐五代诗论、两宋及金代诗论、元明诗论、清代诗论、晚清诗论六编。全书一百五十万字，分为上、中、下三册。

第十一章

遍游五岳

一

▼泰山留影（章正续先生摄）

1981年秋，我与主佑应邀参加在济南举行的全国第二次《红楼梦》学术讨论会，会后随代表们游泰山，我与主佑直爬上泰山极顶。将到极顶时，《光明日报》记者章正续先生已从极顶下来，看见我们，惊呼道："嗬！你们也上来了，真了不起！"为我们照了一张相。

童年在父亲教导下读《孟子》，读到《尽心》篇"孔子登东山而小鲁，登泰山而小天下"，父亲结合杜甫《望岳》诗发挥道："从幼年开始，就应该有'会当凌绝顶，一览众山小'的志向，但'登高必自卑'，必须脚踏实地，一步一步向上攀登。"从此，我便渴望遍游五岳，登上最高峰。可是，1980年登华山，过了回心石，就已经眼花腿颤，还未望见千尺幢，就回头了。经过"文革"摧残，已患心脏病，凡遇悬崖峭壁，就心慌，所以游华山未凌绝顶，后来游黄山，也未凌绝顶。泰山的十八盘，在前人笔下也十分难登，东汉马第伯《封禅仪记》是这样描写的："后人见前人履底，前人见后人顶，如画重累人矣。"就是说：游人爬十八盘，后边人看见前边人的鞋底，前边人看见后边人的头顶，如果从下面仰望，就像把许多人重重叠叠地"累"起来。"重累"一词，描写很生动。此后如唐时升《游泰山记》中的"为十八盘，若阶而升天……前行者当

▲第二次凌绝顶

后人之顶，后行者在前人之踵下，惴惴不暇四顾"，袁中道《登泰山》中的"前人踏皂帽，后侣戴青鞋"，都是对"重累"的具体描绘。的确，泰山的十八盘够陡的，但两边并无悬崖深涧，不怕掉下去，所以，我和主佑虽"惴惴不暇四顾"，却终于爬上来了。而被戏称为"金陵十二钗"的一群女代表，尽管年纪比我们小得多，却不敢加入"重累"的行列，被十八盘吓退了。

终于实现了童年时代"登泰山而小天

▲第三次到极顶

下"的理想，欢畅不可言喻，哼了四句诗：

评红登岱力虽孱，重累惊心未肯还。

历尽石阶凌绝顶，果然一览小群山。

我和泰山有缘。此后还三次登临。第三次是坐缆车上去的，算不了什么，第二次却很值得纪念。1986年1月9日，由主佑照料，坐火车赴泰安陆军八十八医院做摘除白内障手术。该医院就在泰山脚下，但初到之时，真是"有眼不识泰山"，什么都看不见。做手术后半月，视力基本恢复，真喜出望外，于是由主佑扶持，又一次登上泰山，作了一首诗：

泰山脚下兼旬住，却恨无由识泰山。

仰望几番迷浊雾，高攀何处越重关？

医师济困明双目，妻子扶危上极巅。

待看神州花满地，笑迎东海日升天。

二

1982 年秋，接到河南省社会科学院及中州书画社等单位的请束，邀我参加在洛阳召开的《歧路灯》讨论会；紧接着，又接到郑州大学的请束，邀请我与华钟彦先生主持中文系硕士研究生学位论文答辩，答辩结束，华先生将邀我游开封。两次会，恰好时间相接，我便都答应了。

近几年，洛阳赏牡丹的盛况远胜于唐代的长安。每当花季，万人空巷，车马若狂，全国各地乃至海外游人，也纷至沓来。秋天当然无牡丹可看，但对我来说，洛阳还有更迷人的地方。我在《洛阳杂咏》的第一首中说：

> 占尽春光带露开，牡丹端合洛阳栽。
>
> 洛阳别有迷人处，不是花时我亦来。

这里说的迷人处，就是龙门石窟、白居易墓、白马寺、关林及嵩山少林寺。我与主佑都亲莅其地，流连忘返。白马寺门外左右两马，是宋代石雕，相向而立，坚毅沉雄，令人想见一千九百年前驮经东来的气概，实为珍贵文物。可惜游人争骑，摄影留念，鞍鞯雕文，已磨损殆尽。我作了四句诗，希望能引起注意：

> 白马寺前双白马，争驮猛士照新妆。
>
> 英姿不减当年勇，万里驮经到洛阳。

游少林寺，观达摩面壁石，在立雪亭站立良久。相传达摩于少林寺面壁九年，首传禅宗，为禅宗初祖。荥阳虎牢人神光投达

第十一章　遍游五岳

摩为师，适逢达摩面壁不语，而神光侍立，正降大雪，直至雪没双膝，犹不肯离去。达摩见状，便收为弟子，传以衣钵。这和儒家的"程门立雪"故事毫无二致，因而联想到1958年以后，特别是"文革"时期学生批斗老师的"革命行动"，不禁百感丛生，作了一首古体诗：

> 菩提达摩方面壁，神光侍立雪没膝。
> 伊川先生偶瞑坐，龟山侍立寒雪堕。
> 由来重道便尊师，中州故事令人思。
> 四凶已灭四化始，立雪亭上立多时。

这首诗被收入《少林寺诗选》，据编者说："给姚雪垠同志看过，他十分赞赏。"

送代表游少林寺，是《歧路灯》会议日程表上预定的。郑州大学与我相约，按时派专人专车在少林寺接我们。因此，我们刚游完少林寺，两位研究生丁立群、李维新就找到我们，坐车沿山路东行，到了中岳庙，拍摄了一张照片。作为五岳之一的中岳嵩山，从幼年起我一直渴望登临，这次得凌绝顶，心胸与视野顿感开阔。下了峻极峰，便到了嵩阳书院。这是我国古代四大书院之一，以位于嵩山之阳得名。北宋理学大师程颐、程颢曾在此聚生徒数百人讲学。其门人多有政绩。二程乃洛阳人，其学被称为洛派。我作了一首五律：

> 峻极青峰下，二程设讲堂。
> 儒林传洛派，书院颂嵩阳。
> 历史翻新页，文明忆旧邦。
> 根深枝叶茂，周柏尚苍苍。

刚进书院门，就看见一株高大无比的古柏，叹为观止。继续前进，又有一株闯入眼帘，碍日摩云，气象万千，比前一株高大数倍，不禁想起了杜甫《古柏行》中的名句："霜皮溜雨四十围，黛色参天二千尺。"讲解员说，汉武帝游嵩山，先看到前面那一株，惊叹道："嗬！这么雄伟！真是个'大将军'！"后来又看见这一株，更惊叹不已，但"大将军"的封号已经送出去，不好收回，就无可奈何地说："委屈一下吧，'二将军'！"古柏一听，立刻气破了肚皮。随着讲解员的手势望去，从树干下部到地面，果然裂了一个大口子，中间可修一座房屋。据专家考证，这两株古柏都已三千余岁，但仍然抽枝吐叶，生机盎然。真是伟大的中华民族的象征，伟大的中华文化的象征！

▲中岳庙前留影

郑州大学研究生答辩毕，与华钟彦教授同车至开封河南大学。华老约中文系数位老师作陪，盛馔相款，并亲作导游，游览市容及名胜古迹，我作诗两首：

郑邑抡材毕，梁园访旧来。

徜徉相国寺，俯仰禹王台。

铁塔凌霄汉，龙亭辟草莱。

古城看新貌，广厦万间开。

中州黉宇峻，弦诵起风雷。

名噪中文系，士夸铁塔牌。

红羊留数老，绛帐育英才。

莫畏高峰险，人梯接九陔。

河南大学是历史悠久的高等学府，中文系尤有名。其毕业生遍全省，因校近铁塔，故被称为"铁塔牌"。华老与我交情甚厚，他编著《五四以来诗词选》，特让我题诗，可惜已去世多年了。

三

1983 年 12 月中旬，应湖南诗词协会之邀，偕主佑赴湘讲学。抵长沙后，参加岳麓诗社雅集，住湘江宾馆，主佑触景生情，作了一首诗：

卅五年前歌哭地，重来无处不关情。

湘江浪阔千帆举，岳麓云开百鸟鸣。

劫火①连天萦旧梦，雄楼弥望换新城。

长征亦有扬鞭意，不独吟诗颂晚晴。

注：① 指 1938 年 11 月 12 日长沙大火。

次日群贤毕至，座谈"中华诗词继承发展"问题，我作了一首七言长诗，其结尾部分如下：

…………

四凶作乱已覆灭，天马翻天堕荒丘。

十亿神州奔四化，扬帆破浪纵飞舟。

千载难逢形势好，江山如画日杲杲。

添彩增光需健笔，两鬓虽霜不伏老。

中华由来号诗国，李杜苏辛诚佼佼。

都将爱国忧民心，化作匡时淑世稿。

文艺矿藏在生活，胸有洪炉炼瑰宝。

优秀传统要发扬，泥古诗风须清扫。

历史日夜转飙轮，时代精神旷古新。

论诗岂下前贤拜，宜有新诗胜古人。

屈子乡国逢初冬，水态山容春意浓。

胜友如云发高论，继往开来气似虹。

建设文明振诗教，伫看泱泱大国风。

座谈会结束，岳麓诗社诸公邀游岳麓山，参观了岳麓寺、道林寺、四绝堂，以及南宋大理学家张栻、朱熹讲学的岳麓书院，观赏了李邕的《岳麓山寺碑》，作了一首诗：

层林尽染山如绣，倩影初惊照碧湘。

胜境优游夸四绝，群贤吟咏继三唐。

南轩讲学儒风远，北海题碑书道昌。

蔚起人文创新局，宏开广厦浴金阳。

此次赴湖南，除了参加岳麓诗社雅集，还应邀为南岳诗社和衡阳教师进修学院作学术报告。南岳诗社社长羊春秋先生是著名的学者兼诗人，他曾赠我一首诗：

读《松林词》书感

珠玉随风散九州，新词一卷胜封侯。

已惊腕底波澜阔，更喜胸中岩壑幽。

贾祸每因诗作祟，感时常借酒浇愁。

羊城别后君知否？赢得相思两鬓秋。

此次在南岳晤面，谈学论艺，畅叙今昔，我回赠他一首诗：

酬南岳诗社社长羊春秋教授见赠

曾闻悬赏购头颅，游击当年敌万夫。

赤帜终飘三户楚，青灯更读五车书。

蛇神牛鬼荒唐梦，国富民殷锦绣图。

结社联吟南岳顶，不须前后论王卢。

衡阳教师进修学院院长谭雪纯先生和我同在南京中央大学中文系学习，早我一年毕业。此次邀我为进修教师讲课，叙旧谈今，流连两日，同登回雁峰，然后与羊春秋先生及诗社吟友同登南岳。登山前先在南岳大庙休息，看见高大雄伟的"南岳大帝"塑像纤尘未染，光芒四射，便问："这像好像是新塑的？"南岳管理局的负责人说："是新塑的。原来的比这还高大，'文革'中被造反派调来起重机、推土机，毁掉了！”我叹了一口气，大家都叹气。他接着说："半山上铁佛寺里的铁佛，也被拉去投入'小高炉'，炼出一块死铁。御书楼上的匾被劈成木柴，点火炼钢。稍有常识的人都知道，炼钢不像烧砖，用木柴燃烧，怎能达到炼钢的温度？"羊先生说："'大跃进'中的笑话多着哩，谁敢笑！"管理局的负责人又说："御书楼上的匾，我们已经做好了，巧得很，霍老来了，就给我们写吧！"盛情难却，我即写了"御书楼"三个大字，署名盖印。十多年后，谭雪纯先生寄来《怀松林学长》七律，中间一联是"雁邑谈诗石鼓畔，衡峰题字御书楼"，下注云："松林教授到南岳时，应南岳管理局之请，为南岳大庙御书楼题额，至今'御书楼'三字，犹高悬楼上，赫然夺目。"

在南岳大庙休息之后，由管理局负责人陪同登山，边走边看，入南天门仰望祝融，俯瞰三湘，然后折回磨镜台宾馆吃饭、住宿。

我作了几首小诗：

半 山 亭

拔地九千丈，南岳入青冥。

须凌绝顶望，且憩半山亭。

铁 佛 寺

佛言不坏身，铁铸亦多事。

一朝被炼钢，无佛空有寺。

石 廪 峰

我佛石作廪，可要广积粮？

福田不自种，荒草怨斜阳。

入南天门望祝融

南天门上立，风云动脚底。

祝融犹争高，奇峰插天起。

登祝融阻雪

冰雪封道路，祝融不可攀。

奈何司火者，无计驱严寒。

磨镜台宾馆过夜

小住磨镜台，平生享奇福。

松涛碧到门，梅蕊香入屋。

主佑在重庆上大学时，她父亲病逝，未能奔丧；我们刚在西北大学任教时，给她母亲寄去一笔钱，不久，老人家病逝，也未能奔丧。这次赴湘，专程到津市看望了她姐姐；又往澧县寻访她的故居——虽然早已分给贫下中农，但青山依旧，古木犹存，我作了一首诗：

兰芷飘香澧水环，胡家楼子倚青山。

儿时乐事休追忆，陵变谷移五十年。

此次远赴三湘，岳麓谈诗，衡阳讲学，南岳登高，津市探亲，流连半月，乘特快列车返陕，车中过元旦，口占一绝以抒豪情：

放眼神州万里天，奇峰无限待登攀。

才辞南岳奔西岳，高速迎来八四年。

（四）

　　抗战时期，我在天水上国立五中，有许
多老师、同学都是山西人，因而对山西很有
感情；何况，五岳之一的恒山就在山西，渴
望登临之情积蓄已久！

　　1984 年 7 月下旬，全国师专元明清文
学教学科研学术研讨会由雁北师专主办，在
大同召开。由于我曾经讲授过几年元明清文
学，出版过若干关于元明清文学的论著，所
以承主办单位以顾问相邀，与内子胡主佑参
加盛会。会后承专车护送，
登恒山，游悬空寺，访云冈
石窟，上应县木塔，小住台
怀镇，遍览五台之菩萨顶、
显通寺、塔院寺、碧山寺、
南山寺、龙泉寺诸胜境，多
年来，畅游山西的愿望终于
实现了。

　　应县木塔建于辽清宁二
年（1056），八角九层，高
六十七米，其时代之早与结
构之精巧、高大、宏丽，均

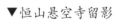

▼恒山悬空寺留影

居世界木塔之冠。因采取保护措施，游人只许仰望，而不得攀登。我等被特许，登至第四层，群燕环翔，已在其下。不久前在开封瞻仰那座建于北宋的铁塔，叹为奇观；如今又在应县登上建于辽代的木塔，更赞叹不已，因而吟成一律：

> 檐牙高耸啄苍冥，九级才登第四层。
> 槛外回翔群燕乐，天边挺秀数峰青。
> 汴京杰构宁专美，紫塞良工敢竞能。
> 传统何须限辽宋，神州文化总堪矜。

悬空寺悬于恒山金龙口峭壁之上，异常奇险。始建于北魏时期，全寺殿宇楼阁四十余间，皆于峭壁上凿洞插木、悬空建构。寺背西面东，南北各有危楼，登之如置身云端。寺内有送子观音及药王等塑像。三教殿中老子居左，须眉雪白；孔子居右，须眉乌黑；释迦牟尼居中，无须。因戏为五律：

> 楼阁云中现，探奇户未扃。
> 兼容儒释道，结合老中青。
> 送子皆麟种，求医得鹤龄。
> 高峰藏妙境，切莫畏攀登。

"兼容儒释道，结合老中青"一联，同游者姚奠中、宋谋瑒、陈扬炯、冯巧英诸先生皆以为绝工绝妙，大笑不已。

大同云冈石窟，与敦煌莫高窟、洛阳龙门石窟、天水麦积山石窟合称我国四大石窟，始凿于北魏，依山开洞，因岩建构，东西绵延一公里。现存石窟五十三座，石雕造像五万一千余尊，最大者高达十七米，气魄雄伟，端庄肃穆。但石质不坚，风化严重。我和主佑在如来像前合影，题诗的尾联是："如来同摄影，掌上莫留行。"意思是：连一个筋斗十万八千里的孙悟空都翻不出如来掌心，何况我们！不过，今天与如来一同摄影留念，他总该讲点儿情面，让我们跳出掌心，自由行动吧！

专车送我们游五台，住台怀镇宾馆。镇在五台怀抱之中，故名台怀。五台实为五座山峰，因峰顶平坦如台，故称五台。北台又名叶斗峰，是五台第一高峰，海拔三千零五十八米，有"华北屋脊"之称。南台又名锦绣峰，是五台第二高峰，峰上松林茂密，下有清泉。东台又名望海峰，山势高峻，东望无阻，如临大海。西台又名挂月峰，山顶宽平，台外有秘魔崖，景色秀丽。中台又名翠岩峰，深林蔽日，翠霭浮空。五台是我国佛教四大名山之一，佛寺林立，塑像庄严。因山高林密，盛夏犹寒，所以又叫"清凉山"，是最理想的避暑胜地。近年西安气候反常，夏季持续高温，竟然超过素有两大火炉之称的武汉、重庆。此时正当盛夏，而台怀镇却凉爽宜人，在此间消闲数日，颇享清福。徜徉怀中，五台风光历历在望，日游一台，亦从容闲适，无迫促之感。作诗一首：

滴翠萦青卉木稠，千岩竞秀万壑幽。

时闻古刹传钟韵，偶见遥峰露佛头。

三辅连年困烦暑，五台仲夏浴凉秋。

相携信步菩萨顶，不羡人间万户侯。

告别五台，向太原进发，中途游览了南禅寺。这是唯一保存完好的唐代建筑，寺内塑像神情各异，栩栩欲活。专程护送我们的崔元和君，又为我们拍下了珍贵的镜头。元和是青海师院中文系文艺学硕士研究生，向我校文艺学硕士授权点申请学位，由我主持论文答辩，获硕士学位后回山西工作，曾主编《学术论丛》，现任山西人民出版社总编。

五

　　我在写于 1980 年 8 月初的《华山抒感》中，记述了我与主佑 1980 年暑假登华山的情景：

　　　今年暑假，华阴县办中学教师进修班，约我去讲课。讲课已毕，由县教育局的老王同志作陪，同爱人老胡一起去游华山。

　　　出华岳庙南望，朝霞掩映中遥见朵朵碧莲，高插云表，真是人间奇景！驰车西南行，约十里，至玉泉院。游览了"望河亭""天然舫""群仙殿""梯云石"，抚摸了陈希夷的睡像，在"无忧亭"小憩，然后步行入谷口。两山对峙，一水中流，淙淙之声，与蝉吟鸟哗相应和。踏涧中石前进，山光人影，如在镜中。过涧傍山，于丛莽中觅羊肠小径，彳亍颠簸，汗流浃背，才爬上"第一关"，坐下来喘气、喝茶。老王指点说："那是'桃林坪'，那是'张仙谷'，那是'希夷峡'，……"我忽然望见涧东石崖上刻有"王猛台"三字，想到《晋书·慕容晔纪》中苻坚以精兵守华阴的记载，估计所谓"王猛台"，大约是王猛屯兵的所在吧！又想起王山史"门外莲峰作雾，阶前松树生涛"的"待庵"，也许就在这一带；他为顾亭林修建的"顾庐"，又在何处呢？问老王，他也说不清。这时候，和我们同时或稍后从玉泉院出发的游人，早已跑到前面去了；而从山上下来的，又一批一批地擦身而过，往回走。其中一个小伙子嘻嘻哈哈地奚落我们："才走了几里路，就成了这个式子！"一个女青年反驳道："这么大年纪了嘛！还敢上华山，就不简单，何必开人家的玩笑？"并把她的棍子送给老胡。那奚落使我们受到刺激，这关怀又使我们受到鼓舞。老胡绾起裤管说："走！"于是拄着拐棍，迈开了大步。我也不甘示弱，跨到她前面开路，赢得了老王的赞扬。从后面赶上来的一群男女青年中有几个落后了，另一个指着我们说："看人家，头发都花白了，还勇攀高峰，真称得上'老当益壮'；咱们年纪轻轻的，还不快走！"那几个也就健步如飞，回过头来招呼我们："北峰上见！"而我和老胡，却实在有愧于那个"壮"字，步子越来越慢，好容易到了"第二关"，又坐下来喘气、喝茶。老王东指西点，给我们介绍"莎罗坪""混元庵""八仙洞""大上方""小上方"的情况，兴致勃勃；疲乏二字，简直和他沾不上边。

从"第二关"跨入"十八盘"，走走停停，两腿已不听使唤。老王鼓励说："走吧，快到'青柯坪'了！看，那就是！"朝他手指的方向望去，回陀曲磴，浮苍点翠，精神为之一振。贾勇攀登，总算进入"云门"，到了"青柯坪"。论时间，天黑以前，满可以爬上北峰，可是实在没有气力了，只好住进宾馆。饭后出游坪上，寻明代学者冯从吾"太华书院"的遗迹，发思古之幽情。在这样幽深清冷的地方讲学，山路奇险，运输艰难，物质条件不会好；然而，据文翔凤所说，四方之士来学者竟然多到三百人。这位冯老先生的声望之高，也就可想而知了。

第二天天一亮就吃完早饭，下决心爬上峰头，历览华岳胜景。出宾馆东南行，路越来越陡、越来越窄。未到"回心石"，我已经鼻翕口张，头晕目眩，两腿一软，

就坐了下去。老胡比我强，她紧随老王之后，继续爬。过了一会儿，听见她在上面喊："快来吧，看见千尺幢了！"我挣扎着站起来，只觉得两腿打战。默想王履、李攀龙、袁宏道等人关于登千尺幢、百尺峡的描写，就只想下山。恰好老王转回来找我，便对他说："快叫老胡下来吧！我实在上不去。"

下山的路上思潮起伏，百感丛集。回想八九岁时随父亲上骆驼峰的情景，历历如在目前；他老人家"登高必自卑……"的声音，也还在耳边回荡。而时间呢？已过去了五十来年。人呢？虽然从十年浩劫中走过来了，却已经如此孱弱！"会当凌绝顶，一览众山小"的庭训与自勖，尽管牢记在心，遗憾的是力不从心。难道这一辈子就只能爬到"青柯坪"吗？

十六年后，借助缆车，终于登上西岳极顶，作了两首七律：

华 山 放 歌

三峰挺秀壮关西，览胜惜无万仞梯。

遍履悬崖经万险，始凌绝顶赏千奇。

唐松汉柏连天碧，玉观琳宫与日齐。

欲采岩花簪两鬓，不知足已跨虹霓。

万顷松涛泼眼凉，仙人掌上捧朝阳。

天池雁落重霄迥，玉井莲开四季香。

已讶呼吸通帝座，岂无咳唾化琼浆？

题诗更有奇峰待，试倩苍龙负锦囊。

诗中未提坐缆车，好像是自己爬上去的。因为自己爬上去，诗才能写得有气势。华山以奇险出名，我的体质本来较弱，何况经过十年浩劫的折磨，哪里能自己爬上去呢！

第 十 二 章

浙游记胜

我生长于"铁马秋风塞北",求学于"杏花春雨江南",颇引以自豪。然而,不无遗憾的是,江南胜境,兼包江、浙,而我在南京上学期间,足迹仅限于江苏境内。谚云:"上有天堂,下有苏杭。"苏州是去过的,却不曾到过杭州。一晃几十年过去了,直到改革开放以后,才有机会九游浙江,遍览名山胜水。

1984年4月9日自西安赴杭州参加全国高等院校古籍整理研究所所长会议,住在西子宾馆里面紧靠西湖的一座楼里。西子宾馆就是原来的"刘庄",号称"西湖第一名园"。毛泽东多次来杭州,就住在这里的"一号楼",我有幸也住在这里。每天清晨、傍晚沿湖滨散步,湖光山色,悦性怡情,或流连于夕照山顶,西湖春景,尽收眼底,真令人陶醉。于是忽发奇想:既然美丽的西湖是绝代佳人西子的化身,那么,西子姑娘何不乘四化春风遍游神州、美化神州呢?因而与西子相约:"你来吧!我在周秦汉唐的京都等你。"下面是我在西子宾馆吟成的四首小词《减字木兰花·西湖抒情》:

流莺百啭,垂老初亲西子面。乍雨还晴,淡抹浓妆总有情。
何妨小住,白傅坡仙吟望处。醉舞东风,夕照山前夕照红。

朝霞红映,一望春波明似镜。湖畔垂杨,携李牵桃照晓妆。
东山日上,一叶渔舟初荡桨。燕舞莺啼,越女如花满白堤。

恰逢三五,缓步湖滨天欲暮。散尽游人,柳浪浮来月满轮。
水天澄澈,西子嫦娥争皎洁。山外青山,戴毂披绡已睡眠。

眼波眉黛,神采飞扬生百态。树密花繁,装点湖山分外妍。
且留后约,休道秦川风景恶。美化神州,西子何时赋远游?
姜亮夫先生出席了开幕式,此后的报告会、讨论会没有来。

有一个晚上，我特意登门拜访，夫人亦在座，一起聊天。姜先生讲："整理古籍，起码要懂文字、音韵、训诂之学。可是，现在急于完成任务，连毫无文字、音韵、训诂学基础的人，也弄来注释古籍，难怪笑话百出。"讲到这里，他忽然冒出一句："以竹鞭马曰笃。"然后望着我，似乎在等我发言。我立刻反问："然则，以竹鞭犬，有何可笑？"他又说："波者水之皮。"我又立刻反问："然则，坡者土之皮乎？"他抚掌大笑，我也抚掌大笑，真正达到了"莫逆于心"的境界。夫人弄来茶点，边谈边吃，不觉已到深夜。第二天晚上，他与夫人同到我的房间小坐，夫人送我一幅画，是当天赶画的，姜先生题了诗。杭州之行，与姜先生夫妇结为莫逆交，真是意外的收获。

会议中间，教育部领导周林、章学新同志邀约部分专家赴宁波参观天一阁。

天一阁是我国现存最古的藏书楼，取"天一生水"之意命名，明代人范钦所建。范钦字尧卿，嘉靖进士，官至兵部右侍郎，抗直强项，连严嵩也怕他。喜购书，尽得丰氏万卷楼珍藏，又多方收集，其后人续有所得，共藏七万多卷。清嘉庆时，阮元奉命编成《天一阁书目》。洪杨之役，阁既残破，书多散失。薛福成组织人力整理编排，成《天一阁见存书目》，与阮元编目相较，已十不存一。新中国成立后被列为重点文物保护单位，然"文革"期间，原藏宋、元刻本屡遭盗窃，损失惨重。我们上阁参观，书柜书箱皆上锁，主人只拿出《琼台志》等三四种明刻本令轮流观看，不准手摸。求藏书目录一阅，亦未获允，未免失望；然而，终于登上神往多年的天一阁，毕竟是一大快事。

自西湖赴宁波，一路春光明丽，风景迷人。便道游阿育王寺、鉴湖、禹王陵及鲁迅故居，又回到西子宾馆，写了九首记游诗：

暂辞西子立湖头，西子殷勤劝我留。

微雨润花千树艳，轻风梳柳万丝柔。

游兴浓如带雨桃，轻车快似出云雕。
凭窗正望六和塔，已过钱塘十里桥。

西兴四望雨丝繁，车过萧山日又暄。
油菜花开麦抽穗，金黄碧绿绣平原。

卅载收藏化劫灰，白头万里访书来。
匆匆一瞥《琼台志》，百柜千箱锁未开。

阁名天一意殊深，避火欲藏希世珍。
皕宋千元何处去？空余池水碧粼粼。

地下钟鸣事渺茫，太康名刹郧山阳。
劫波历尽吾犹健，渡甬来朝阿育王。

百草园中百草丰，咸亨酒店酒香浓。
翻身乙己知多少，饱喝花雕吊迅翁。

贺监风流何处寻，鉴湖烟柳变鸣禽。
于髯大笔传秋瑾，女侠英名照古今。

混流洪水祸无穷，万古难忘疏导功。
大禹陵前舒望眼，江河淮汉总朝东。

1990年深秋，中国唐代文学学会在南京召开国际学术研讨会。会后，我和学会的其他几位领导人陪同台湾地区、日本的十来位教授赴临海市考察郑虔史迹，便道游兰亭，登赤城，入天台，观石梁飞瀑，遍览浙东名胜，作记游诗多首。在临海，我作的《谒郑虔墓》七律，被刻石立碑，背面刻的是考察团成员的姓名、简历。如果无人毁坏，将与青山永存。下面选录几首浙东记游诗：

游 兰 亭

茂林修竹亦欣然，又见兰亭会众贤。

异域同声发高咏，风流岂让永和年？

临海展郑虔墓

五洲硕彦拜孤坟，远谪犹垂不世勋。

忧国竟遭廊庙弃，化民终见蕙兰芬。

一杯难觅苏司业，三绝宜追郑广文。

莫叹才名误贤俊，甘棠常护海隅云。

登 赤 城

赤似丹砂耸若城，山巅一塔势峥嵘。

振衣直上塔头立，待看红霞颂晚晴。

▲《临海展郑虔墓》碑文

▲按碑文所刻石
碑，立于亭内正中

入 天 台

青黛峰峦罨画溪，烟霞深处午鸡啼。

红尘历遍千般路，便入天台亦不迷。

登天台望远

天台四万八千丈，梦里频游结古欢。

此日登临舒望眼，浙东无数六朝山。

游天台至方广寺茗坐

松竹不惧寒，泼眼万壑绿。

杂以数株枫，点点燃红烛。

小憩方广寺，幽景看不足。

山鸟时一鸣，泉韵传深谷。

老衲出款客，水甘茶更馥。

顿觉尘嚣远，精爽若新沐。

倘借一禅室，容我啜僧粥。

成佛纵未能，亦可忘荣辱。

观石梁飞瀑

挥别方广寺，揽胜穿林薮。天际无片云，乍闻巨雷吼。双涧若银龙，奔驰争一口。石梁忽飞来，势欲压龙首。双龙奋进不踌躇，破关直如摧朽株。冲出石梁无前路，一跌散作万斛珠。悬崖百丈寒光闪，水晶帘垂耀人眼。奇景如此天下稀，近观远望浑忘返。白练飞，银河落，前人妙喻诚活脱。我来恰是午晴时，品量所见亦相若。惟恨游山只半日，未看朝夕风雪阴雨变化多。明霞散绮，皓月扬波。狂风咆哮，大雪滂沱。更待山中连夜雨，千溪百涧汇江河。倘于此际望飞瀑，不知殊姿

▼在西湖游艇上

异采又如何？

隋梅宾馆过夜，馆在隋代古刹国清寺前，寺内有隋梅

隋刹香飘隋代梅，隋梅宾馆傍天台。

溪声子夜入残梦，疑是天台风雨来。

2001年4月初，诗友钱明锵邀游西湖，浙江省诗词学会戴盟会长函邀参加慈溪"新世纪之春诗词笔会"，我偕主佑先到西湖，下榻明锵西湖别墅二楼。下面选几首记游诗：

人 间 天 堂

波光岚影映红楼，开放湖山任旅游。

游侣争夸西子美，天堂依旧在杭州。

▼微雨暂停，独立观赏人间天堂

▲在西湖岳庙前，右一即诗侠钱明锵

双 堤①怀 古

东坡施政继乐天，宋雅唐风万口传。

缓步双堤舒望眼，能无高咏迈前贤？

注：① 双堤，指白堤、苏堤。

冒雨游西湖

细雨多情为洗尘，雨中西子更迷人。

蒙蒙远岫眉凝黛，渺渺平湖縠泛纹。

万柳浮烟翻翠浪，三潭腾雾跃金鳞。

匆匆领略朦胧美，明丽风神付梦魂。

岳 飞 墓

凤阙难容二圣回，狱成三字剧堪哀。

坟前纵有奸臣跪，十二金牌何处来？

龙井饮新茶

游湖日将午，渴欲饮新茶。

舟系苏堤柳，门敲陆羽家。

虎泉松下水，龙井雨前芽。

三碗诗情涌，何须手八叉？

游 灵 隐 寺

飞来峰下寺，灵隐盛名扬。

海日明瑶殿，湖光耀画廊。

经风塔犹耸，历雪松更苍。

谁悟拈花笑？焚香拜佛忙。

　　戴盟会长按约定日期派专车接到慈溪，与先到会的吟友见面，然后入住慈溪宾馆，参加晚宴。诗会连开三天，对当代诗词的现状与前景各抒己见，相互交流。我口占一绝，以示祝贺：

浙江从古盛人文，"龚派"①新诗起异军。

开放中华除积弊，兴邦争唱最强音。

　　注：① 龚自珍（1792—1841），清代思想家、文学家，杭州人，其诗求新图变，瑰丽奇肆，风靡一时，有"龚派"之称。

　　戴盟会长将出诗集，嘱题诗，即题八句：

钱塘流万古，开放起新潮。

经济繁花盛，文明硕果饶。

举旗联俊彦，结社振风骚。

酬唱诗千首，刊行夺锦袍。

　　慈溪山川秀丽，人物风流。诗会闭幕，戴盟会长导游名胜古迹，作诗三首：

慈 溪 怀 古

客星犯座便还乡，钓水耕山乐未央。

立懦廉贪垂典范，高风千古颂严光。

范仲淹《严先生祠堂记》称严光"使贪夫廉，懦夫立，是大有功于名教也"。

品学诗文见性灵，《庙堂》笔法继山阴。

慈溪雅集名贤众，"五绝"宜追虞永兴。

虞世南为贞观名臣，封永兴县子，世称虞永兴。唐太宗"尝称世南有五绝：一曰德行，二曰忠直，三曰博学，四曰文辞，五曰书翰"，见《旧唐书》卷七二本传。其书法亲承智永指授，取法二王，为初唐四大家之一。其正书碑刻以《孔子庙堂碑》为代表，余幼年曾临习。

猖狂海盗肆鲸吞，半壁东南叹陆沉。

电扫雷轰除外患，抗倭常忆戚家军。

慈溪诗会期间结识了易驯良等好几位诗友，他们自开私车，陪我和主佑至溪口，游览蒋氏故居及有关景点，我作诗多首：

文 昌 阁

香樟夹径护芳踪，皓月窥窗想玉容。

秋水无言美人去，暮年流寓羡归鸿。

文昌阁建于潭墩山顶，为溪口十景之一。1925 年，蒋介石改建为中西合璧的两层楼房，宋美龄曾居住避暑。

丰 镐 房

潭墩山畔剡溪旁，人去空留丰镐房。

锦绣神州需一统，思乡何故不还乡？

保护功归解放军，维修未改旧伤痕。

游观万众如潮涌，忙煞门前售票人。

丰镐房为蒋氏故居。溪口解放前夕，毛泽东电令指挥官"在占领奉化时要告诫部队，不要破坏蒋介石住宅、祠堂及其他建筑物"，故保护完好。1939 年冬，日机轰炸溪口，蒋氏原配毛福梅于丰镐房遇难，蒋经国誓报母仇，手书"以血洗血"四字刻石立碑。1981 年，国家拨款修缮，唯日寇炸毁窗户保持原状。

张学良将军第一幽禁地

少帅幽囚屋，装修一望新。

案头留笔砚，窗外换乾坤。

榴火红迎日，松涛绿到门。

游人说"兵谏"，救国建奇勋。

张学良于禁室欣闻"七七"抗战开始，写信给蒋介石"请缨杀敌"，蒋却要他"好好读书"。当时写作所用的笔砚尚留案头。

雪窦寺将军楠

古刹徘徊志未销，请缨无路种楠苗。

将军九死双楠活，拂日凌云岁岁高。

张学良禁室与雪窦寺毗连，尝在寺内徘徊，手种楠树幼苗，今已高达十余米，人称"将军楠"。

商　量　岗

三仙建寺费商量，寺已灰飞剩此岗。

独立岗头望仙境，千峰隐现雾茫茫。

商量岗以传说三仙商量建寺得名，登岗四望，千山万壑隐现于云海之中，如临仙境，为溪口避暑胜地。

千丈岩瀑布

是谁天外挥长剑，削出浙东千丈岩？

巨瀑轰雷云际落，忽翻雪浪现奇观。

千丈岩峭壁如削，中部巨石突出，落瀑撞击，散若飞雪。宋真宗题名"浙东瀑布"。

妙 高 台

振衣直上妙高台，四面青山送爽来。

俯瞰晴湖摇日影，不知人世几兴衰。

妙高台三面峭壁，下临平湖，地势险峻，风景秀丽。清初于台上建栖云庵。1927 年，蒋介石下野回乡，拆除栖云庵建中西合璧别墅，自题"妙高台"堂额。此后每次回乡，必来此小住。新中国成立后多次维修，房内陈设、用具等保存如故，供游人参观。

浙江，我游览次数最多的地方是西湖，其次是温州。

最后一次游西湖，是 2006 年 10 月。西湖管理处召开"相约西子湖"盛会，特邀海峡两岸名流参加。我接到请柬，特许三人陪同。老妻不出远门，我便与长子有光、小儿有亮同行，

▼讲人文西湖

第十二章 浙游记胜

◀与小儿有亮摄于西湖
宾馆

◀2006 年 10 月第三次游
兰亭时摄，于曲水流觞时吟诗

238

◀2004 年暮春参加兰亭
笔会时，与诗、书名家曲水
流觞，正在吟诗

住西湖宾馆，同游者有文怀沙、乔羽诸老。我的任务是作两场关
于西湖的报告，与文老等坐船遍游所有景点，讲述各景点的掌故
和历代名人题咏各景点的诗词，电视台工作人员跟踪录像录音，
制为光盘。两个孩子首次游西湖，却游遍了西湖所有的景点，吃
遍了西湖所有名吃。我忙于作报告，没有同他们一起去，很遗憾。

　　"相约西子湖"盛会结束，主人特送我和两个孩子访问西子
故里，看了西施的塑像；又赴绍兴参加兰亭雅集，作了四首七言
绝句：

丙戌兰亭秋褉

气清天朗非春景①，逸少高文启后贤。

觞咏兰亭秋更好，风流不让永和年。

枫叶初红菊已黄，无风无雨近重阳。

兰亭秋褉开生面，竞谱新声第一章。

右军醉写兰亭序，文与行书妙入神。

峻岭崇山无限绿，追攀跨越待今人。

定武兰亭老父传，手临口诵忆髫年。

劫余三赴流觞会，曲水深涵未了缘。

注：① 前人或谓"天朗气清"乃秋景，与"暮春之初"不合，故《兰亭集序》萧统《文选》不收。

1995 年 6 月中旬，我以评委会主任的身份，赴温州主持"鹿鸣杯"全国诗词大赛的终评和颁奖，游览了温州的著名风景区江心屿、雁荡山、大小龙湫，作了不少记游诗：

游 江 心 屿

大谢题诗处，扬帆乘兴寻。

碧波摇塔影，孤屿耸江心。

趋静红尘远，迎凉绿树深。

永嘉留胜迹，山水助清吟。

登 池 上 楼

池塘春草生无极，园柳鸣禽变未休。

始识谢公诗句好，日新月异看温州。

雁荡记游（五首）

拔地奇峰各有情，一峰才过数峰迎。

欲挥彩笔传神韵，异态殊姿画不成。

鹰击鹤唳马突围，龙拏狮吼虎扬威。

此间亦有听诗叟^①，谁唱新诗响巨雷。

天然大美显精灵，元气淋漓各赋形。

岂待剪裁夸妙手，插天却有剪刀峰。

夜月朦胧景象新，双峰拥抱恋情深。

围观体认何真切，游人原是过来人。

携友评诗偶得闲，同来雁荡看灵岩。

何年更伴南飞雁，重访东南第一山。

注：① 听诗叟，岩名。王思任《雁荡记》："过听诗叟岩，一人属耳于垣，似闻大江流日夜者。"

大龙湫观瀑与诗友合影（二首）

游人仰面忽惊呼，翠嶂连云与众殊。

云里银涛千丈落，飞烟散雾溅明珠。

洗头涤面祛烦忧，仰望青天泻玉流。

喜与吟朋留此影，俊游常忆大龙湫。

大龙湫乃我国著名瀑布，从连云嶂绝顶凌空泻下。

我还作有以《主持"鹿鸣杯"全国诗词大赛终评》为题的三首诗：

主持"鹿鸣杯"全国诗词大赛终评

灵运而还又四灵，温州从古以诗名。

鹿鸣杯举嘉宾集，十万华章起正声。

匡时淑世吐珠玑，爱国情深化彩霓。

拔萃端须量玉尺，点头何用看朱衣。

诗家何处着先鞭？时代精神妙语传。

致富须求真善美，倡廉反腐拓新天。

温州（永嘉）有名山胜水，也有悠久的诗词传统。南朝初，以山水诗著名的谢灵运（大谢）曾任永嘉太守，他的山水诗名篇，都是写温州名山胜水的。南宋时的"永嘉四灵"，也多写本地风光。

温州，乃是改革开放后先富起来的地区之一，以"温州模式"著名。

正由于有这样的好条件，温州诗词界的领导人张桂生先生下决心要把温州建成"诗词之乡"，因而在承办"鹿鸣杯"诗词大赛后不久，又接我偕老妻重游温州，商量创建温州"诗馆"。2004 年 9 月，桂生老友又接我为"诗之岛"揭幕。他将启功先生书写的"诗之岛"三字刻石，立于江心屿的最高处，举行隆重的揭幕仪式。我作了一首诗：

中秋飞温州为"诗之岛"揭幕

心系诗之岛，鹏抟揭幕来。

▼完成揭幕任务

东瓯吟笳聚，孤屿讲筵开。

致富传模式，崇文育俊才。

讴歌新世界，大谢美吾侪。

桂生老友偕温州诗友邀我看海、吃海鲜，我作了四句诗：

瓯江入海浪滔天，尚有人家卖海鲜。

把酒持螯豪气涌，壮游欲驾五洲船。

我三次游温州，都为了与桂生老友合作，振兴中华诗词。为"诗之岛"揭幕后，与温州诗友开会谈诗、乘车出游，流连数日，作诗告别：

书条幅赠张桂生老友

共振风骚共运筹，十年三度到温州。

蓝图已绘东风起，诗馆摩天我再游。

不久前桂生老友来信，要我为他的诗集题签。又说"诗馆"建成了，希望我四游温州。温州、西湖，都是我非常怀念的地方，很想去；可是壮游有心，远游无力，九十几的人和八十几的人，大不一样了！

▼与张桂生老友合影

第 十 三 章

兰州敦煌　南京扬州

一

1984 年 8 月 18 日至 26 日，中国唐代文学学会第二届年会暨学术讨论会在兰州举行。会议期间，代表们游览了五泉山等市内名胜，会后又赴敦煌参观了莫高窟及阳关、月牙泉，考察了唐代边塞诗中经常写到的甘、凉、肃、瓜、沙一带的山川民俗。

五泉山在兰州市南皋兰山麓，因有惠、蒙、甘露、掬月、摸子五泉而得名。惠、蒙两泉在山之东西两侧，俗称"龙口"。山中清流泻地，飞瀑悬空，林木苍翠，楼殿巍峨，为游览胜境。新中国成立后修缮一新，辟为公园。

史载霍去病通西域，"合短兵鏖皋兰下"。又载，霍去病鏖战皋兰山麓，士卒疲渴，乃以鞭击地，即涌出五眼泉水，后人因称此山为五泉山。今五泉公园无纪念霍去病建筑，饮水而不思源，不无遗憾，我作了一首七律：

游兰州五泉山公园

重到金城兴更酣，扶筇直上五泉山。

悬空素练飞甘露，浴日清流漾碧澜。

瑶殿巍峨云变幻，芳林苍翠鸟绵蛮。

短兵鏖战功勋著，岂吝丰碑万代传？

下山后又驰车攀登兰州纵目远望的最高处三台阁，吟成八句：

登 三 台 阁

绿涛摇漾遍山松，拔地擎天气象雄。

稳驾轻车盘鸟道，频移健步上仙宫。

▲三台阁望远

◀游五泉山，俯瞰兰州城

池开玉镜时留影，云绕雕栏欲荡胸。

久坐敲诗无好句，三台阁外晚霞红。

　　中国唐代文学学会第二届年会暨学术讨论会，有来自全国各地的近二百位代表和来自日、美等国的专家参加，以边塞诗为重点，进行学术交流，又改选理事会，修改了学会章程。在1982年5月上旬西安举行的全国唐代文学学会成立大会上，我被推选为副会长，创办会刊《唐代文学研究年鉴》。这次兰州会议，由于会长萧涤非先生提出辞职，未曾到会，临时推举我主持会议，致开幕词。在酝酿理事会改选过程中，甘肃省委顾问、本学会顾

第十三章　兰州敦煌　南京扬州

问、此次会议的组委会负责人及主席团主席杨植霖同志召开小型
会议，先对萧涤非先生因年老主动辞去会长职务给予高度评价，
然后说："会长、副会长人选，以不超过七十岁为宜，程千帆等
几位专家年逾古稀，就不考虑了。我看会长一职由霍松林先生担
任，比较合适。"我一到兰州，杨老就派车接我住进甘肃省委招
待所宁卧庄，此后又接来傅璇琮先生。但他始终没有说明这些想
法。会上提出要我做会长，我感到很突然，等他话音刚落，就对
大家说："我不适宜当会长。程千帆先生虽然年逾古稀，但当一
届会长还是可以的。"在新产生的理事会上，我又复述了我在小
型会议上的意见，得到大家的同意，程先生被选为会长，我被选
为副会长兼秘书长，继续主编《唐代文学研究年鉴》。

学会的顾问一般挂名不做事，而杨植霖这位老同志却十分关
心，并且大力支持学会工作。这次兰州会议开会时间长，代表人
数多，又往返敦煌等处参观、考察，会后还出论文集，需要很多钱，
这些钱都是他以甘肃省委顾问的身份设法筹措的。他安排我住在
宁卧庄，也盛情可感，我特作了一首《宁卧庄消夏》：

昔日泥窝子，今时宁卧庄。

红楼连柳径，曲槛绕荷塘。

入圃繁花艳，窥园硕果香。

招邀谢贤主，小住纳新凉。

尾联的"贤主"，就指杨老。杨老辞世后夫人为他出版诗集，
又遵从杨老的遗愿，驰函嘱我题签，也令我感动不已。

兰州是我的旧游之地。我第一次到兰州，时值抗战中期，缅
怀霍去病"年十八为票姚校尉"，转战数千里，稍后又"合短兵
鏖皋兰下"的赫赫战功，很想投笔从戎，抵御外侮。这次故地重游，
喜见兰州新貌，作七律二首：

皋兰山下看奔涛，年少鏖兵忆票姚。

旧地重游陵谷改，和风已动画图娇。

虹桥压浪黄河静，绿树连云白塔高。

丝路缤纷花雨密，交流文化起新潮。

金城何用锁重关，开放宏图纳九寰。

学海冥搜千佛洞，文坛高筑五泉山。

速传信息通欧美，广建功勋待马班。

莫道西陲固贫瘠，要将人巧破天悭。

我是甘肃人，但以前只西到兰州。这次自兰州乘火车西行，一路凭窗凝望。每到一站，都下去看看。武威、张掖、酒泉等历史名城都看到了。至嘉峪关后改乘汽车，停留许久，更目睹了万里长城西端的著名关口"天下雄关"。自嘉峪关乘汽车赴敦煌，途经大沙漠，四望无边无际，已经是下午七八点钟，太阳还悬在西天，不肯降落。而边塞诗中常常遇到的玉门、安西、瓜州，也亲眼望见了。

敦煌真是沙漠中的绿洲。旅途辛劳，住在县城的宾馆里，格外舒适。上街闲游，民风淳朴。瓜果又香甜，又便宜。老伴儿买梨子，只拿出一元钱，就捧来十多个，还不断往袋子里塞。

从敦煌县城乘汽车东南行二十五公里，便到了我国现存规模最大、内容最丰富的石窟艺术宝库莫高窟（又叫千佛洞）。此窟始建于前秦苻坚建元二年（366），隋、唐、五代、宋、元均有修造。现存四百九十二窟，计有壁画四万五千多平方米，造像二千四百一十五尊。壁画包括本生、佛传、经变、供养人和建筑彩画图案等。造像皆泥塑，有佛、弟子、菩萨、天王、力士等。这些作品反映了我国从 4 世纪到 10 世纪的部分社会生活及造型艺术的发展概况。有许多窟，平常并不开放，我们被优待，凡有重要价值的，都由解说员带领，逐一观览。

爬上鸣沙山顶，从金光闪闪的沙坡上滑下去，就到了月牙泉。泉为月牙形，清澈见底，紧抱沙山而不被流沙掩没，十分神奇。从千佛洞骑骆驼到月牙泉，只花五元钱，我很想骑，却被老伴儿制止了，少了一番特殊的体验，感到很遗憾。

▼古阳关烽火台

王维的"西出阳关无故人"诗句，给人的感受是：西出阳关，一片荒凉；而阳关和阳关以内，都还是不错的。这次从敦煌县城西南行至古董滩，才知阳关这个丝绸之路通往西域的重要门户，已被沙漠包围。我和主佑艰难地爬上一个大沙滩，登上仅剩残垣断壁的烽火台，环望漠漠黄沙。美国密执安大学李珍华教授吃惊地发现了我们，为我们拍了一张珍贵的照片。

下面选录沿途所作的几首诗词：

登嘉峪关城楼

长城东起老龙头，万里蜿蜒至此留。
高建雄关司锁钥，重围峻堡控咽喉。

雕盘大漠烽烟靖，雪化祁连黍稷稠。
开放河山无限好，敌楼极顶纵双眸。

游敦煌千佛洞

莫高胜境久倾心，垂老来寻稀世珍。
万壁图形俱入妙，千尊造像总传神。
伤心耻问藏经洞，警众仍防盗宝人。
四海遗书应遍览，敦煌学派冠群伦。

古　阳　关

西游兴未阑，挂杖访阳关。
残垒烽烟靖，新村鸡犬喧。
犹余沙漠漠，切盼水涓涓。
会见丝绸路，连林绿到天。

▲观窟内壁画

自敦煌乘汽车至古阳关。缅想
丝绸之路，口占八句：

▼莫高窟门楼前

万里丝绸路，长安接大秦。
风驼输锦绣，天马送奇珍。
经济鲜花盛，文明硕果新。
汉唐留伟业，崛起看今人。

鸣沙山下月牙泉（自由词）

鸣沙山，月牙泉。山
抱泉，泉恋山。风卷黄沙
绕泉过，清泉依旧绿如蓝。
泉似月牙俏，泉映月牙弯。
雾敛云开天地静，玲珑三

▲陈子昂读书台

月斗婵娟。 天上月牙儿，有圆有缺陷。塞上月牙儿，缺也不求全。但愿春风绿遍戈壁滩，阳关内外处处有人烟。

改革开放以后，百花齐放，百废俱兴，全国各地，不断成立这样那样的学会，都得到有关领导单位的批准。多年以后，学会太多，要申请国家级学会而得到民政部的批准，就非常困难。初唐著名文学家陈子昂的故乡四川省射洪县的有关负责人找我商量成立陈子昂学会的问题，我自作主张，提出："可以作为中国唐代文学学会的分会。"来人高兴地回去了。

1988年8月22日至25日，在陈子昂的故乡四川射洪县召开陈子昂国际学术交流会，我以中国唐代文学学会副会长兼秘书长的身份，参与此次会议的组织工作，并主持会议。出席会议的，有我国（包括台湾地区）专家及俄罗斯、乌克兰、日本、美国、瑞典、缅甸、马来西亚等国的学者一百二十余人，提交论文七十篇。

会议结束，我和主佑被接到南充四川师院讲学，该院院报以《著名学者霍松林来我院讲学》为题，作了详细报道："……他那黑色眼镜后面不时闪烁着智慧的火花……他那踏实、纯朴的学者风度赢得了同学们的钦敬，精辟、深刻的议论掀起了学术报告会的一次又一次高潮，学术大厅内响起了阵阵热烈的掌声。霍先生对我院中文系的硕士点建设、巴蜀文化研究所的建立给予了热情的关怀和支持。他这次来到我院，受到了学院领导及中文系师生的热烈欢迎……"

由于门人程瑞钊获博士学位后来到这所学院中文系任教，所以，我和内子的确"受到了学院领导及中文系师生的热烈欢迎"，不仅盛宴款待，而且由中文系主任照料，游览了阆中、成都、乐山一带的许多名胜古迹，最后游峨眉山，直爬到金顶。

有了射洪的先例，王维学会、韩愈学会、柳宗元学会、李商隐学会等等，相继成立，我都应邀参与盛会。下面录几首与此有关

▼在陈子昂国际
学术交流会上颁奖

▲峨眉金顶

▲乐山大佛

的诗：

登陈子昂读书台

危言傥论起风雷，

高振唐音旷代才。

改革花开千载后，

万人争上读书台。

偕王维学会诸公游辋川

（二首）

喜遇蓝田烟雨时，

万峰隐隐现殊姿。

栗林深处黄鹂啭，

劝觅王维画里诗。

新波渺渺漾欹湖，

北垞南川换钓徒。

旧物幸留文杏在，

凭君重绘辋川图。

游孟州谒韩愈祠

起衰八代冠中唐，

遗像雍容沐艳阳。

丕振儒风期爱众，

独崇师道盼兴邦。

诗开异境山奇险，

文涌狂潮海浩茫。

力去陈言务新创，

艺林千载颂津梁。

"诗开异境山奇险，文涌狂潮海浩茫"两句由我书写，作为对联，已刻制悬挂于韩愈祠大门。这首诗由我书写，已在祠内刻石立碑。

二

中国唐代文学学会第五届年会暨唐代文学国际学术研讨会，于1990年11月21日至25日在南京召开。我国（包括香港、台湾地区）专家及日本、美国、韩国学者九十多人参加会议。会议期间陪代表游扬州，会后与学会其他几位领导人陪同台湾学者杨承祖、罗联添、汪中、罗宗涛、吴宏一、李丰楙诸教授，以及日本学者兴膳宏、笕文生、笕久美子、横山弘、西村富美子诸教授赴浙东临海市考察郑虔史迹，我作了许多诗，选录三首：

庚午深秋，中国唐代文学学会于南京双门楼宾馆召开国际学术研讨会，四海名流云集，盛况空前，喜赋一律

> 栖霞红透秣陵秋，虎踞龙蟠夜雾收。
> 六代玄风凭想象，三唐文苑任优游。
> 中华典籍越重译，四海贤豪会一楼。
> 万派交融前景阔，倚栏遥看大江流。

偕唐代文学国际学术研讨会诸公游扬州，登平山堂。

> 当年酬唱几人英，六一风神四座倾。
> 胜事宁随前哲尽，远山仍与此堂平。
> 绿杨城外枫林艳，红药桥边秋水清。

▲在南京唐代文学国际学术研讨会上致闭幕词

欲约群贤留半宿，共看淮月二分明。

平山堂，欧阳修知扬州时所建，每与群贤酬唱其中。因远山与此堂平，故名。"绿杨城郭是扬州"，"天下三分明月夜，二分无赖是扬州"，"念桥边红药，年年知为谁生"，皆前人咏扬州名句。

题郑虔纪念馆

严谴人犹惜郑虔，台州远望海连天。

著书难展澄清志，造士潜行教化权。

已见奇才继三绝，更开华馆会群贤。

八仙岩畔花如绣，桃李逢春自斗妍。

此次会议之后，我筹备了1992年11月中旬在厦门召开的中国唐代文学学会成立十周年国际学术研讨会暨第六届年会，开会时因事请假，托副秘书长阎琦教授带去《书面发言》（全文载《唐代文学研究年鉴（一九九三、一九九四合辑）》第8—9页），全文如下：

各位代表，各位来宾：

中国唐代文学学会第六届年会暨国际学术研讨会在厦门召开，谨表示衷心的祝贺！我作为学会秘书长和此次大会组委会成员，曾为此次大会的召开作了一些必要的筹备工作，很想躬与盛会，善始善终；只因主持中华诗词大赛的终评工作，任务繁重，不克分身，失掉一次向海内外唐代文学研究专家学习的机会，深感遗憾。请允许我在遥遥数千里之外，祝愿各位专家身体健康，精神愉快！祝愿大会圆满成功，取得丰硕的学术成果！

这次年会的内容之一是做好学会的换届工作。自从学会成立以来，我承蒙同行专家厚爱，被选为第一届理事会副会长及以后各届理事会副会长兼秘书长，担任学会工作已长达十年之久；如今年及古稀，早该退休。特郑重请求：我不再参加理事选举，不再担任学会职务。希望成就突出的中青年专家中有越来越多的人进入理事会，以促进学会工作蓬勃开展，日新月异。

中国唐代文学学会自 1982 年 5 月在西安成立以来，在没有经费和专职工作人员的情况下筹办过多次学术研讨会，举办过唐诗讲座和唐代文学讲习班，两个会刊——《唐代文学研究年鉴》和《唐代文学论丛》（后来改名《唐代文学研究》），也陆续编辑出版。在这短短十来年的时间里，大陆的唐代文学研究空前活跃，研究队伍迅速壮大，研究领

▼摄于郑虔纪念馆内

域不断扩展，研究水平不断提高，学术价值较高的论著相继问世，多人合作的大项目或已见成果、或正在顺利进行，国际间的学术交流也日益频繁，卓有成效。这一切，当然和社会安定、经济繁荣、学术空气自由有极大关系；但在某种程度上说，也和中国唐代文学学会的组织、推动作用有关。

同行专家们普遍认为：我们的学会之所以能够做出成绩，首先在于全体会员和历届理事会比较团结，也在于学会主要领导人竭力维护团结。当兰州会议、太原会议两次换届之际，都由于主持具体工作的领导人谦让为怀而及时消除了不团结因素，这是与会者有目共睹的。应该承认：这是一个优良传统。衷心希望我们的学会在此次换届和换届之后能发扬这个传统，团结奋进，为繁荣学术、建设精神文明做出贡献。我虽然不再进入理事会，但作为会员，仍愿追随诸公之后，一如既往地关心学会，爱护学会，为学会的健康发展做力所能及的工作。

最后，请允许我在遥遥数千里之外，又一次祝愿大会圆满成功，祝愿各位代表身体健康，精神愉快，在研究工作中做出无愧于唐代文学的光辉业绩！

会后承与会者告知：在宣读我的《书面发言》之后，年及八旬的程千帆老会长打算交班，提出了"正、副会长年龄以七十岁为限"的倡议，受到多数代表的质疑，也受到年未七十的副会长和几位常务理事的欢迎。于是，当了两年副会长、八年会长的千帆老学长和当了两年副会长、八年副会长兼秘书长的我这个老学弟都光荣退休，被聘为学会顾问。

第 十 四 章

两赴东瀛　弘扬国学

一

1987 年 9 月初，应日本明治大学客座教授之聘，东渡讲学。明治大学寄来往返机票，当时，西安尚无直达日本的航班，所以先飞上海，住华东师大招待所。老学长徐中玉、钱谷融两教授先后设宴送行，盛情可感。齐森华教授代办有关手续，送至机场。飞机很大，不少座位没有人，便选了一个靠窗口的。起飞后时而看云，时而看海，不知不觉间已到东京降落，作了四句诗：

徜徉天外览寰球，
鲲化鹏抟汗漫游。
眼底云涛方变灭，
已随海客到瀛洲。

258

▼ 1987 年秋，应聘任日本东京明治大学客座教授，主讲中国古典文学

出机场，岩崎富久男教授和明治大学的一位干部早等在门口，一同乘车到亚细亚文化会馆二楼住宿。岩崎教授是我的保证人，他曾携带全家在长春东北师大教日语多年，能

讲流利的汉语。我从住处到明
治大学或到其他地方，他都按
时接送，所以没有上错电车的
顾虑。我在赠他的组诗中有一
首特别讲到这一点：

> 万象纷纭万籁鸣，
> 游踪半月遍东京。
> 风驰电驶不迷路，
> 多谢岩崎管送迎。

先在明治大学作了几次学
术报告，后来又由他们策划，
作了一次"公开讲演"。"公
开讲演"比较隆重，听讲者多半是东京各大学
的讲师、教授，还有从松本、横滨、京都、名
古屋等地赶来的中国文学研究者。我讲的题目
是《最近十年唐诗研究》，由著名汉学家今昔
凯夫教授担任翻译。讲演稿被收入明治大学《外
国人研究者讲演录》（1988 年 3 月东京版）。

岩崎教授陪我参观了东京大学图书馆、东
洋文库、静嘉堂文库等许多单位。参观静嘉堂
文库时，库长米山寅太郎领我们观看宋、元珍
本，每看一种，都夸赞道："这是国宝！"越
夸越使我伤心。那些"国宝"，本来不是日本的，
而是中国的。光绪年间做过福建盐运使的陆心
源，在故乡归安（今属浙江湖州市）筑"皕宋楼"
藏宋元旧刊，筑"十万卷楼"藏明及明后秘刻，
筑"守先阁"藏寻常刊本。一时名噪江南，为

清末四大藏书家之一。心源卒后，其子树藩耽于逸乐，将全部珍藏以十万金卖给日本静嘉堂文库，中国国宝，竟沦为日本"国宝"了！我作了一首诗：

> 珍藏一夜付东流，太息江南皕宋楼。
>
> 库主连声夸"国宝"，几番回首望神州。

岩崎教授怕我思乡念家，特意接我到他家里做客，一家人热情款待，都讲汉语。新建的两层楼房刚装修好，房间较多。夫人说："您下一次来，就不需要在外边找住处了。我们有许多长春朋友，以前来，都在东京市内找房子，很贵，以后来，就可以住在我们家里了。"他家离横滨不远，所以特意请我到横滨逛华人街，吃中国饭。饭后又陪我游镰仓，看露天大佛。我赠岩崎的组诗里有这样两首：

> 殷勤邀我访横滨，慰我乡思见性真。
>
> 凭栏饱吃中华饭，中华街上看华人。

> 共作镰仓半日游，看山看海看浮鸥。
>
> 露天大佛同留影，坐阅兴亡知几秋。

岩崎陪我路过"皇宫"，总把"天皇"裕仁称为"战犯"。他还站在反侵略的立场，研究我国抗战歌曲。我赠他的组诗中有这样一首：

> 精研华夏救亡歌，每过皇宫议论多。
>
> 肯把裕仁呼战犯，从知正义满山河。

岩崎一家人所体现的中日友好情谊和对我的无限关怀，是永远值得怀念的。

明治大学创办于明治维新时期，我在那里讲学的时候，已有一百零六年校史，校歌有"自由摇篮"之语，校风崇尚学术自由。校长和他的几位同事曾到亚细亚文化会馆给我送酬金和纪念品，

致问候之意。谈话中间郑重提出："明治大学建校以来，中国留学生很多，但被聘为客座教授的中国人，您还是第一位。"明治大学的确待我很友好，但我没有带什么礼物来，只好送"秀才人情"，在宣纸上写了一首诗：

巨厦连云作大猷，骏河台畔万花稠。

维新伟业光三岛，明治高风动五洲。

广育英才扶正义，宏扬文化壮清流。

我来喜唱摇篮曲，从古蓬莱重自由。

我送诗给校长，他请岩崎教授讲解，听了很高兴，约了几位院长和汉语教授与我合影，然后坐车到一家餐馆吃饭。值得一提的是：明治大学没有校车（我到过的几所大学也一样），出门坐电车；请客不用公款，除了客人不需出钱，其他人都平均摊派，现场掏腰包；不多要饭菜，杯盘碗盏，吃喝一空，刷洗很方便。我说："你们的习惯真好！我们中国人请客，讲究筵席丰盛，大量饭菜都浪费掉，实在太可惜。"他们说："这大概是二战后挨饿的教训，说不上好不好。"教训是要人吸取的，中国人挨饿的教训还少吗？

东京之游给我留下了美好的记忆。二十多年过去了，我还怀念"辽阔蓝天衬白云"的秋光，还怀念站在亚细亚文化会馆楼顶所见的夜景：

雄楼栉比无余隙，高下参差接远空。

亿万银灯汇银海，海中处处闪霓虹。

日本有一个"中国学会"，这里的"中国学"，相当于"汉学"。由于已有"历史学会"，所以，"中国学会"的研究范围只包括中国的文学、语言学和哲学。前些年，我已两次接到开会请柬，都因挤不出时间，未能赴会。1978 年 10 月 10 日至 11 日，在名古屋大学召开的日本中国学会第三十九回大会，由于开会日期恰在我东京讲学之时，所以一接通知，便回函应邀。

明治大学本来有送我游奈良的安排。名古屋在东京、奈良之间，便由岩崎陪同，先赴奈良，重点参观了鉴真和尚的唐招提寺。鉴真是唐代高僧，居扬州大云寺。开元年间，于第六次东渡成功，在奈良建唐招提寺，为日本律宗初祖，卒于日本。我游唐招提寺，恰值中秋月圆，目睹中国式建筑，不禁怀乡念家。因想鉴真去国传法，大行其教，但仰望中秋明月，也不能不动思亲恋土之情吧！因而作了一首诗：

蓬莱岛上中秋月，此月当年照鉴真。

发愿传衣东渡海，倚栏无奈又思亲。

由奈良折回名古屋参加日本中国学会大

262

▼唐招提寺（当时的照片已遗失，这是第二次赴日讲学时拍的）

'96 11 21

会。一进会场，就碰见我的第一届硕士研究生马歌东教授。歌东正在日本福井大学讲学，也是赶来参加中国学会大会的。师生不期而遇，惊喜异常，双方都有很多话要说。他先为我交了会务费、合影费和会餐费，然后约我游览名古屋市容。岩崎看见我有门人作陪，便说他去看朋友，晚间找好旅馆，便来接我。

松本信州大学人文学部的西冈晴彦教授曾多次访问西安，并且在我校专家楼住过好久，多次和我讨论学术问题，成为好朋友。他听到我在明治大学讲学，便电话联系，赶到东京听我的公开讲演，并邀我到松本讲学、游览。征得明治大学的同意，乘新干线电车到了信州大学，住在一套带大客厅的房间里。

当天晚上，西冈教授请我到他家里吃饭，由两位会讲汉语的教授作陪。他大概是学中国人请客的习惯，筵席很丰盛。夫人美丽而贤惠，与岩崎夫人同一类型，所不同的是她没有到过中国，只能讲简单的汉语。酒席间谈诗论文话家常，十分愉快。饭后参观了西冈的藏书，回到住处。

第二天，西冈教授邀我游上高地，他的好友桥本功教授开自己的小车送我们，吃过早饭就出发了。盘了许多山路，到了西袋池，这是一个风景点，林木葱郁，山花盛开，一池秋水，碧波摇漾。停车观赏，拍了几张照片。继续前进，沿途秋山红叶，赏心悦目。遥望雪峰连绵，与天际白云相接，西冈说："那就是上高地。"我问："积雪未化，一定很冷吧！我们穿这样的衣服，受得了吗？"西冈笑着说："那不是雪，到了那里，你就知道了。"

一小时后，桥本停下车说："到了！"我们出车观景。两边叠嶂层林，中间是宽阔的河滩，白石嶙峋，青溪潺潺。从溪边至山腰，秋林如绣，或翠绿，或青苍，而以浅黄、深黄、淡红、鲜红点缀其间，层次丰富，色彩绚丽。山腰以上，一望雪白，而棱角、皱褶，清晰可见，在秋阳照耀下因阴阳向背不同而色调亦有变化。仔细辨认，便知不是积雪，而是山的本色。天空一片澄蓝，偶有

白云从山巅飘过，则不辨是云是山。

我们从不同角度拍了许多照片，各有优点。虽然只能截取一个片段，并非最精彩处，然而窥一斑以想全貌，便知上高地被誉为日本最佳风景区，是当之无愧的。西冈晴彦教授主讲中国文学，桥本功教授主讲英美文学。桥本豪爽幽默，一路上谈笑风生，我赠他四句诗：

> 异书精读蟹行文，豪迈诙谐更出群。
>
> 为我驱车三百里，银山脚下赏枫林。

10 月 23 日上午在人文学部讲学，听众中有来自北京、上海等地的中国留学生，提问很踊跃，我一一作答。答问毕，他们又一一拿出宣纸，请我题写唐诗、宋词，我为他们各写一个条幅，一一满意称谢而去。

信州大学是日本老牌的国立大学之一，历史悠久，环境幽雅。每天清晨在校园里散步，花木明丽，楼舍洁净，地面无灰尘，空气无污染，远山如洗，晴空蔚蓝，真令人神清气爽。

10 月 25 日用过早餐，西冈教授送我回东京亚细亚文化会馆，临别依依不舍。我是经历过抗日战争的人，初游扶桑，心存疑虑，而幸遇岩崎，对我照顾无微不至；去松本，又喜遇西冈，他对我的深情厚谊，尤令我有"知音"之感。真没想到，日本竟有这样的好人！因此，我给岩崎、西冈各有组诗相赠，下面是赠西冈的四首七绝：

> 华灯灿烂开华宴，锦馔琳琅出锦心。
>
> 论史谈诗同一醉，难忘松本遇知音。
>
> 相邀讲学颂中华，陪我游山入彩霞。
>
> 西袋池前同照影，霜林红胜杜鹃花。
>
> 美酒盈樽追北海，奇书满架美西冈。

以书下酒浑忘饿，
举案齐眉有孟光。

博览和文住松本，
精研汉籍客长安。
日中友好传佳话，
仙岛神州任往还。
离日飞沪，恰遇重阳，
机中口占一绝，落帽龙山
旧典，不复可用也：
瀛洲争赏菊花黄，
把酒持螯忆故乡。
归路登高万余米，
闲看云海过重阳。

▲上高地与西冈（左）、桥本功合影

二

1996 年 7 月，日本国日中友好汉诗协会派吉艳秀女士送来热情洋溢的《邀请书》："今年，日中友好汉诗协会迎来了自 1986 年成立大会以来的创立十周年。作为十周年之纪念活动，将于 11 月 24 日举行国际汉诗交流会暨纪念庆典。届时，我们将邀请陕西师范大学文学研究所所长、中华诗词学会副会长霍松林先生前来作关于汉诗的讲演。先生不但是现今世界上最卓越的汉诗理论家，而且是杰出的诗人；不仅在中华人民共和国国内，而且在国际上也受到极高的评价。在此日中友好汉诗协会创立十周年之际，使日本汉诗界能聆听到先生的汉诗理论，这对于现

代日本汉诗界来说，是最为渴望的事。基于以上认识，我们特发出这一邀请。"后面的署名是：邀请保证人日中友好汉诗协会理事长棚桥篁峰。

棚桥先生寄来了往返机票和日程安排表，我按要求于11月19日飞抵名古屋，由棚桥先生和吉艳秀女士接到京都，住花园会馆二楼。20日上午，由小吉作陪，信步街头，至渡月桥摄影，过桥游岚山一带，归途又参观了妙心寺。岚山是京都的著名游览区，秋景尤丽，层林尽染，如锦似绣。妙心寺是日本禅宗大本山，万籁俱寂，唯闻磬音。下午由棚桥、小吉陪同，游二条城、清水寺和地主神社。二条城是当年的德川幕府，庭院幽深，花木明丽。清水寺中的三重阁为赤红色，鲜艳夺目。地主神社的"地主神"，并不是我国"土改"中被打倒的"地主老财"的幽灵，而是东洋的月下老人，专管人间爱情和婚姻，少男少女们虔诚祈祷，念念有词。清水寺以"清水"闻名，寺内清泉汩汩，据说，一饮此水，便添智慧。我已是儿孙满堂的人了，只需酬谢"地主神"已赐良缘，用不着再祈祷什么；至于智慧，当然愈多愈好，所以，小吉舀来一杯清泉，我也喝了两口。这一天，万里无云，天空蓝得不能再蓝，小吉一再惊喜地说："前些天老是下雨，我们都祝愿雨霁天晴，好迎接霍老。我们的祝愿还真灵，霍老一来，天就晴得这么好！我来京都多年，觉得京都的天空特别蓝，但还没见过这么蓝的蓝天，老天爷也在欢迎霍老呀！"我夸她："你的一张巧嘴真会说，说得好！"晚饭后回到房里，兴会淋漓，作了五首记游诗：

> 京都迎我祝皇天，磨洗晴空格外蓝。
>
> 更把层林着意染，红黄碧绿绣岚山。
>
> 信步同游意适然，京都犹似古长安。
>
> 瓦房小巷通郊外，渡月桥边看桂川。

花园街畔妙心寺，
东土禅宗大本山。
我慕儒家思济世，
偶游禅境亦参禅。

德川幕府尚留名，
功过千秋有定评。
庭院幽深花木好，
得闲来访二条城。

摩天佛阁三重赤，
映日枫林万树丹。
已有良缘酬地主，
更添智慧饮山泉。

21日，由巨涛女士陪同游奈良，参观了唐招提寺、药师寺等处，清晨出发，日夕归来。京都士女爱好中国书法，托棚桥向我求书者甚众，22日上午、下午都写字。23日是墨水筜峰吟咏会创立二十周年纪念吟咏发表会，几位会员登台吟诗，抑扬婉转，各臻妙境。最后，由棚桥筜峰会长吟唱，有如九霄鹤唳，逸响遏云，赢得了经久不息的掌声。我作了一首《参加墨水筜峰吟咏会创立20周年盛典赠会长棚桥先生》七律：

　　　　访华足迹遍神州，风雅弘扬第一流。

　　　　仁爱胸怀师李杜，治平理想慕伊周。

　　　　吟诗自创棚桥派，结社交欢墨水侪。

　　　　邀我远来襄盛举，日中友好共歌讴。

吟咏结束，时间尚早，棚桥要我就汉诗吟咏问题发表讲演，

我讲了四十分钟，由小吉翻译。

24日全天由我讲演。按他们的要求，我于两月前寄出讲稿，由棚桥、小吉等反复推敲，用日语译出全文。我讲演时，由小吉逐段翻译。上午讲题为《绝句的类型和作法》，下午讲题为《论诗的设色》。上面照片中主席台后右边墙壁上悬挂的，是我为日中友好汉诗协会创立十周年盛典所作的贺诗：

> 一衣带水碧盈盈，千首诗传两岸情。
>
> 大吕黄钟歌友谊，铜琶铁板唱和平。
>
> 神州斗韵来东士，仙岛联吟迓汉朋。
>
> 十载扶轮风雅盛，更迎新纪创新声。

由于日中友好汉诗协会创立十周年盛典和墨水筥峰吟咏会创立二十周年盛典都圆满成功，棚桥先生异常高兴，25日早饭后便自驾新车，邀我游览京都北山诸胜，小吉随行翻译。沿途景点繁多，美不胜收，每到一处，必观赏留影。其中一张照片摄于小仓山顶，栏杆下面是万丈斜坡，霜林铺锦。坡底是蜿蜒曲折的保津川，在阳光下金光闪耀。对面层峦叠嶂，浮绿凝黛，一望无尽，照片中摄入一角。棚桥买了六个圆片，每人两个，据说，向保津川投去，举凡贫困、灾祸、烦恼、疾病等等，便都随保津川流入大海，从此吉星高照，心想事成。先由我投掷，小吉眼明手快，抢拍了四个连续动作。我们游了一整天，都乐而忘倦。棚桥说："我在京都生活了几十年，第一次碰上这么晴朗的天气，第一次看到这样蔚蓝的天空，第一次游北山，欣赏如诗如画的秋景，享受无穷无尽的欢乐。这一切，都是霍老带来的，但愿每年秋天霍老都能来。"小吉重复道："但愿每年秋天霍老都能来！"

次日上午，我就要到松本信州大学去讲学，晚饭后没有休息，作了几首诗记述我们的北山之游，并向棚桥、小吉告别：

> 诗坛盛典树新猷，绮丽北山结伴游。
>
> 画意诗情浓似酒，谈诗论画赏金秋。
>
>
> 轻车驶驶复停停，景点繁多数不清。
>
> 人在画中还入画，时闻突按快门声。

池前红叶耀晨曦，池后青山换锦衣。
迎我题诗夸美景，石人拱手鸟咿咿。

镜湖金阁浴金阳，松翠枫红槲叶黄。
风景亦如人艳秀，共留倩影傲群芳。

历阶直上小仓山，避暑离宫天已寒。
共享野餐尝美酒，满山红叶照朱颜。

三人各掷两弹九，振臂高峰笑语欢。
贫病忧烦与灾祸，一齐抛向保津川。

大雅同追杜少陵，日中友好缔诗盟。
京都朗咏留佳话，艺苑千秋记姓名。

缓步轻车互唱酬，北山风物正宜秋。
一衣带水频来往，惟愿年年续胜游。

日本长野县古称信浓，亦称信州，所以长野县松本市的一所古老的国立大学叫信州大学，很重视中日文化交流。1987年，我已应邀讲过学，本来不想再去了，但由于次子有明、儿媳小辉都在该校任教，想去看看，所以校方乘我到京都之便，又一次邀请讲学，我便答应了。

11月26日上午，棚桥先生派他的儿子送我上电车去松本，小吉提一口大皮箱独自坐电车到名古屋机场乘飞机去香港。两人并不在同一车站上车，但小吉坚持要送我。电车一停，她急忙扶我上车，又手提行李找我的座位三番B座。刚找到座位说"再见"，车已开动，无法下车。我很焦急，她却说："多送霍老一程，有啥不好！"这一站真远，足有一百多里！好容易到了米原，车才停了，她下车后还站在那里，等车开后才挥手告别。连续好几天，我都为她担心，为她祝愿，作了几首诗：

高坐讲台说汉诗，京都群彦静听时。

赖君翻译传神韵，赢得东瀛赞大师。

送我上车心始安，手提行李觅三番。

匆匆话别车开动，多送一程到米原。

君赴香江我信浓，只缘送我误行程。

不知一路平安否，心焦日夜望碧穹。

识高学富性情真，秀靥明眸更慧心。

为汝成功频祝愿，年年盼汝报佳音。

11 月 26 日下午抵松本，住东急宾馆十八楼。次日在儿子家里吃午饭、休息。28 日下午在信州大学讲演。

1996 年 11 月 27 日的《朝日新闻》以《第六十八届信州大学中国文学谈讲会》为题登出消息："谈讲会将于 28 日午后一时在信州大学人文学部会议室举行，届时，将邀请中国古典诗研究家、中国陕西师范大学文学研究所霍松林教授作题为《中国唐代诗歌中的色彩语——以杜甫、王维、白居易为中心》的演讲。听讲自由，定员五十人。询问处：信州大学人文学部松冈研究室。电话（从略）。"

28 日下午一时谈讲会开始，下午四时结束。1996 年 11 月 29 日的松本《市民时报》以《诗人也巧妙地使用色彩——中国霍松林教授在文学恳谈会上的演讲》为题，作了报道：

信州大学第六十八届中国文学恳谈会 28 日于松本市

▲左为主持人松冈教授，右为翻译

信大人文学部召开，中国陕西省西安市陕西师范大学文学研究所霍松林教授在会上作了题为《中国唐代诗歌中的色彩语》的演讲。

霍先生是中国古典诗研究的最高权威，作为书法家也很有名，现任中国唐代文学学会顾问，中华诗词学会副会长、西安书法学院顾问等职。霍先生此次是应邀参加于京都府召开的日中友好汉诗协会的演讲而来，之后应信州大学人文学部西冈晴彦教授之邀而出席本届恳谈会的。恳谈会除学生和教职员之外，也向一般市民开放。

先生在演讲中说："如同画家着意调色一样，诗人也巧妙地使用色彩效果。"在介绍杜甫、王维、白居易等诗人优秀作品的同时，说明了作为味外之味的色彩的丰富表现手法。

霍先生说："由于中国唐诗对于色彩的巧妙运用，得以表现出超越现实的美，而于此也含蕴着诗人们希望现实也能如诗一般美的愿望……"

谈讲会由松冈教授主持，他先致欢迎词，并对我的学术生涯作了简要的介绍和评价。我起立答谢，然后坐下来讲课。

28日下午四时讲演结束，被邀至人文学部办公室饮茶，聊天。学部长说："信大古老的校歌中有'春寂寥'一语，我们都喜欢它表现的幽美境界。请霍先生大笔书写，我们将装裱悬挂。"我提笔写了三个大字，并应邀署名，赢得热烈的掌声。

下午六时许与人文学部的教职员们聚餐。我至今还保存一张照片，是聚餐前拍摄的。后排左一是松冈教授，左四是桥本功教授，前排左四

▼次子有明在信州大学人文学部办公室

▲聚餐前合影

是学部长，左二是西冈晴彦教授，左一是
我的儿子有明。

　　有明于1994年3月应信州大学人文学
部教授之聘，讲授中国文学和训诂学，先聘
三年，其后又续聘三年。我以《重访信州大
学》为题，作了四首诗：

　　信州讲学九年前，故地重游鬓已斑。
　　幸有佳儿承父业，滋兰树蕙写新篇。

　　扶桑俊彦大庠师，聚会听余讲汉诗。
　　每遇探微阐奥处，解颐何异鼎来时。

　　信大校歌"春寂寥"，倩余书写树高标。
　　围观教授齐拍手，窗外枫红似火烧。

　　人文学部盛筵开，父子相偕入座来。

老友新知频祝酒，睦邻桃李要勤栽。

松本靠近山区，人口不多，环境幽雅，空气清新。有明、小辉住在居民区和平庄的一幢小红楼里，三室两厅，阳台宽敞。27日，两人碰巧都没有课，所以炒了几个陕西菜，包了饺子，买了葡萄酒，请我吃午饭。我以《有明、小辉寓庐家宴》为题，作了两首诗：

　　和平庄里小红楼，室雅厅宽环境幽。
　　户外青山时送爽，书城坐拥傲王侯。

　　陕菜秦椒饺子香，喜开家宴话家常。
　　频频祝我无疆寿，学海汪洋要导航。
　　饭后休息片刻，同游松本城及其他名

▲午饭后与有明、小辉合影，背景是窗外的远山近树

胜古迹。松本城是日本国宝级的古建筑，立有一通"国宝松本城大守"碑。护城河清波摇漾。城墙用巨石砌成，既厚且高。城楼巍峨壮丽，我们按规定换上软底鞋登上最高层，层层都陈列着古代的各种防御武器。

30 日离松本回国，小辉送我上电车，有明同乘电车，送我至名古屋机场办完登机手续，然后返回。在京都的那几天异常晴朗，而到达松本以后，则天气转阴，时有小雨。出人意料的是，30 日清晨阴云忽散，阳光普照。我喜而赋诗：

> 佳儿佳媳送翁行，雾散云收雨乍晴。
>
> 骨肉情深天意顺，前程万里放光明。

自名古屋飞西安，凭窗望云，作了一首诗：

> 仰望天在上，俯视天在下；上天碧无极，下天云走马。
> 白马成群忽分散，散作梨花千万片。随风簸扬渐膨胀，
> 弥天涌起千叠浪。浪静波平云失踪，却于天际幻奇峰；
> 下天峰接上天云，上天日照下天红。两重天间行万里，
> 闲看浮云变未已。银翼渐低云渐高，终南秀色画难描。
> 出机唯见一重天，艳阳普照古长安。

第 十 五 章

澳门讲学 常德评诗

一

▼松山灯塔

1996 年 1 月，承澳门中国语文学会和澳门中华诗词学会邀请，我和主佑赴澳门进行学术交流。1 月 10 日自西安飞抵珠海，由二十多年前跟我攻读硕士学位、现在珠海工作的门人戴宪生安排在海景宾馆住宿。11 日下午，澳门中国语文学会理事长胡培周先生来珠海迎接，留宿一夜。12 日早晨，戴宪生驾驶他自己的小车，送我们至澳门，住进胡先生事前安排好的花园宾馆十六楼。胡先生对我们多方照顾，无微不至，连续几天，陪我们游览了所有景点，参加了各种活动，为我们拍摄了许多彩照。

下面选两首吟咏有关景点的诗：

登松山灯塔

长鲸簸浪破天关，痛史重翻血未干。
频引夷船来镜海，尚留灯塔压松山。
回归更见风光好，开放方欣宇宙宽。
从此中葡隆友谊，新荷吐艳庆安澜。

游澳门路环岛

冬季寻春景，驱车入彩霞。

绿飞幽径竹，红炫茂林花。

狎海抟银浪，看云卧黑沙①。

路环诚足恋，何计可安家？

注：① 海滨细沙黝黑，以此闻名。

应邀赴澳门进行学术交流，各种报纸连续报道，电视台采访直播，友好相继宴请，倍增血浓于水的感受。为了铭记澳门同胞的深情厚爱，谨将澳门各报的报道摘录于后。

1996年1月9日《市民日报》以《应澳语文学会邀请陕师大教授伉俪访澳》为题，作如下报道：

陕西师范大学文学研究所所长霍松林教授及其夫人胡主佑教授，应澳门中国语文学会和澳门中华诗词学会联合邀请，于本月12日至15日一连四天进行学术交流活动。

霍松林教授长期从事高等学校文艺理论和中国古代文学的教学、科研工作，并培养硕士、博士研究生，成绩卓著。曾任中国国务院学位委员会第二届学科评议委员，中国唐代文学学会第一届副会长、第二至第五届副会长兼秘书长及会刊《唐代文学研究年鉴》主编，日本明治大学客座教授。现任中华诗词学会副会长，中国杜甫研究会会长，纽约四海诗社名誉社长，陕西诗词学会会长，美国国际名人传记中心研究员兼指导委员会副会长，堪称誉满中外。

霍教授著作宏富，已出版之专著有《文艺学概论》《文艺散论》《唐宋诗文鉴赏举隅》等二十多种，主编书籍有《万首唐人绝句校注集评》《唐诗探胜》《辞赋大辞典》等四十多种。其诗词创作《唐音阁吟稿》《唐音阁诗词集》分别由大陆和台湾出版，在海内外有广泛影响。其夫人

胡主佑教授亦为诗人及研究古典文学之专家。

　　澳门中国语文学会和澳门中华诗词学会特定于本月14日（星期日）下午三时半至五时假座筷子基美居大酒楼举行唐代文学讲座，由霍教授主讲《唐诗和长安之关系》，欢迎各界人士出席。

同一天的《华侨报》以《陕西师大霍松林教授访澳，应诗词及语文两会办讲座》为题发表特讯，内容与《市民日报》报道大致相同。

1月13日《澳门日报》刊登了澳门中华诗词学会理事长冯刚毅先生的七律《呈霍松林教授伉俪》：

　　　　鸾凤偕鸣过九州，唐音缭绕碧空浮。

　　　　飞来峡里前年见，澳氹桥头此日游。

　　　　发带秦川川外雪，身随镜海海中鸥。

　　　　大儒至论当聆听，一代宗风据上游。

1月14日《澳门日报》以《陕师大文研所所长霍松林夫妇访澳，今出席唐代文学讲座》为题，发表"本报消息"：

　　陕西师范大学文学研究所所长霍松林教授及其夫人胡主佑教授，由澳门中国语文学会理事长、澳门中华诗词学会监事长胡培周陪同，于前日（12日）自珠海来澳，将进行一连四天的学术交流活动。当晚七时，澳门中华诗词学会顾问林佐瀚假座葡京酒楼为霍松林伉俪洗尘，应邀出席的尚有佟立章、胡培周、冯刚毅、陈颂声、陈炳强、陈永盛等诗人、学者。席间谈诗论词，举杯畅饮，气氛融洽。

　　今日（14日）下午三时半，澳门中国语文学会和澳门中华诗词学会假座筷子基美居大酒楼联合举办唐代文学讲座，邀请霍教授为主讲嘉宾，主讲《唐诗和长安之关系》，欢迎各界有兴趣之人士参加。

同一天的《大众报》以《陕西学者莅澳交流，今午举行文学讲座》为题刊出特讯，内容基本相同。同一天的《华侨报》以《〈唐诗和长安关系〉讲座，霍松林今美居酒楼主讲》为题发表特讯，内容较详。

15 日的《澳门日报》登载了我的《呈澳门诗友》七律：

> 图南万里豁双眸，好友相邀意气投。
>
> 横跨彩虹观镜海，笑迎红日上琼楼。
>
> 人文蔚起诗风盛，经济腾飞商战优。
>
> 愿与群贤挥健笔，金瓯一统颂神州。

17 日的《澳门日报》以《陕西省诗词学会会长霍松林教授伉俪访澳五天，进行学术交流，昨返回内地》为题发表"本报消息"：

> 全国性的中华诗词学会副会长、陕西诗词学会会长、陕西师范大学文学研究所所长霍松林教授及其夫人胡主佑教授，应澳门中国语文学会和澳门中华诗词学会联合邀请，于本月 12 日来澳进行学术交流活动，已经圆满结束，霍松林伉俪亦于昨天 (16 日) 离澳。
>
> 在澳期间，霍松林伉俪获有关方面及友好的热情款待。12 日晚七时，澳门中华诗词学会顾问林佐瀚假座葡京酒楼设宴为他俩洗尘。14 日下午三时，霍教授伉俪出席由澳门中国语文学会和澳门中华诗词学会联合主办的唐代文学讲座，当日出席者相当踊跃。讲座首由澳门中华诗词学会会长梁雪予致欢迎词，跟着由澳门中国语文学会理事长胡培周介绍嘉宾给与会者认识。霍教授在会上赠送其著作及主编书刊给主办单位，分别由澳门中华诗词学会会长梁雪予、澳门中国语文学会监事长林朗接受。霍教授又代表陕西师范大学文学研究所致送兼职教

授聘书给澳门中国语文学会理事长胡培周。仪式结束后，霍教授在会上主讲《唐诗与长安的关系》，内容有论有据，深获与会者欢迎。当日下午六时半，两主办单位并在筷子基美居大酒楼设宴款待霍教授伉俪，出席者尚有两会理事、监事。

15日晨，霍教授在《澳视晨彩》节目中接受访问。下午六时半，梁雪予会长在新海洋大酒楼设宴款待霍教授伉俪，双方谈诗论词，抚今追昔，逸兴遄飞。

霍教授夫妇在澳期间，还游览了澳门新八景和几个公园，观看了马赛、舞蹈，他俩对澳门印象颇佳，觉得不仅风景优美，而且文化活动丰富。在澳期间，又得遇新知旧雨，话旧谈心，感到收获甚丰,心情舒畅。希望今后西安、澳门两地加强学术文化交流，以收互相促进之效。

19日的《澳门日报》又发表了胡培周和谭任杰两先生的赠诗。谭任杰《呈霍松林伉俪用

▼大三巴牌坊

冯刚毅原韵》云：

> 振翮翱翔万里游，为敦兰玉访南州。
>
> 此行料必诗囊满，镜海西安喜结俦。

胡培周《奉和霍松林教授步冯刚毅韵》云：

> 当年请益在兰州，今喜鸾凰到澳游。
>
> 美景卢园宜探胜，斋堂普济好寻幽。
>
> 长虹镜海飞双翼，葡韵龙环集百鸥。
>
> 评说唐诗公最健，文坛主讲会群俦。

胡培周先生是老朋友，他为这首诗的第一句"当年请益在兰州"加了注："1984 年，余赴兰州出席中国唐代文学学会第二届年会，得以当面向霍教授请益。"冯刚毅先生也是老朋友，他在赠我的诗中说："飞来峡里前年见。"1994 年冬，全国中青年诗人在广东清远开会，我应邀作学术发言。会上喜遇刚毅，与众诗友畅游飞来峡，内子偕行，曾合影于飞来寺前。此后应邀为他的诗集《镜海吟》作序，为他参编的《华侨报》撰文，常有书信往来。在澳门，他又邀请我们在他家里品茶、赏兰花。兰花是他自己培育的，名优品种无数，蔚为大观，为平生所仅见。和施议对博士更早有交往，他几次来宾馆看望我们，邀我到他任教的澳门大学去讲学，我因实在挤不出时间，只得谢绝。至于《澳门日报》报道中所说的"致欢迎词"的梁雪予就是著名诗人和书法家梁披云先生。梁先生 1927 年在上海大学学习，深受校长于右任先生器重，师生关系密切。其后梁先生远赴南洋，创办学校，发展教育事业，声誉日隆。抗日军兴，率团回国慰问前线抗日将士，卓有贡献。晚年居澳门，负责侨务工作，创立澳门中华诗词学会。我久闻其名而深以未能见面为憾。这次到澳门，一住进宾馆，便想前往拜访，而足未出户，梁先生竟以九十高龄先来看望。其后又主持讲座，致欢迎词，设盛宴相款。席间以于右任先生为话题，

娓娓而谈，毫无倦容，就像相处多年、亲密无间的老朋友。我想，这大概是由于我们既有"文字因缘"，又有"同门之雅"的缘故吧！我们都是于右任先生的学生，对于先生的深切怀念是一致的，这种关系和情感，便把我们连在一起了。他来宾馆看我，分手后我作了一首以《初抵澳门，欲谒梁披云词丈而先承过访》为题的七律：

神驰镜海仰名家，笔舞龙蛇口吐霞。

新建诗坛鸣盛世，曾挥铁腕救中华。

南游忽枉高轩过，伟论频闻暮鼓挝。

同忆髯翁思化雨，相期老树绚新花。

在宴会上，我把这首诗送给他，他读后说："诗作得很好，只是我担当不起。"一别数年，好几次在中央电视台《新闻联播》中看到他，精神还那么健旺，感到很欣慰。

16日戴宪生驰车来接，胡培周先生随车送到珠海海景宾馆。在深圳工作的门人小杨接到施议对教授的电话，于17日驰车接我们到深圳玩了几天，20日始回西安。

河山永在，友谊长存。每看到胡培周先生为我们拍摄的许多照片，便想起在澳门受到的热情款待，便怀念澳门的亲朋好友和美丽风光。

二

改革开放以来，传统诗词复苏，全国各省都成立诗会，创办诗刊，涌现出不少诗人，大多数都是我的诗友。但就我的感受而言，湖南诗风尤盛，诗人尤多，与我交厚者也多于其他各省。因此，我去湖南的次数和到过的地方也不断增加，南岳、回雁峰、洞庭湖、天心阁、岳阳楼、岳麓山、索溪峪、张家界、夹山寺、桃花源以及岳麓书院、船山书院等处，都留下了我和内子的足迹；而以常德关系最深，交游最广。1984年春，常德成立武陵诗社，我被聘为名誉社长。1987年暑假，常德举办中华诗词武陵讲学会，有全国十九个省市的数百人参加，我与内子应邀主讲。这个讲学会的特点是专家讲演、学员讨论与诗词创作相结合，从而在理论和实践上都取得了可喜的成果。在此基础上，常德的同志编成《诗国沉思》，由中国文联出版公司出版，我写了序言。

中华诗词武陵讲学会结束，主人送我们

夫妇和羊春秋、毕朔望、邵燕祥诸先生游桃花源，主佑作了一首七绝：

> 髫年负笈避秦燔，每见桃花想故园。
>
> 今日还乡访灵境，始知真有武陵源。

我作了两首七绝：

游桃花源（二首）

> 当年野洞忆藏身，洞里终难避暴秦①。
>
> 料得陶公驰想象，亦知无地问迷津。

> 无君无税有田园②，果大鱼肥稻浪翻。
>
> 我是秦人秦已灭，也思移住武陵源。

注：① "四害"为虐之时，予与妻子被放逐，住永寿窑洞数月，仍时时被揪斗。

　　② 陶潜《桃花源》诗："春蚕收长丝，秋熟靡王税。"

索溪峪是著名的风景区，我们游遍各个景点，住了两夜。时值农历六月，却无炎热的感觉，我作了不少诗：

索溪峪夜起

悠悠梦里一声鸡，醒后时闻幽鸟啼。

出户看山山尚睡，朦胧残月照清溪。

索溪峪观奇峰

五岳归来兴愈浓，索溪游罢豁心胸。

初羡南天擎一柱，擎天更有万奇峰。

游十里画廊

溪绕峰围步步殊，画廊十里屡惊呼：

谁将原始天然美，幻作索溪万景图！

游 黄 龙 洞

一洞幽深孰问津，流泉十里弄瑶琴。

此间果有真龙住，久旱何不降甘霖？

赞民兵发现黄龙洞

谁知此地可藏龙，洞口白云万古封。

不去持枪吓黎庶，敢来探险是英雄。

宝峰湖放歌

古往今来人人都说西湖好，欲看西湖只能跋涉万里到杭州。

湘西去杭更辽远，欲餐秀色叹无由。

历史已趋现代化，吾民争赴新潮流。

改天换地非难事，巧夺造化迈前修。

竟将西湖移向青山顶，更移四海奇峰装点湖四周。

我游索溪峪，好景不胜收。

已探黄龙洞，复过白鹭洲。

更欲拾级凌绝顶，宝峰湖上纵吟眸。

游侣相扶将，初如上层楼。

继惊山从人面起，前人脚踩后人头。

汗若急雨，喘似吴牛。

头晕腿酸惧失坠，幽壑岂宜伴老虬？

投书正思效韩愈，忽闻耳畔欢声稠。

放眼一看真奇绝，无数宝峰争与万顷宝湖结好逑。

峰恋湖光各献媚，湖抱峰影似含羞。

湖光明净谁忍唾，峰影倩丽孰与俦！

清风飘拂烟鬟动，碧波摇漾翠黛浮。

自幸几生修得到，携友挈妇弄轻舟。

骄阳落峰后，炎威亦暂休。

松涛送清籁，好鸟鸣啁啾。

旅游胜地如此美，赞颂能不放歌喉！

况闻不独自然风光甲天下，更泻万丈飞瀑发电利遐陬。

无烟有烟皆工厂，欲探宝者请向此间求。

　　关于"常德评诗"及夹山之游，常德的老领导杨杰及夫人叶志芬所写的《大家风范——记霍松林教授在常德的几件小事》一文中有翔实的叙述，节录如下：

　　1991年，常德市党、政领导机关决定以新建的城区钢骨水泥防洪墙为载体，修建"中国常德诗墙"，选古今名人与常德有关的诗词一千余首，由当代书法家书写，刻石成碑，略间以画，镶嵌其上。上修楼阁，外建公园，使之成为市内一富有教育意义的、永久性的大型文化工

程。常德诗界同仁，经过四年努力，从十五万多首诗词中初选出八千多首，须复评、终审，方可刻石上墙。对于古人（民国以前）的诗，一般都有定论，比较好办，我们自己可以组织评委评选；对当代人（含民国）的诗，却限于条件，我们不敢妄自审评，必须具有全国权威性的评委会评审定案。请谁来主持这个重要的评选会议呢？经过几次研究，认为只有在海内外享有盛誉的霍松林教授最为合适。但霍老年事已高，且文事繁重，主持评选，须先细阅送审诗稿，还须长途跋涉，时间、

精力，是否可行？我们又很担心。因此决定先征询霍老本人的意见。1994年11月，陕西南郑举办"陆游国际学术研讨会"，我们估计霍老一定会出席。于是决定由去南郑参加学术研讨会的刘先同志（诗墙修建办诗词组组长、武陵诗社副社长）当面向霍老汇报、征求意见。临行，我托他带给霍老一封便函，表达请霍老来常德主持诗词评审会之诚意，并附告了我的健康状况。果然，霍老去了南郑，且是会议主持人，很忙，直到陆游纪念馆揭幕时，刘先同志才拜见霍老，在简要说明来意和诗墙近况（霍老知道常德在修建诗墙，并赐有墨宝）后，霍老说："凡是常德要我办的事，我都照办。"爽快地、无条件地接受了邀请，还就评委人选、评议方法等提出了意见。随后，又给我复信，说："手书读悉，至快慰。心功能病老年人多有，注意疗养，辅以适当锻炼，自可康复。诗墙乃不朽工程，明年秋天倘开评审会，自当重游常德，共襄盛举也。"霍老这种平易、豁达的气度，我们极为感动，而对诗墙的赞许、支持，更增强了诗墙同仁的信心。随后，霍松林教授接受了常德市人民政府聘请，为"中国常德诗墙"的诗词顾问。

290

1996年6月，霍老和夫人胡老如请来到常德，主持诗墙当代诗人诗词评审会议。诗墙当代人诗词作品来源很广，作者面很宽，有诗人、教授、专家、将军、教师、工人、农民、干部等等，全国许多省、区、市、台湾、香港、澳门以及美国，都有稿件，共二千一百余首，经过初选、复评，得二百二十六首。评审前以不记姓名油印送给了七位终审评委。因此，评委得到的是无作者姓名、身份、生平情况的弥封卷。评委阅卷后以无记名方式投了票。

一位评委因健康原因未能到会，实际只有六票。评审之前，评委议定（一）两票以下未过半数，不算入选；（二）三票以上为入选，予以评议；（三）为了不漏选好诗，无论得票多少，都须再议一次；入选诗不稳妥者应逐句逐字修改。评委们极为负责、认真地开始了评审工作。霍老十分谦虚、十分严谨地主持着会议，而大家对他都很尊敬。有一组题为《挑炭吟》的律诗，因为有的句子不很美，只得两票，未能入选。霍老说："这组诗有真情实感，是写得较好的，个别词句可以调整，请大家再议一议。"评委们经过仔细品味，认为是"劳人思妇"之诗，一致同意入选。决定之后，我们介绍：作者是桃源山区的一位农民，他写的《挑炭吟》是自己多年从高山挑炭入市的实际感受，而不是从旁观察写他人的劳动。听后，大家极其称赞、佩服霍老的眼力。当即将欠妥的四句作了小的调整，成为好诗，决定选两首刻石上墙。有一首赞扬常德沅江大桥建成通车的诗："百尺朱楼响玉箫，武陵无处不藏娇。归来不识桃源路，认取沅江第一桥。"得票较多，大家认为颇有风致，同意入选。霍老提出"藏娇"二字欠妥，易产生歧义，提议改为"妖娆"。评委觉得此议甚好，应当改为"妖娆"，同时将"响玉箫"的"响"改为"弄"字。这样，此诗就更加风雅、鲜明了。还有一首《攻克常德即事》，是1943年12月参加"常德会战"的国军第五十八军军长鲁道源写的，写于常德城被日寇占领后，我军反攻胜利之时。诗云："儿郎对对武陵围，血肉霜风向北吹。城破负隅犹巷战，问他倭虏几时归。"评委羊春秋教授提出：此诗描写当时敌我鏖战情况是好的，只是结句缺乏气势，提议将"几时归"改为"几人归"。

我们简要介绍了作者情况，说明已不在人世，过去报纸发表过。评委听后有些犹豫，觉得改一字气势顿变，确有必要；但又认为作者已经去世，且早已发表，不便改动。霍老说："应当改，因为诗墙要流传久远，不比一般报刊。作者如在，也会赞同的。"大家认为霍老站得高，看得远，说得有理，于是一致同意将"时"字改为"人"字，使得此句大壮中华志气，尽扫日寇威风，而全诗收得十分有力。

…………

霍老重视和支持基层工作也是一般人所难及的。1996年6月，诗墙评诗会结束后，评委们去石门县夹山游览了半天，参观了夹山灵泉禅院及碧岩泉等风光景点，在李自成纪念馆认真听取了有关奉天玉和尚的介绍，详细观看了陈列的出土文物。霍教授感受很深，在座谈时向县里的同志说："我们来到夹山，参观了李自成纪念馆、闯王陵、灵泉寺等处，许多文物，充分证实李自成晚年禅隐夹山，是毫无疑问的。常德的同志、石门的同志，为了研究李自成的归宿，花费了好大的心血，最后取得如此辉煌的成果，我很高兴。我是天水人，但在陕西工作四十多年，也算是李自成的老乡，今天又受到热情的接待，特此表示深深的感谢！"这段讲话不仅充满了感情，而且十分真挚，对尚在争论的李自成归宿问题又那样坦诚地予以肯定，这些，都显示了一位学者不寻常的胆识和魄力。座谈会上霍老即席为闯王陵撰了一联：

揭竿黄土坡，见饥民颠沛流离，称王自应行仁政；

卓锡灵泉院，愤强虏骄横跋扈，礼佛犹谋复汉疆。

回陕西后又写了《游石门夹山寺、观闯王陵、地道及纪念馆》七绝五首，进一步肯定李自成兵败后在夹山寺出家禅隐。其中一首已在诗墙刻石嵌墙，一首将泐石于闯王陵。

以上是节录的杨杰先生的文章。杨杰、刘先等常德诗友对振兴中华诗词不遗余力。继讲学会之后，他们又筹建《常德诗墙》。前人歌咏常德的诗词全部刻石，今人歌咏常德之作则需评选，于是组成了包括羊春秋、刘人寿、赖汉屏、林从龙、丁芒、杨杰、刘先等十多位学者、诗人在内的评委会，而把评委会主任的荣誉送给我。

1996 年初夏，在武陵宾馆开评委会，由我主持。由于评委们都是诗词里手，而羊春秋、林从龙、刘人寿诸先生尤其功力纯熟，才思敏捷，因而边评选边修改，进度甚快而质量极高。往往一句之病，争先指出，一字之改，全场叫好，欢笑之声不绝。我数十年来主持过大大小小的上百次研讨会、评选会和改稿会，这是最愉快的一次。

评诗期间，杨杰、刘先二诗友领我们去看刚竣工的春申楼，高大雄伟，出乎我们的想象。杨杰先生提出：春申楼需要一副楹联，请评委撰写。大家公推我执笔，我即开始构思，回西安后反复修改，并与常德诗友函商，定稿后我自己仍不满意。一年后已刻制悬挂，寄来了照片，录在下面：

常德春申楼联

争雄于战国四佳公子之间，稽古察今，审时度势。词源泻海，解储君久系长绳；辩口悬河，止敌将深侵劲旅。况兼筹策如神，指挥若定。救赵却秦师，越韩吞鲁邑。遂使宗邦气压鲸涛，威扬雁塞。独惜心灯半灭，枉死棘门，食客满堂，徒夸珠履。幸犹存歇浦申滩，怎说完街市繁荣，闾阎富庶。

挺秀乎江南三大名楼以外，雕梁画栋，碍日摩云。商贾凭轩，迎欧陆西来银翼；吟朋倚槛，咏洞庭东去飙轮。恰值振兴伊始，建设方殷。分洪弭水患，办学育楚材。且看沃野稻翻金浪，波卧虹桥。更添工厂千家，腾飞经济，诗墙十里，蔚起人文。纵复有屈骚宋赋，难写尽澧沅壮丽，兰芷风华。

诗墙刻了我的《宝峰湖放歌》长诗和两首短诗，还刻了一首由我书写的清人诗。常德的其他建筑也有我的墨迹。

第 十 六 章

弘扬祖德拓新宇

一

天水素称"羲皇故里"。生为"羲皇故里"人,我一贯强调弘扬伏羲文化。1988年端阳节,我应天水市人大常委会之邀,作《祭天水伏羲庙文》:

(前略)

煌煌华夏,地灵人杰;自强不息,乃创鸿业。

慎终追远,缅怀太古;曰有伏羲,世称人祖。

生于成纪,史有明文;乘时崛起,清渭之滨。

观法于地,观象于天;始画八卦,文字起源。

民处草昧,茹毛饮血;始作网罟,以渔以猎。

历史发展,有此阶段;如草方萌,如夜初旦。

继此而往,代有贤能;耕耘教化,日进文明。

四凶咸殛,日月重光;绳其祖武,民气恢张。

深化改革,坚持开放;奋发图强,前途无量。

顾我西部,开发甚早;先哲遗泽,润及枯槁。

丝绸之路,横跨亚欧;汉唐文化,光耀寰球。

宋元以来,渐趋落后;人谋不臧,地利如旧。

今逢盛世,中华振兴;同奔四化,岂甘后人?

卦台效灵,麦积挺秀;羲皇故里,车马辐辏。

陇右贤达,海外赤子;齐心协力,繁荣桑梓。

人文蔚起,经济腾飞;工歌农舞,水美田肥。

敬告太昊,用表决心;超唐迈汉,共建奇勋。

经过充分筹备，天水市委、市政府于 1992 年 10 月召开了首届伏羲文化研讨会，海峡两岸的六十多位专家欣然赴会，提交了各抒己见的论文，我应邀为《伏羲文化研讨会论文集》作序：

伏羲，是中华民族敬仰的"人文初祖"。天水，则是屡见于古文献记载的"羲皇故里"。随着中华巨龙在改革开放的大潮中张目奋起、昂首腾飞，海内外"龙的传人"满怀豪情，纷纷来到天水寻根祭祖。随着"周易热"遍及五洲，天水的伏羲庙、画卦台，以及与伏羲传说血脉相连的山川名胜、文物古迹，又吸引了无数中外学人，飙轮银翼，络绎而至。这种千载难逢的大好时机，给"羲皇故里"人民提出了一个重大课题：研究伏羲文化、弘扬伏羲文化，责无旁贷，迫在眉睫。天水各界人士有鉴于此，经过充分筹备，于 1992 年 10 月举办了首届伏羲文化研讨会，海峡两岸的六十多位专家欣然应邀，对有关伏羲的各种问题，进行了广泛深入的探讨，取得了丰硕的学术成果。

关于伏羲其人其事，前代学者只就零散的文献资料，从文字、音韵、训诂的角度进行阐释，因而无法展示真相。闻一多先生独出手眼，综合运用神话学、民俗学、社会学、人类学、考古学等多种人文学科的知识与方法，才为伏羲研究开辟了新道路。然而闻先生未能亲到古成纪所在的天水一带进行考察，因而足以证明"伏羲生于成纪"的山川、古迹、民俗和大量民间传说，都未利用。更重要的是，在闻先生撰《伏羲考》的年代，大批的地下文物还未出土，无从取证，所以尽管提出了不少精辟论点，却对伏羲生活地域等重要问题，未能作出令人信服的解答。两相比较，在"羲皇故里"举行的这次研讨

会则有明显的优越性。首先，近些年来，在天水一带发掘了一百多处古文化遗址，特别是距今七千八百年的大地湾原始村落遗址及其大批出土文物，震惊中外，为研究中国古代人类活动和研究中国古代文化的形成，提供了丰富资料。而大地湾遗址，恰在古成纪范围，其附近一带，既见于古文献记载或民间传说，又至今依然存在的女娲祠、"羲皇故里"砖刻、"娲皇故里"牌坊、白蛇碥、葫芦河、伏羲庙、画卦台，以及以伏羲风姓命名的风沟、风茔、风谷、风台等等，都与大地湾遗址及其出土文物有着密切联系。这就为亲临"羲皇故里"的学者们研究伏羲文化提供了无数强有力的物证。其次，亲临"羲皇故里"的学者们研究伏羲，虽然同样运用多种人文学科的知识与方法，然而这些学科本身和闻先生时代相比，已经极大地向前发展了。

从体现研讨成果的几十篇论文看，在"羲皇故里"举行的这次盛会，由于学者们运用先进方法，将有关伏羲的文献记载、神话传说与大地湾遗址、文物，以及附近的山川古迹、风土民俗等等联系起来，互相印证，深入探讨，因而对伏羲文化的研究取得了突破性的进展。其主要表现在于：第一，学者们面对事实，摆脱了伏羲属于南方苗蛮集团的成说，得出了与"伏羲生于成纪"的文献记载相同的结论，一致认为天水是以伏羲为代表的华夏先民长期生活的主要地域。第二，学者们用大地湾遗址、文物，以及附近的山川、古迹等等，论证了伏羲画八卦、结网罟、取火种、制嫁娶、造甲历、创乐器、造书契等许多发明创造的充分可能性，一致认为天水是我国古代文明的重要发祥地。第三，学者们认为：从伏義母的"神婚"到伏羲的"兄妹婚"和伏羲倡导的"媒聘婚",反映了从杂居群婚到对偶婚的变革,标志着从母系氏族社会向父系氏族社会的过渡。伏羲被称为"人文初祖",这是重要原因之一。第四,学者们认为:伏羲最初应是一个氏族及其酋长的名号。这个氏族不断繁衍,便由成纪向陈仓、中原及其他广大地区迁徙,故在全国许多地区都有伏羲的传说和遗迹。苗族传说以伏羲、女娲为其始祖神,只能从正面证明苗族是伏羲的后裔,而不能反过来证明伏羲、女娲生活在南方。第五,有些学者提出:伏羲氏族以蛇为图腾,这个氏族通过兼并、联姻等方式,将以马、牛、狗、鹿、鱼、鸟等为图腾的许多氏族吸收进来,便以蛇图腾为基础而综合其他各种图腾的某些特征,形成了龙图腾。因此,伏羲乃是龙图腾族团的始祖。此外,学者们还提出了不少有价值的见解,限于篇幅,不一一列举了。

这批论文即将结集付梓,奉献于广大读者面前。不难预期:论文中的许多新论点、新结论,必将在海内外学者中引起强烈反响,或认同,或争论,激起伏羲研究的热潮;而论文中提到的大地湾遗址、文物,以及附近一带的山川名胜、文物古迹,必将引发海内外读者的极大兴趣,争先来到天水观光览胜,考察研究。事实证明,"羲皇故里"乃是所有"龙的传人"的故乡,同时也是研究伏羲文化最理想的场所。希望在"羲皇故里"成立中华伏羲文化研究中心,创办伏羲文化研究资料库和《伏羲文化研究》学刊,每隔数年,召开一次国际性的学术会议,把伏羲文化研究从横向、纵向两个方面不断引向深入。当然,伏羲时代离我

▲卦台山伏羲
庙楹联的下联

们已经十分遥远，现代文明，远非伏羲文化所能比拟。然而饮水应当思源，继往始能开来。研究伏羲文化，对于加强民族凝聚力、提高民族自豪感，从而以百倍努力振兴中华，走向世界，都会起到无法估量的积极作用。中华巨龙正在腾飞，作为龙图腾族团故里的天水地区，自应急起直追，以建设高度的物质文明和精神文明而跃居中华腾飞的前列，无愧于"人文初祖"，无愧于万代子孙。

继召开伏羲文化研讨会之后，又成立了中华伏羲文化研究会，聘我为名誉会长。时至今日，伏羲文化已成为天水乃至甘肃的重要文化品牌，天水也成为海内外华夏儿女寻根问祖的重要基地。

早在上世纪80年代，我应邀为卦台山伏羲庙、秦城区伏羲庙太极殿各作一副楹联，早已刻制悬挂，录如下：

天水卦台山伏羲庙联

纳皮兴嫁娶，结网教畋渔，渭河犹奏立基乐；

设象契神明，布爻穷变化，陇坂长留画卦台。

史称伏羲氏"始制嫁娶，以俪皮为礼"，即男家向女家纳两张鹿皮作为聘礼。《易·系辞》谓伏羲"作结绳而为罔（网）罟，以佃以渔"。《孝经纬》："伏羲之乐曰'立基'。"

天水秦城区伏羲庙太极殿联

广殿壮秦城，应力挽颓风，返朴还淳追太极；

全民兴汉业，须弘扬正气，图强致富纪新元。

上世纪90年代，我应邀撰书《卦台山伏羲庙碑记》，早已刻石立碑，录如下：

卦台山伏羲庙碑记

天水三阳川之西北隅，有山突起如龙首，南望凤山，北瞰渭河，相传为伏羲画卦之处，故名卦台。朝阳启明，其台光莹；太阳中天，其台宣朗；夕阳返照，其台腾射，故曰"三阳开泰"。而此台东南之沃野平川，亦以"三阳"命名焉。崇德报功、承前启后，乃吾民族之优良传统，故近代以前，凡有大功德于世者，多立庙奉祀。据此推想，卦台之有伏羲庙，由来远矣。然文献不足，未能详考。就可考者而言，明嘉靖十年，巡按御史方远宜建伏羲庙于卦台，既载《天水县志》卷二，庙内亦存碑石。胡缵宗之《卦台记》及《龙马洞说》诸文，尤足参证。清顺治八年，秦州游击郭镇游卦台，见旧庙圮废，乃捐资重建，壮丽逾前，《直隶秦州新志》卷九纪其事以资表彰。抗战初期，余就学天水中学，尝与同学王无怠、刘尚儒徒步来游。自吴家庄攀沿曲径以至山巅，古木参天，河声盈耳。斯时外患方殷，民苦百役，兹山人迹罕至，满目萧条，而午门、牌楼、钟楼、鼓楼、戏楼、朝房、太昊宫等巍然犹存，仰望"先天下觉""与天地准""则

古称先"诸區，而继往开来之念油然以生，低徊流连者久之。慨夫"文革"祸起，神州大地之文物古迹惨遭破坏，卦台亦未幸免。拨乱反正以来，乡人集资修复，渐具规模。海内外寻根访古者，络绎而至，参卦象之哲理，追现代之科技，绍羲皇之伟业，振华夏之雄风，其意义之深远，岂浅见者所能窥其万一哉！主事者嘱为记，因粗述所知，以备参考云尔。

刘建宽在《想起霍松林》一文中说：

每当登临卦台，欣赏《卦台山伏羲庙记》的碑文时，我都沉思良久，清新的碑文，灵动的书法，浸润着我的心田，使我想起霍松林先生。

那是1999年春节过后，适逢几位老乡，商量给卦台山挂匾的事，他们说："退休了，想为家乡的文化事业尽点力。"还想立块碑，弥补卦台山无文字稽考的缺憾！这碑文不知请谁写合适呢？我给几位老乡建议，陕西师大的霍松林最理想。其实，我根本不认识霍老，但一直仰慕他的学识，只在编报时见过他的诗文或书法而已。张永仓老人说："你就以我们老乡的身份，写封信试试。"我真犯了难，霍老是全国著名的学者，诗文、书法俱佳，现在是市场经济，求文、求字谈何容易。为写好这封信，我连续一天一夜地反复打草稿，挖空心思地表达真诚和

挚爱，也渴望霍老在百忙中成全故乡人的心愿。信写好就抱着试试的心理寄出去了。日后，我也把写信之事置于脑后。没想到，过了月余时间，张永仓收到了西安霍老的挂号信，满一张六尺宣纸上书写着五百多字的碑文，我们都感动不已，整整欣赏、朗读了半天，那年炎热来得早，78岁的霍老在酷暑溽湿中，考证资料，布章构篇，不负众望。

他的华章与墨宝，是按原大刻石，现在立在卦台山上的那通丰碑。

二

改革开放以来，每年清明节都举行公祭黄帝陵的大典，我有幸多次参加。

1987年3月底，陕西省人大常委会委托我撰写祭黄帝陵文，我接受任务，4月初交稿。因此，我应邀参加了4月5日举行的"丁卯清明公祭轩辕黄帝陵典礼"。下面是我写的《祭黄帝陵文》：

维公元一九八七年四月五日，风和日丽，春满神州。……谨以鲜花清醴，致祭于轩辕黄帝之陵曰：

赫赫元祖，继武義农；奋起神州，斩棘披荆。

躬率貔貅，抵御侵凌；诸侯宾服，百姓康宁。

大展鸿猷，乃肇文明；功高万代，泽被后昆。

绵绵瓜瓞，咸秉懿行；建功立业，虎跃龙腾。

光辉历史，越五千春；吸引弥巨，凝聚日增。

子子孙孙，继继绳绳；世居本土，永播清芬。

流寓海外，亦皆寻根；时逢盛世，节届清明。

瞻仰桥山，霞蔚云蒸；心香亿万，恭献黄陵。

缅怀往烈，誓振天声；共兴华复，壮志凌云。

邃密群科，勇攀高峰；开发智力，选贤任能。

四化建设，百废俱兴；四美教育，蔚成新风。

改革奏捷，除旧布新；开放收效，取精用宏。

严密法制，正气愈伸；发扬民主，众志成城。

艰苦创业，克俭克勤；文化昌盛，经济繁荣。

一国两制，五洲共钦；祖国一统，华胄同心。

昆仑毓秀，黄河澄清；美好现实，锦绣前程。

人歌乐土，史著丰功。敬告我祖，以慰威灵。

尚飨！

　　值得一提的是，这篇祭文传诵颇广，1998年夏，西安东盛集团公司的负责人来访，说他们要公祭黄陵，请我结合形势发展，把我1987年的祭文略作修改补充，供他们应用。这是大好事，我当即照办。他们公祭黄陵之后，将祭文刻石立碑于桥山之巅，给我送来了照片。

　　1996年清明节前，中央电视台记者来家，说他们要在公祭黄帝陵的当天向我现场采访，就黄帝其人、黄帝与中华民族、黄帝与中华文化、在桥山祭黄帝陵始于何时、现在祭黄帝陵有何意义等提出问题，请我一一回答，时间不超过十分钟，希望我作好准备，届时接我去黄陵。我感到时间短、问题复杂，不好谈，但还是接受了任务。后来看他们拍成的电视，其结构相当巧妙：把对我的采访分割为几个片段，穿插于各种镜头之间，组织得天衣无缝。据说，向全国和海外播放，反响甚佳。各地亲友也纷纷打来电话，说他们在中央电视台的节目中看到我，侃侃而谈，神采奕奕。1993年6月14日，我在中央电视台第二套《诗书画坛》主讲《色彩传情——论诗的设色》，播放后也颇受好评，但和这次关于黄帝的采访相比，影响就小多了。

1988 年清明节，我在桥山遇见自美归国祭扫黄陵的台湾作家王拓，特作诗为他送行：

> 云天望断费沉吟，南燕常牵万里心。
>
> 一峡何堪分汉土，三生难改是乡音。
>
> 归来喜醉黄柑酒，别去愁弹绿绮琴。
>
> 重挽龙髯留后约，桥山回首柏森森。

2003 年祭陵，也作了诗：

清明恭谒黄帝陵

> 桥山柏翠鼎湖清，共献心香拜祖陵。
>
> 功继三皇开草昧，泽流四海创文明。
>
> 国基丕建千秋固，道统弘扬百利兴。
>
> 华胄龙翔新世纪，图强致富振天声。

2007 年，桥山诗词学会举办国际性诗词大赛，聘任我为诗赛评委会主任，主持了评奖、颁奖。因来稿多，质量高，喜而赋诗：

"桥山杯"诗词大赛征稿，海内外炎黄子孙争寄华章，喜赋

> 桥山柏翠大河清，开放神州万里晴。
>
> 十亿昂头创鸿业，五洲联手谱新声。
>
> 图强致富国威震，倡雅扬骚士气升。
>
> 继武前修迎盛世，复兴华夏播文明。

我还为黄帝陵作了两副对联：

一

> 根在黄陵，五千年古柏参天绿；
>
> 泽流赤县，九万里春潮动地来。

二

> 首奠宏基，肇启文明仰初祖；
>
> 勃兴伟业，频添锦绣壮中华。

香港回归后决定在黄帝陵立碑。我应邀作碑记：

黄帝陵香港回归纪念碑记

夫国强政修则民安，国弱政腐则外侮频仍，不能保其人民与土地，此自然之理也。慨自清中叶以后，政腐国弱，列强乘虚而入，侵占我土地，杀戮我人民，我黄帝子孙历数千年开拓经营之香港地区，遂沦于英国之殖民统治矣，岂不痛哉！溯港英之殖民统治，一切以体现英国之权益为准则，对华人则行宵禁令，征人头税，打击商贸，限制修建住宅，歧视、剥削、压迫无所不用其极。其开埠之各项艰苦劳动，皆由华工承担，夜以继日，风餐露宿，而工资低微，不足以维持生计。乃不得已而奋起反抗，罢工、罢市，虽屡遭残酷镇压而斗志益坚，其渴望回归祖国之赤忱亦与日俱增、无时或已也。神州解放，新中国巍然崛起于世界东方，如旭日丽天，光耀寰球。港人始得扬眉吐气，依仗强大祖国之支援，发挥地理条件之优势，奋其智能，大展宏图。改革开放，巨龙腾飞，祖国以雄厚之实力与优惠之政策扶持港人，港人乃益自振励，百业齐昌，遂使弹丸之地一跃而为国际金融、航运之中心，以"东方明珠"蜚声宇内矣。抚今忆昔，香港百数十年之历史，实为港人惨遭殖民统治之血泪史，亦为港人反剥削压迫之斗争史与奋发图强之创业史；而为此辉煌之创业史增光添彩者，实为祖国之大力支持与改革开放之经济政策。珠还禹甸，固我金瓯，此乃所有黄帝子孙之志愿，鸦片战争以来无数爱国志士为之抛头颅、洒热血以求实现者也。惜乎积贫积弱，壮志难酬。迨自新中国创立，改天换地，日月重光，经四十余年之宏伟建设，经济腾飞，人文蔚起，民气高扬，国

威远播，乃以中华五千年文化孕育之智慧，发为和平统一之嘉谟："一国两制"，"港人治港"。九州欢忭，万邦悦服。遂不动一兵一卒而收复失地，港人始得回归伟大祖国之温暖怀抱矣。溯中华之传统，有大事则立碑，有喜事必告祖。洗雪国耻，还我河山，中华民族之大事、喜事孰有逾于此者乎？值此普天同庆之时，港人欢欣鼓舞，谨立丰碑于桥山之巅，以此大事、喜事告慰我人文初祖轩辕黄帝之灵而献以诗曰：

清廷窳弱，列强侵凌；瓜分豆剖，万民吞声。

神州解放，国威远扬；"一国两制"，乃创辉煌。

九七珠还，百年耻雪；九龙起舞，香江奏乐。

澳门踵至，台岛盼归；山河一统，日月增辉。

历史教训，刻骨沦肌：落后挨打，软弱受欺。

齐心协力，同奔四化；致富图强，前程远大。

慰我初祖，裕后光前；中华鼎盛，亿万斯年。

2011年初春，我被聘为《黄帝功德大典》顾问和黄帝文化研究院名誉院长。

三

炎帝神农氏，与黄帝轩辕氏并称"炎黄"，世界华人都自称"炎黄子孙"。《国语·晋语》云："昔少典娶于有蟜氏，生黄帝、炎帝。黄帝以姬水成，炎帝以姜水成。"姜水，在宝鸡市南；姬水，在今岐山下。宝鸡市区东北有北岭遗址，属新石器早期；岐山县双庵村有双庵遗址，属新石器晚期。宝鸡市拟建炎帝陵时，派专人请我写对联。当时关于炎帝陵究在何处，颇有争论。我认为，从《国语·晋语》的记载和北岭遗址、双庵遗址的发掘看，宝鸡可以建炎帝陵，于是应邀写了一副长联，不久即刻制悬挂：

炎 帝 陵 联

岐山毓秀，姜水钟灵，遍五洲炎黄裔胄，龙腾虎跃，致富图强，咸知此是寻根处；

北岭迎阳，双庵破晓，逾百代华夏文明，霞蔚云蒸，飘香吐艳，共喜今逢结果时。

▼炎帝陵联上联

帝喾，黄帝之曾孙，五帝之一。

1998年元月，合阳派人来要我写"帝喾陵"三个大字，于清明前刻石立碑，并邀我参加清明节的祭扫活动。清明前一天派车来接，我与主佑同去。第二天，参加了"戊寅清明合阳祭扫帝喾陵"的盛大典礼，我应邀讲了话。

合阳有深厚的传统文化积淀，改革开放以来，经济发展也比较快。每一村庄的所有男女老幼，都身穿彩服，编为老汉队、老婆队、学生队、青年队，或舞龙灯，或舞狮子，或踩高跷，或抬花轿，或划彩船，或舞红绸，应和着锣鼓的节拍，从四面八方的田间小路上向观礼台前拥来，依次表演精彩的节目。如果向全省全国现场直播，广大观众必会对合阳民间文艺活动的丰富多彩赞赏不已。

游风景如画的洽川镇时，大家挥毫赋诗，我写了四句：

洽川胜境久闻名，百劫犹存帝喾陵。

祖德弘扬拓新宇，中华文化播寰瀛。

▶帝喾陵前观赏村民表演

▲1998年清明合阳祭帝喾陵后摄，前排右侧紧靠"帝"字的是作者

第 十 七 章

创建学会　弘扬杜诗

1994年10月31日至11月3日，在杜甫故里河南巩义市召开了中国杜甫研究会成立大会暨第一次学术研讨会，学者云集，盛况空前。来自全国各地的代表们选出首届理事会，我被选为会长，廖仲安、邓绍基、张忠纲、林从龙被选为副会长，林从龙兼秘书长，聘请河南省顾问委员会副主任韩劲草为顾问。由我主持会议，致开幕词：

各位领导、各位代表、各位朋友：

中国杜甫研究会在杜甫故里河南省巩义市成立，并召开首届学术研讨会，谨表示热烈的祝贺。

杜甫于唐玄宗先天元年（712）生于河南巩县，是诞育于中原大地的伟大诗人。他成长于"奉儒守官"的家庭，"读书破万卷"，从优秀的传统文化中吸取精神营养，树立了治国泽民的宏图大愿，渴望"致

▼与老伴及女儿有辉留影

君尧舜上，再使风俗淳"。当他在长安考试、求官一再碰壁之后，逐渐认识到了朝政的黑暗。而自己饥寒交迫甚至饿死孩子的困苦生活，又使他从思想感情上逐渐靠近人民。安史之乱以后，他"陷贼"，逃难，辗转陇右，漂泊西南，深入社会生活，与广大人民群众一同受难。其兼济苍生、治国平天下的夙愿与苦难现实相碰撞，发为忧国忧民的浩歌。对中华优秀文化传统的继承，对《诗经》《楚辞》以来丰厚的诗歌遗产的广泛吸取，对国家危亡的无限忧虑，对人民苦难的深厚同情，使得杜甫的诗歌创作开辟了前所未有的广阔天地，达到了前所未有的高峰。正因为这样，杜甫赢得了"诗圣""情圣"的崇高称号。就承前说，如中唐诗人元稹所称赞："上薄风骚，下赅沈宋，言夺苏李，气吞曹刘，掩颜谢之孤高，杂徐庾之流丽，尽得古今之体势，而兼人人之所独专。"就启后说，从中唐直到当代，凡有成就的诗人都在不同程度上从杜甫的诗歌创作中得到教益。杜甫的影响还不限于国内。就全世界范围说，杜甫也是举世公认的伟大诗人。1962年，在杜甫诞生一千二百五十周年之际，世界和平理事会在斯德哥尔摩会上将杜甫列为世界文化名人，并决定在世界各国的首都举行纪念活动。

杜甫关心国计民生，对社会现实有深刻了解，其创作题材非常广阔。杜甫兼擅各种诗歌体裁，善于运用不同体裁的优势反映相适应的题材。从现存的一千四百多首诗歌看，题材广阔，体裁多样。每一种体裁，不论是五古、七古、乐府、歌行、五律、七律、五绝、七绝，乃至长篇排律，都有不少脍炙人口的杰作。在杜甫手里，每一种原有诗体都在表现新题材的过程中得到新的发展，

新的开拓。例如，他的《自京赴奉先县咏怀五百字》，是用传统的五言古诗的体裁写成的。五言古诗，是汉魏六朝以来盛行的早已成熟的诗体，在杜甫之前，已经产生了无数佳作。仅就"咏怀"之作而言，如阮籍的《咏怀》、左思的《咏史》、庾信的《咏怀》、陈子昂的《感遇》、张九龄的《感遇》之类的组诗都各有特色，万口传诵，"转益多师"的杜甫当然从汉魏六朝以来五言古诗的创作经验中吸取了营养。但把《自京赴奉先县咏怀五百字》和所有前人的五言古诗相比较，就立刻发现在体制的宏伟、章法的奇变、反映现实的广阔深刻和艺术力量的惊心动魄等许多方面，都开辟了新天地，把五言古诗的创作提高到新的水平。对于其他各体（特别是七律）的完善和拓展，亦复如此。

杜甫的诗，内容和形式是多种多样的，很难一概而论。但其万丈光芒，都迸发于爱国爱民的火一样的热情。"民为邦本，本固邦宁"，一个真正的爱国者自然真诚地爱民。杜甫"穷年忧黎元，叹息肠内热"，不仅同情人民饥苦，而且往往把人民的苦难置于自己的苦难之上。当他从长安赶到奉先县看望家小的时候，"入门闻号啕，幼子饿已卒"，邻居们都为之呜咽，他当然很痛苦。然而又"默念失业徒，因思远戍卒"，想到那些比他处境更惨的"平人"，便"忧端齐终南，澒洞不可掇"。当他从梓州回到成都草堂的时候，自己的生活略有好转，而他却想到穷人无以为生，写出了"敢为故林主，黎庶犹未康"的诗句。大家都熟悉他那首传诵不衰的《茅屋为秋风所破歌》，自己屋上的茅草为狂风卷走，"床头屋漏无干处，雨脚如麻未断绝"，结尾却说："安得广厦千万间，大庇天下寒士俱欢颜，风雨不动安如山。呜呼！何时眼前突兀见此屋，吾庐独破受冻死亦足！"正因为热爱人民，所以对一切危害人民的社会现象都不能容忍。他把一切残民以自肥的贪官污吏斥为"蟊贼"，尖锐地提出："必若救疮痍，先应去蟊贼。"①对于剥削、压迫人民的虐政，他揭露不遗余力，写出了"庶官务割剥"②，"索钱多门户"③，"一物官尽取"④，"朱门酒肉臭，路有冻死骨"⑤，"高马达官厌酒肉，此辈杼柚茅茨空"⑥，"乱世诛求急，黎民糠籺窄"⑦，"况闻处处鬻男女，割慈忍爱还租庸"⑧，"征伐诛求寡妇哭"⑨，"哀哀寡妇诛求尽，恸哭秋原何处村"⑩等无数惊心动魄的诗，而渴望"谁能叩君门，下令减征赋"，主张"众僚宜洁白，万役但平均"，"君臣节俭足，朝野欢呼同"。

杜甫爱国爱民，决定了他对战争的态度。杜甫诗集中以战争为题材的诗占很大比重。天宝年间，唐王朝穷兵黩武，多次向吐蕃、南诏用兵，给人民造成沉重负担，杜甫因而警告统治者："君已富土境，开边一何多！""苟能制侵陵，岂在多杀伤！"在《兵车行》里，更对开边战争给人民带来的种种苦难作了集中而生动的反映。对安史之乱引起的内战，则既从爱民的角度写出了"积尸草木腥，流血川原丹"的惨象和统治者的昏庸、残暴，又从爱国的角度渴望平定叛乱，维护国家的统一。组诗《三吏》《三别》及《春望》《闻官军收河南河北》等名篇，是这方面的代表作。他不仅写诗，还渴望以实际行动平息叛乱。他不怕千难万险，从沦陷于叛军之手的长安奔赴唐肃宗的"行在"凤翔。"麻鞋见天子，衣袖露两肘"，企图为光复祖国效力。他时常为战乱未息而忧心如焚，"不

眠忧战伐，无力正乾坤"，"向来忧国泪，寂寞洒衣巾"，"时危思报主，衰谢不能休"，"天地日流血，朝廷谁请缨！济时敢爱死，寂寞壮心惊"，乃至愿"剖心血"以饲养作为"王者瑞"的凤雏，"再光中兴业，一洗苍生忧"，其爱国爱民的丹忱，感人肺腑。

杜甫爱国爱民、忧国忧民的激情不仅被国家大事所激发，而且被自然风光和日常生活所唤起，如《春望》的"国破山河在，城春草木深。感时花溅泪，恨别鸟惊心。……"《登楼》的"花近高楼伤客心，万方多难此登临。……北极朝廷终不改，西山寇盗莫相侵……"等等，其例举不胜举。毫不夸张地说，杜甫为祖国、为人民忧虑了一生，歌唱了一生。直到临终留给后人的最后一首诗，还为"战血流依旧，军声动至今"，自己却无力挽回危局而叹息不已。

杜甫是不朽的，杜甫的诗是不朽的。一部杜诗，可作为我们振兴中华诗词的借鉴，又可作为我们进行爱国主义教育的教材。

研究杜诗，已有悠久历史。到了宋代，已出现"千家注杜"的盛况，南宋刘辰翁曾整理、评点出《千家注杜诗全集》(成都杜甫草堂藏有明万历九年重刊本)。到了金代，元好问首倡"杜诗学"，明人李东阳简称"杜学"。明清以来，注释、评论杜诗的著作更多。解放以来，关于杜甫的研究可分为三个阶段：

一、全国解放至"文革"前夕

50年代初，专家们试图以马克思主义观点研究杜甫，出版了《杜甫传》(冯至)、《杜甫研究》(萧涤非)、《杜甫诗论》(傅庚生)及苏仲翔、冯至和黄肃秋等的几种杜诗选注本,发表了一批论文,如刘大杰的《杜甫道路》等等。由于自 50 年代中期开展了所谓对资产阶级学术思想的批判,因而总的说来,50 年代关于杜甫研究的论著不多。60 年代初,由于贯彻八字方针,杜甫研究的状况略有好转。到了 1962 年,杜甫被世界和平理事会列为世界文化名人,决定在各国首都举行纪念活动,因而在全国掀起了杜甫研究的高潮。仅 1962 年这一年,全国各报刊发表的有关杜甫的各类文章,达三百多篇,涉及杜甫及其诗歌的许多方面,不乏学术水平较高的论文。特别是这年4 月 12 日在北京举行的纪念杜甫诞生一千二百五十周年的大会上,冯至所作的题为《纪念伟大诗人杜甫》的主题报告,对杜甫及其诗歌作了精当的评价。郭沫若在开幕词中也赞扬杜甫“接近了人民”,认为“朱门酒肉臭,路有冻死骨”是“响彻千古的名句”,并说“李白和杜甫是像亲兄弟一样的好朋友,他们在中国文学史上的地位,就跟天上的双子星座一样,永远并列着发出不灭的光辉”。这和他 1953 年为成都杜甫草堂撰书的楹联“世上疮痍,诗中圣哲;民间疾苦,笔底波澜”的精神是一致的。

“文革”期间,文化界一片沉寂,关于杜甫的评论却多少有点儿例外:一是 1972 年出版了郭沫若的《李白与杜甫》,以“扬李抑杜”为宗,“以阶级斗争为纲”,与前面提到的著者在 50 年代初和 60 年代初的论点形成强烈的对照。一家独鸣,无人敢提异议。二是 1975 年“四人帮”大搞“评法批儒”,其御用文人把杜甫定为“法家诗人”,抛出了署名梁效的《杜甫的再评论》,因而

引出了一批文章，或说杜甫是法家，或说杜甫是儒家，都谈不上什么学术价值。

三、1977 年至今

粉碎"四人帮"之后的前几年，多数文章批驳了"文革"中对杜甫其人其诗的种种歪曲；又由于毛泽东《给陈毅同志谈诗的一封信》发表，不少专家从形象思维的角度探讨杜诗的艺术成就。这几年，可算杜甫研究"拨乱反正"时期。紧接着，便随改革开放的春风，杜甫研究蓬勃开展。从 1982 年以后，关于每年杜甫研究的概况，在我主编的《唐代文学研究年鉴》中的《杜甫研究》专栏里，都有比较详细的综述，可供参考。概括地说，从 1977 年至今，是"杜诗学"的复兴和繁荣时期，百家争鸣，百花齐放，盛况空前。其主要特点是：

（一）研究领域不断扩大。对杜甫的生地、生活、游踪、交游、逝地、墓地等作了考证、考察和研究；对杜诗的承前启后、思想深度、艺术成就以及杜甫的"诗圣"地位作了深入探讨；对杜甫的各体诗包括七绝、五律、七律、排律以及写不同题材的诗，如咏物诗、咏史诗、山水风景诗等作了分别论述；对杜甫的许多名篇，有今译，有鉴赏；对杜诗中的某些词语和有关的名物、制度等作了考辨；对杜甫的两川诗、夔州诗、湖湘诗分别召开会议，进行研讨。

（二）研究方法不断更新。除以杜注杜、以史证诗、诗史互证、实地考察以外，还注意到了港、台及国外研究信息，将摄影录像、现代统计概率手段及模糊论、比较研究等方法引入杜诗研究领域。

总而言之，改革开放以来的十几年，杜甫研究取得了很大成绩，论著数量极大，质量较高，研究资料日益丰富，研究领域和研究方法不断拓新，研究队伍也不断壮大，形势喜人，前景光辉灿烂。

现在，在杜甫的出生地成立中国杜甫研究会，这是杜甫研究历程的新的里程碑。我们学会的优越条件是许多学会不能比拟的。因此，我认为我们学会可以开展许多工作：

（一）成立杜甫研究基金会。

（二）广泛搜集古今中外关于杜甫诗文的各种版本、注本、译本和各种研究专著、论文，以及有关杜甫的诗词、散文、书画、文物等等，建立杜甫研究资料中心。

（三）前人注杜、研杜的著作较有价值而尚未重版者，应依次整理出版，以广流传。国内和国外研究杜甫的论文数量极大，散见各处，应尽量搜集，汇编出版，并在汇编的基础上出版论文选集。

（四）开展有关杜甫的诗书画创作，精选前人和今人有关杜甫的诗书画佳作，建立杜甫碑林。

（五）出版雅俗共赏的高水平的杜甫传记、杜诗选注、杜诗鉴赏、杜诗今译等等，并运用影视手段，开展普及工作，提高广大群众的文学素养、审美能力和爱国爱民的精神境界。

（六）各有侧重地举办各种杜甫研讨会，如长安诗研讨会、秦州诗研讨会等，继续拓展杜甫研究领域和研究方法，多层次、多角度、全方位地研究杜甫其人其诗，把杜甫研究从广度、深度上推向更高水平。

（七）创办刊物，发表杜甫研究文章和有关的诗书画作品。

最后，祝愿各位领导、各位代表身体健康、精神愉快！

预祝中国杜甫研究会兴旺发展，在研究杜甫、弘扬中华文化、振兴中华、振兴中华诗词方面作出日益突出的贡献！

谢谢大家！

（原载《杜甫研究论集》第一辑，河南人民出版社 1996 年出版）

注：①《送韦讽》。②《送韦讽》。③《遭遇》。④《枯棕》。⑤《自京赴奉先县咏怀五百字》。⑥《岁晏行》。⑦《驱竖子摘苍耳》。⑧《岁晏行》。⑨《虎牙行》。⑩《白帝》。

会议期间，我还作了两首贺诗：

中国杜甫研究会成立大会在巩义市举行，赋呈与会诸公

莽荡黄河广溉田，巍峨嵩岳上擎天。

山川浩气钟诗圣，禹稷仁风启后贤。

目悸诛求朝忍泪，心惊烽火夜难眠。

长歌短咏腾光焰，爱国华章万代传。

劫灰扫尽育春芽，开放潮翻五色霞。

经济腾飞鹏展翼，人文蔚起锦添花。

倡廉反腐风宜正，致富图强路岂赊？

济济群贤兴杜学，宁无高咏壮中华！

杜甫于唐肃宗乾元二年（759）七月放弃华州司功参军之职，携眷西行。大约半个月以后来到秦州（今天水市），住了三个多月，作诗八十七首。同年十月初离开秦州，中旬到达同谷（今成县），作诗三十首。秦州、同谷，都属于陇右道，所以秦州诗加同谷诗，合称陇右诗。旧时代的秦州读书人，幼年都读过杜甫的秦州诗。我幼年对杜甫秦州诗中的《秦州杂诗二十首》，还读得很熟，父亲高声吟诵"秦州城北寺，……""山头南郭寺，……"的声调，至今还能模仿。我上中央大学中文系一年级的时候，朱东润老师给我们班讲《史记》和基本国文。我拿着我的诗词抄本

请他看，他看了几句便吟诵起来了，吟了几首后高兴地说："你作诗是学杜甫的！学杜甫的人多，但不一定都能学好；你能学好，因为你感情厚。"朱老师提倡传记文学，正准备写《杜甫大传》《陆游大传》，因而已对杜甫、陆游作过深入的研究。他知道我是秦州人以后，曾和我谈过杜甫的秦州诗。一两年以后，我在南京中央大学上二、三年级，撰写了关于杜甫的七篇论文，陆续在《中央日报·泱泱》上发表，其中的第一篇便是《杜甫在秦州》。朱东润老师写《杜甫大传》的设想因形势变化而缩小规模，写了一部《杜甫叙论》。在人民文学出版社 1981 年出版的《杜甫叙论》中，朱老师说："乾元二年是一座大关，在这以前，杜甫的诗还没超过唐代其他的诗人，在这年以后，唐代的诗人便很少有超过杜甫的了。"冯至先生在人民文学出版社 1952 年出版的《杜甫传》里说："在杜甫的一生，759 年是他最艰苦的一年，可是他这一年的创作，尤其是'三吏'、'三别'以及陇右的一部分诗，却达到了最高的成就。"两位专家的看法是一致的。乾元二年（759），杜甫的诗歌创作达到了前所未有的高峰，"三吏""三别"和一部分陇右诗，则是高峰期的代表作。

鉴于杜甫陇右诗的艺术特色，也由于我想促进家乡学者对杜甫陇右诗的深入研究，决定在天水市召开第二次杜诗研究会。天水师院党委书记杜松奇同志在《殷殷深情系桑梓——记霍松林先生二三事》中是这样说的："1996 年，霍先生利用自己担任中国杜甫研究会会长的社会身份和地位，特意将'第二届国际杜诗研讨会'定在家乡天水召开。并代天水筹集了六万元经费。"当时的六万元可不是一个小数目，那是我转求学会的顾问韩劲草同志筹措的。天水配合杜诗研讨会，创建了杜甫诗书画院，筹建诗圣碑林，做了不少工作。

中国杜甫研究会第二次学术研讨会于 1996 年 9 月 9 日至 14 日在天水市举行，主要讨论杜甫的陇右诗。与会代表集中地讨论了杜甫陇右诗的思想内容、艺术成就和这些诗在全部杜诗中的地位。代表们认为：陇右时期是杜甫诗歌创作的转型期，沉郁顿挫的诗风逐渐形成；陇右诗既忧国忧民，又善于描写当地的风土人情和自然景物；陇右时期，杜甫结束了长安时期的新题乐府创作而转向律诗的开拓和提高，仅在秦州时期，就创作了六十多首五律和排律，其中的大型组诗《秦州杂诗二十首》是唐代五律的精华。代表们还对杜甫的陇右诗从心理学、审美观、隶事用典等方面进行探讨，对杜甫陇右之行的游踪进行了考察与考证。毫不夸张地说，这是一次盛会，专家毕至，胜友如云，各抒己见，畅所欲言。著名学者如首都师大教授廖仲安、北师大教授邓魁英、山东大学教授张忠纲、兰州大学教授林家英、福建社科院研究员蔡厚示、厦门大学教授黄拔荆、香港著名诗人叶玉超、澳门大学教授施议对等，都作了精彩发言。

会议期间展出了《二妙轩碑帖》和我写的长篇序言，代表们赞叹不已。清初著名诗人宋琬任陇右道佥事时，不仅为秦州百姓办了许多好事，还捐俸集王羲之等名家法书摹刻杜甫秦州诗，诗妙、字妙，后人称为《二妙轩碑》。沧桑屡变，碑石尽毁，今人已不知天水曾有此碑。数十年前，我于友人家见过拓本，为了配合这次会议，我向天水有关方面提供线索，终于找到了这个拓本并制成长卷，称《二妙轩碑帖》。现在又将拓本放大刻石，建成诗圣碑林，我另写短篇序言，刻石嵌于亭壁，为天水增添了人文景观。

天水的秋天十分明丽，开会期间，正是清秋季节，蓝天白云，艳阳红叶。而当前往参观麦积山石窟艺术之时，忽然细雨迷蒙，使代表们欣赏了"秦州八景"之一"麦积烟雨"的奇景。

　　1996 年 9 月 11 日，我陪同代表们游览天水市容之后参观伏羲庙，天水电视台跟随录像。参观毕，记者就前院的唐槐向我采访，我说：天水城区有很多古槐、古柏，古柏中最有名的，就是杜甫用"老树空庭得"一句歌咏的那株"南山古柏"，为"秦州八景"之一。至于古槐，许多大街小巷都有，一般都在民宅大门旁边，数人合抱的老干参天挺立，青枝嫩叶，洋溢着无穷无尽的生命力。我在天水上初中时，罗家伦、高一涵、张大千诸先生因参观麦积山石窟来到天水，都对大街小巷的古槐十分赞赏，提出要像对待珍贵的历史文物那样加倍保护。他们认为，天水是一座历史悠久的古城，那些有古槐存留的街巷，至少在唐代或唐代以前，就已经是现在这种样子了。伏羲庙内的唐槐，也说明

了伏羲庙的历史多么悠久。代表们接着说："天水真不愧是羲皇故里！""天水真不愧是历史文化名城！"

1999 年 10 月，中国杜甫研究会在湖北襄樊市召开了第三次年会。关于这次年会的中心议题和讨论情况，在我主编的《杜甫研究论集·前言》中

▲在伏羲庙唐槐前回答
电视台记者的提问

有比较详细的叙述：

　　襄樊之会的中心议题是对本世纪及建国五十年来的杜甫研究作总结，对当前存在的问题进行讨论，对 21 世纪的杜甫研究进行展望。会议上还分别对杜甫的先祖和祖籍、杜甫与诸葛亮、杜甫的出生地、杜甫的思想、杜甫的诗歌艺术、杜诗的文化诠解、"诗圣"之称号、李杜的接受史，及杜诗学等重要问题进行了研讨。

襄阳是杜甫的祖籍。杜氏原居京兆（今西安市）杜陵，自杜甫的九世祖杜逊"随元帝南迁，居襄阳"。到了杜甫的曾祖杜依艺时才迁居巩县。因此，杜甫对襄阳怀有很深的感情。晚年在蜀，当他听说官军已将河北、河南收复的消息，就急想返回家乡，所计划的路线就是"即从巴峡穿巫陕，便下襄阳向洛阳"。曾在襄阳隆中高卧的诸葛亮，是杜甫心目中的理想人物，杜甫对诸葛亮情有独钟，在他的诗中与诸葛亮有关的不下几十首。对诸葛亮的反复吟咏，正是他代表时代发出的呼唤。这些诗已成为民族精神的一种象征。

代表们对杜甫的思想以新的认识加以解读，认为杜甫对众生的生存权和被尊重权的执着呼唤，不仅在当时具有现实意义，而且在中华民族的发展史上具有长远意义。杜诗中除了包括广阔社会内容、鲜明时代色彩和强烈政治倾向的"诗史"作品外，还有描写儿女之情、手足之情和朋友之谊的作品。他深情地关切亲人、热爱亲人，将作品根植于人类普遍而永恒的情感土壤中，表现出浓郁的人情美。有人对杜甫的《秋兴八首》作了全新解读，认为《秋兴》是诗体的赋，又是赋体的诗，是自叙一生志业的述志诗，是杜甫的"《离骚》"。

杜诗的艺术继往开来，风格多样，地负海涵，愈探索愈有新的发现。杜甫除了学习《诗经》之外，还有继承屈原浪漫主义传统和忠君爱国思想的一面。屈骚的比兴手法、结构章法、神话和非现实方面的描写，都对杜诗发生过影响，形成了杜诗波谲云诡富有浪漫情调的一面。杜诗的富有浪漫情调的一面，对后代的浪漫主义诗人李贺等人发生过相当重要的影响。杜诗在浪漫主义诗

歌史上的重大作用，过去很少有人提及，值得大家进一步深入研究。有的代表从审美思潮的角度研究杜诗的审美特征，指出杜诗中有"俗"的艺术特征，杜诗善于化俗为雅，以俗衬雅，使雅俗相反相成，形成完美的统一。

代表们还谈了从民族文化交流、诗人比较研究及学术史的角度研究杜诗的意见和心得体会。代表们就"世纪之交的杜甫研究"和"杜甫诗歌的文化诠解"等专题作了大会发言，认为现代人的核心观念与杜甫的人道主义精神基本上是相通的，杜甫的精神的存在，是维持中华民族道德精神的基本精神食粮。今日研究杜甫，对于弘扬中国的传统文化以及东方文化的复兴，起着重要作用。会议上还就古典文学研究中的历史性和现实性如何结合的问题，杜甫研究今后的研究趋向和发展问题，展开了讨论。

20世纪即将过去，杜甫研究在本世纪尤其是新中国成立五十年来取得了辉煌的成绩。与会代表全面地回顾和总结了新中国成立五十年来的杜甫研究。有的代表指出，在这五十年里，老中青三代研究者对于杜甫其人其诗的研究，不仅创获甚多，成果甚众，而且方法多样，特色独具。仅就成果而言，所推出的专著就有一百三十余种，论文则在二千七百篇以上。这一前无古人的数量之存在，表明本时期的杜甫研究已进入一个光辉灿烂的繁荣时期。

展望21世纪，我们满怀信心，一个以新思想、新观念、新的现代化科研手段综合研究杜甫的新时代即将到来。未来的杜甫研究的道路，一定更加宽阔，成绩一定更加光辉灿烂！

▲济南历下亭

  2000年10月，中国杜甫研究会第四次年会在山东济南市舜耕山庄举行。在这次年会上，我辞去会长职务，公推山东大学张忠纲教授接任，我口占两绝句祝贺：

  诗教衰微哲士忧，少陵学会创中州。
  几番研讨发精蕴，万古江河浩荡流。

  又见群贤四海来，山庄明丽讲筵开。
  济南自古多名士，倡雅宁无济世才？

  会议期间，学会诸公为我设宴祝八十寿，作七律致谢：

  四凶留命沐晨曦，钓渭年华力未疲。
  路远徒嗟增马齿，山高犹愿奋牛蹄。
  欲师杜甫吟三吏，敢效梁鸿赋五噫？
  珍重群公祝嵩寿，青灯不负五更鸡。

  十年前游泉城，泉水皆已枯竭，深为惋

惜；此次游泉城，喜见绿化奏效，口占两绝：

"户户垂杨"渐不青，"家家泉水"已无声。

图强致富前途好，绿化山川第一程。

喜见还林耸翠屏，历山飞雨润泉城。

绿杨掩映红楼起，万顷湖波漾大明。

会后东道主陪我游览了历下亭、大明湖、趵突泉和曲阜，都作了诗：

历 下 亭

"历下此亭古，济南名士多。"

少陵佳句在，吾辈亦高歌。

趵突泉瞻李清照遗像

趵突清泉蘸绿杨，易安遗像浴秋光。

依稀北宋承平日，采菊归来满袖香。

国亡家破费沉吟，婉约新词百代珍。
"九万里风鹏正举"，更留豪句压苏辛。

礼教森严更乱离，词宗漱玉美雄奇。
女权高涨"强人"众，会见吟坛舞大旗。

大明湖谒稼轩祠

突围缚叛渡长江，欲统王师复旧疆。
怒斥投降呼战斗，雄词万古放光芒。

游 曲 阜

苍松郁郁柏森森，洙泗泱泱教泽深。
曲阜重来兴百感，兴观群怨起诗魂。

　　我自幼年至老年，一直读杜诗、学杜诗；当了好几年杜甫研究会会长，召开了四次杜诗研讨会，总算为弘扬杜甫精神做了一些工作。早在童年，父亲就以杜诗"会当凌绝顶，一览众山小"勉励我志存高远。后来多次登泰山，都想到这两句诗。杜甫的这首诗题为《望岳》，所以结尾用"会当"，而不说"已经"。其实，杜甫不只"望"，而是由远"望"而近"望"，最后真的"凌绝顶"。他在晚年所作的《又上后园山脚》中补写道："昔我游山东，忆戏东岳阳。穷秋立日观，矫首望八荒。……"说明他曾爬上泰山山顶的日观峰。

　　在济南舜耕山庄举行的杜甫研讨会闭幕以后，学会诸公邀我登泰山，我欣然应邀。当我踏着杜甫的足迹爬上日观峰顶之时，最强烈的思想活动是：就登泰山说，杜甫已经爬上日观峰顶；就诗歌创作说，杜甫终于爬上日观峰顶。那么，我和中国杜甫研究

会、中华诗词学会的众多诗友作为杜甫的继承人，在中华诗词创作方面是否达到了杜甫已经达到的高峰呢？而且，诗歌创作也是与时俱进的，我们追求的正是"在继承的基础上创新"，那么，我们即使已经达到了杜甫所达到的高峰，是否还能跨越这种高峰，又如何才能跨越这种高峰呢？我作了四句诗：

登　泰　山

岱宗突起斗牛间，继武拾遗上极巅。

诗史高峰谁跨越？写真求变拓新天。

第十八章

为振兴中华诗词效力

1987年的端阳节，海内外近五百位诗人词家云集北京，成立了中华诗词学会，这是中华诗史上的空前盛举，与会者无不欢欣鼓舞。我个人，作为这个学会的发起人和筹备委员之一，更狂欢不可名状，接连写了两首贺诗，七律的尾联是：

盛会燕京划时代，中华诗教焕新光。

五古的结尾是：

诗国起雄风，大纛已高揭。

祝贺献俚曲，纪程树丰碣。

从二十多年来诗词创作日益繁荣的走向看，中华诗词学会的成立确有划时代、里程碑的历史意义。

在成立中华诗词学会的选举中，我荣幸地被选为副会长，与学会的其他领导人一起，参加了各项工作，力求为振兴中华诗词贡献绵力。第八届中华诗词研讨会在银川召开，出版了由秦中吟主编的《中华当代边塞诗词精选》，我写了长篇

▼昆明会议期间登龙门

前言。第九届研讨会在重庆召开，我在闭幕式上作了总结发言。

全国第十届中华诗词研讨会由云南省老干部诗词协会和昆明市老干部诗词协会承办，于 1997 年 10 月 17 日至 21 日在昆明召开，我受委托任组委会主任，在开幕式上作了《开创吟坛新局面》的主题发言，发言稿刊于《中华诗词》1997 年第 6 期，收入岭南诗社编印的《当代诗词论文选集》等。会上的重要发言和代表们提交的论文，由承办单位选编出版，我任编委会主任。

《开创吟坛新局面》发言稿长达一万六千字，就"关于继承""关于创新""关于开展诗词评论"等五个方面依次论述。选录"关于创新"的论述如下：

二、关于创新

学习前人的作品如果肯下工夫，那么要学得很像，并非十分困难，但要大幅度地突破前人，创作出有时代特点的好诗，却困难百倍。也就是说，继承是为了更好地创新，而要能真正地创新，则需要从多方面解决问题。

（一）深入生活问题　江泽民同志指出："有中国特色社会主义的文化，……渊源于中华民族五千年文明史，又植根于有中国特色社会主义的实践，具有鲜明的时代特点。"当代诗词，作为"有中国特色社会主义的文化"的重要组成部分，也必须"植根于有中国特色社会主义的实践"，才能创新，才能"具有鲜明的时代特点"。社会生活无限广阔，诗人们不论从哪个角度、哪个层面接触生活，有所感受，有所理解，都比闭门造车要好得多。但是，用十五大精神来衡量，当代诗人的深入生活，应该有更高要求，那就是深入到亿万人民建设有中国特色社会主义事业的伟大实践中去，与建设者同呼吸，了解其建设业绩，体察其思想感情和精神风貌，感受强烈，

激情洋溢，才能创作出生动而真切地表现其建设业绩和
精神风貌的好诗。

投身于火热生活的建设者，当然不存在深入生活的
问题。我们应该想办法把中华诗词普及到建设者中去，
从亿万建设者中涌现出无数优秀诗人。但对于我们诗词
队伍中的许多人来说，则确实很需要深入生活，而深入
生活又有这样那样的实际困难。在这次研讨会上，是否
可就如何深入生活的问题发表意见？甘肃的引大工程曾
多次邀请全国著名诗人到现场采风，湖南诗词团体则组
织诗人到工厂去采风，诗刊社不久前组织诗人采风团到
河南济源小浪底深入生活，进行创作，都是可行的好办法。
除此之外，还有什么办法，想到的都可以提。

（二）题材问题　题材来自社会生活。社会生活多种
多样，诗人们的社会实践多种多样，人民群众的艺术爱
好也多种多样，因而诗歌的题材也必然而且应该多种多
样。题材多样是文艺繁荣的标志之一，题材单一则不利
于文艺创作。迎接香港回归的时候，有许多写历史题材
的诗词不是也很有艺术质量吗？但题材多样不等于题材
无差别，当代诗人在深入当代生活的同时多写多种多样
的新题材，特别是新的重大题材，就更有利于创新，更
有利于开创吟坛新局面。

（三）思想感情问题　诗是人作的，诗人是创作主体。
题材虽重要，但决定创作成败的主要因素，还是诗人的
主观条件，包括生活体验、文化素养、道德品质、思想
感情、精神境界、创作功力、艺术才华等等。这里只谈
思想感情。这几年，不少关心中华诗词振兴的诗友都指出，
当前诗词创作中的不少作品思想感情陈旧，这是事实。

中华诗词要创新，要弘扬主旋律，必须认真解决这个问题。

小平同志提出的"二为"方向，指文艺为人民服务，为社会主义服务。而按照文艺的特殊规律，它的服务不是直接的，而是间接的。具体地说，人是改造现实、推进历史发展的动力，有中国特色社会主义需要人来建设，而思想性和艺术性统一的优秀作品能够使读者通过审美体验而潜移默化，起到德育、智育、美育作用，从而提高人的素质。也就是说，当代诗词是通过教育人来为人民服务，为社会主义服务的。作品的思想感情陈旧，又怎能培育社会主义新人？

江泽民同志在十五大报告中提出："有中国特色社会主义的文化，是凝聚和激励全国各族人民的重要力量，是综合国力的重要标志。"对文化的作用作如此崇高的评估，对我们是极大的鼓舞。当代诗词弘扬主旋律，就应在"凝聚和激励全国各族人民"方面发挥作用。

江泽民同志在论述"有中国特色社会主义的文化建设"时，反复强调了对于干部和群众的教育问题，下面引用几段：

"我国现代化建设的进程，在很大程度上取决于国民素质的提高和人才资源的开发。

"建设有中国特色社会主义，必须着力提高全民族的思想道德素质和科学文化素质，为经济发展和社会全面进步提供强大的精神动力和智力支持，培育适应社会主义现代化要求的一代又一代有理想、有道德、有文化、有纪律的公民。

"要始终不渝地用邓小平理论教育干部和群众。深入持久地开展以为人民服务为核心、集体主义为原则的

社会主义道德教育，加强民主法制教育和纪律教育，引导人们树立正确的世界观、人生观、价值观。大力弘扬爱国主义、集体主义、社会主义和艰苦创业精神。要提倡共产主义思想道德，同时，把先进性要求和广泛性要求结合起来，鼓励一切有利于国家统一、民族团结、经济发展、社会进步的思想道德，发扬社会主义的人道精神。"

这一系列论述，对于当代诗词如何弘扬主旋律，如何提高作品的思想性，无疑有极大的指导意义。当然，诗歌有其特殊的艺术规律，思想性和艺术性完美统一，才能有强烈的艺术感染力以发挥智育、德育、美育作用，对培育社会主义新人有所贡献。

（四）语言问题　诗歌是语言艺术，中华诗词要创新，语言是个大问题。不少诗友针对当代诗词中某些语言陈旧、古奥的倾向，提倡用现代语言、通俗语言。这当然是正确的。但在具体实践上却有许多困难，需要深入研讨，不断探索。关于这个问题，我在全国第九届中华诗词研讨会的闭幕式上结合毛泽东在《反对党八股》中关于学习语言的论述谈过一些意见，这里不再重复。只把我感到的一些困难提出来向诗友们请教。从《诗经》时代到鸦片战争以前，汉语的词汇基本上是单音节和双音节的，所以构成五字句、七字句很方便。现代汉语中的新词汇，一般都是好多个音节，只有作歌行体诗，才能任意驱遣，作曲也可勉强运用，至于作五、七言律、绝或词，就无法照搬。这就有个锤炼语言的问题。事实上，唐宋诗人虽然不存在多音节词难于入诗的问题，但他们也为了炼意而炼字、炼句，甚至千锤百炼。外国诗人也一样，马雅可夫斯基就说过他"常常从几亿吨的语言矿藏中提炼几个词"。从汉语词汇多音节化以来,杰出诗人怎样写五、七言律、绝,是值得借鉴的。举例说:1927年前后,湖南农民在马克思主义的影响和中国共产党的领导下,开展了轰轰烈烈的武装革命,毛泽东在《七律·到韶山》中只用一句诗来表现,马克思主义、中国共产党、农民运动、武装革命,以及打土豪、分田地、推翻封建势力等现成的词都没有用,而是炼字炼句,锤炼出这么一句:"红旗卷起农奴戟。"形象鲜明,蕴涵丰富。还有,如果都得用现代词,那就不该用"戟"而要换成"枪""炮"之类。但懂诗的人都会看出,这个"戟"字用得好。

语言要新,这是我们的努力方向。但这个"新",要在创造新意境的前提下提炼语言,才能解决。晚清的"诗界革命"是值得赞扬的,但也出现过不创造新意境、只点缀几个新名词便以为写出了新诗的倾向,当时就受到批评。

除了多音节词难于入诗的困难以外,当然还有其他困难,较突出的是新意象太少。提炼得很精彩的一个词,往往就是一个意象。汉语经过历代杰出诗人的提炼,形成了许多意象系列,因而作诗比较容易。范仲淹写陕北的《渔家傲》是边塞词中的名篇,其中的"千嶂里,长烟落日孤城闭",真是写荒凉景象如在目前。但"长烟""落日""孤城",这都是前人积累的荒凉意象系列中原有的,作者只是把它们筛选出来,经过恰当的搭配,再添上一个"闭"字就行了。"闭"字当然也炼得好。我们要表

现的，是前人没有见过、没有写过的新时代、新社会、新事业、新人物。像前面提到的"红旗"之类的新意象，实在太少。解决的办法，主要是通过大家努力提炼新语言，不断积累新意象。同时，根据表现新内容的需要，从前人积累的意象系列中精心筛选而赋予新意。"春风""杨柳""神州""尧舜"，都是古已有之的。而毛泽东的"春风杨柳万千条，六亿神州尽舜尧"，却仍然很新颖，和全篇结合起来看，就更新颖。因为个别的词，个别的意象，只是全篇所创造的意境的组成部分。意境新，完成新意境的个别词虽然古已有之，也就有了新意。

当代诗词应该普及到群众中去。因而语言应该晓畅易懂，为群众所理解。但是，在语言晓畅易懂的前提下，也应该提倡语言风格的多样化。语言风格是艺术风格的重要组成部分。杰出的作家、诗人，其语言既有全民性，也有突出的个性。李白的语言风格不同于杜甫的语言风格，鲁迅的语言风格不同于茅盾的语言风格，这是显而易见的。如果写了上千首诗，但还没有形成个人风格，那恐怕还算不得好诗人。等到中华诗坛出现为数众多的各有独特风格的杰出诗人，甚至出现争奇斗丽的多种流派，那时候，中华诗词也就真的振兴了。

（五）用今韵问题　直到现在，仍有不少诗友坚持诗用平水韵、词用《词林正韵》；但主张用今韵的则越来越多。我们应该提倡用今韵，但不强求一律。传统韵与今韵并存一个时期，然后自然而然地趋于统一，都用今韵，这是符合发展规律的。现在的问题是，还没有一部今韵韵书大量印行，供大家使用。中华诗词学会曾委托我编一本，我进行了一个时期，后来又放弃了。解放前出过一部《中华新韵》，那是音韵专家搞的，很不错。1965年，中华书局上海编辑所编印的《诗韵新编》，基本上依照《中华新韵》。我用今韵作诗，便根据《诗韵新编》。广州已经搞到资金，准备编一部像《佩文韵府》那样规模宏大的今韵书，各个字下列许多词汇，希望能早日问世。

（六）突破格律及另创新体问题 诗的体裁应该多样化。中华诗歌体裁繁多，在发展过程中众体纷呈，百花齐放。就诗说，古体中的五古、七古、歌行、乐府等等，并无严格的格律限制，是相对自由的；绝句分古体、拗体、律体三种，古体可押平韵，可押仄韵，无固定的平仄要求，很自由，拗体也相对自由。唐人的五绝名篇，多半是古体，其次是拗体。唐人七绝名篇，则多半是律体，拗体、古体也有，但不多。因此，根据不同题材选用五古、七古、歌行及绝句中的古体进行创作，便可自由驰骋，写出题材、语言、思想感情俱新的新诗。在几次全国性的诗词大赛中，越来越

▲参加全国第十五届中华诗词研讨会时摄于儋州东坡书院东坡像前

显示出各种古体，特别是歌行体的优势，便能说明很多问题。严格意义上的格律诗，不包括以上各体，而是近体诗和词；曲可用衬字，比较有弹性，但也属于格律诗。近体诗包括五、七言律诗（中间扩大，便是排律）和绝句中的律体、拗体，词有小令、中调、长调，共有上千个词牌，有的词牌还有好几体。就体式而言，真可谓丰富多彩。近体诗和词这些严格意义上的格律诗，唐宋以来产生过无数精品，至今还有强大的艺术生命力，毛泽东诗词便是有力的证明。我们坚持百花齐放的方针，已经熟练地驾驭诗词格律的诗友，仍可以作严格意义上的格律诗，突破与否，完全自愿。如果要放宽一点，那么用今韵，允许"失粘"，为了不以词害意，可以有"拗句"，"拗"了"救"一下更好，不"救"也无妨。律诗、绝句中本来就有"拗体"，杜甫晚年七律中的拗体尤著名。古人可以"拗"，今人更可以"拗"，关键是要写出好诗。问题是：一面呼吁突破格律，一面又指责某些好诗不合格律。《金榜集》第二名是一首失粘的七绝，我在点评中说"这是阳关体（即拗体），唐人多有"，但仍颇受非议。

至于改造格律，另创新体，当然也应该大胆探索，勇于实践。在这方面，还可借鉴外国诗歌。比如，在中日文化交流活动中，由赵朴初先生首倡，参照日本俳句五、七、五句式，创作了汉俳，为中华诗词增添了一种新体。还应该借鉴"五四"以来的新诗。新诗中的歌谣体和格律体，都在新诗民族化、群众化方面作出了努力，积累了经验。

关于如何创建新体诗，毛泽东提出过设想和意见。他说："将来的趋势，很可能从民歌中吸引养料和形式，发展为一套吸引广大读者的新体诗歌。"又说："中国诗的出路，第一条民歌，第二条古典，在这个基础上产生出新诗来。"又说：新体诗要"精炼、大体整齐、押韵"。

这对于新诗和传统诗词如何创建新诗体，都有参考价值。

中华诗词学会每年举办一届全国诗词研讨会，我遵照会长的安排，或致开幕词，或致闭幕词。开幕词相当于主题发言，闭幕词则是对该届会议的总结。我曾为1998年8月在新疆石河子举行的全国第十一届中华诗词研讨会致开幕词（载《中华诗词十五年年鉴》），为在武汉召开的全国第十二届中华诗词研讨会致闭幕词（原载《中华诗词学会通讯》1999年总第34期，收入《中华诗词十五年年鉴》），为在深圳南山区西丽湖举行的全国第十三届中华诗词研讨会致闭幕词（载《中华诗词十五年年鉴》），为在合肥举行的全国第十四届中华诗词研讨会致闭幕词（载《中华诗词》2001年第4期），为在海南岛儋州市举行的全国第十五届中华诗词研讨会致闭幕词（载《中华诗词学会通讯》2002年总第41期）。此外，也为中华诗词学会主持的陆游国际学术研讨会致开幕词（载1993年10月30日《汉中文化报》）。

诗词创作日益繁荣，首先由于改革开放的春风吹拂，但学会所做的许多工作，诸如创办《中华诗词》期刊、举办历届诗词大赛和中华诗词研讨会等，也起了不应低估的推动作用。

我们举办诗词大赛有明确的目的：（一）把中华诗词普及到群众中去，扩大创作队伍，提高创作水平，引起全社会对中华诗词的普遍重视；（二）通过评选，体现正确的导向，有助于中华诗词创作的日益繁荣和健康发展。一句话，为了振兴中华诗词。每次诗赛的获奖作品都结集出版，都有我写的长篇序言。诗友王春霖的《奉怀松林教授》七律在"中华诗赛尊三序"后有这样的"注"："中华诗词学会主办的历次诗赛，霍老皆任评委会主任，

341

第十八章　为振兴中华诗词效力

▲儋州东坡书院载酒亭

并为获奖诗集写序，尤以《金榜集》《回归颂》《世纪颂》三序最脍炙人口。"现录《金榜集·序》如下：

源远流长，光芒四射，近数十年却陷入低谷的中华诗史，由于1992年诗词大赛所取得的辉煌成果而顿现振兴之势，揭开了崭新的一页。

这次大赛，是由中华诗词学会与新华社、中央电视台、经济日报、光明日报、中国青年报、陕西南郑县、广东清远市等二十多个单位联合举办的。6月29日，在人民大会堂举行开赛式，同时于各大报刊登出征稿启事，提出：

大赛的宗旨是弘扬中华文化，繁荣诗词创作，培养人才，选拔佳作；要求以表现时代风采、河山胜概、爱国精神为主，凡内容健康、符合格律、声情俱美之作，均可参赛，诗词曲不限；不收参赛费，大赛组委、评委及中华诗词学会常务理事概不参赛。由于宗旨正大，要求明确，作风廉洁，又值改革开放的大潮流光溢彩，经济腾飞，形势喜人，因而消息传出，五洲响应，举凡中华文化辐射之处，无不卷起诗潮词浪。在短短两个月内，两万多封函件，十万多篇作品，从四面八方纷至沓来。参赛者遍及国内三十一个省、市、自治区，台、港、澳地区，以及美、日、德、意、新加坡、马来西亚等十六个国家，年龄最小的十三岁，最大的九十七岁，包括教师、学生、干部、工人、农民、将士、科技专家、个体户、企业家、海外华侨、国际友人。国内外许多名家，先后发来贺电、贺信。九五高龄的周谷城会长题词："温柔敦厚，古之诗教。举行竞赛，奖励深造。"九三高龄的陈立夫先生两次为大赛赠诗，并说要以中华诗词"促进海峡两岸的统一"。很多海外华侨、华人纷纷投稿参赛，有的热情称赞"中华诗词是联结华夏民族的心桥"，"是不死的神蛇"，"是正在腾飞的巨龙"，"将与华夏河山同其永久"。其反响之强烈，爱国热情之高昂，令人感奋不已。

评选分初评、终评两步。初评在北京进行，由在京评委和临时聘请的专家通力合作，历时一月，筛选出两千多件出线作品，交大赛办公室密封、编号。

终评工作，于10月下旬在广东省清远市进行，来自全国各地的十七位评委参加。先开全体评委会议，经过

充分讨论，统一认识，明确评选标准，然后分四个小组评选，渴望选出无愧于伟大时代的佳作。

第一阶段的任务是：每组评阅五百余件诗卷，每位评委打分，选出积分较高的前五十多件作为入等作品，四组共选出二百多件。

第二阶段，由四个组的评委轮流评审二百多件作品，每位评委每阅完一件作品，都在所附签名单上签名，而把分数打在另一张入等作品编号表上。每位评委独立打分，避免彼此参看，互相影响。最后统计总分，排列次序。

对于按总分排入第一、二等的十三篇作品，又在全体评委会上逐篇讨论，前后对比，调整了少数作品的名次。比如，《出塞行》与《八声甘州》，前者总分略高。大家认为，既是"诗词大赛"，一等三篇中有一篇词比较好，而这篇《八声甘州》从序和词看，真切地表现了爱国华侨渴望中华振兴的拳拳赤子之心，有普遍意义和积极影响，故定为一等，而定《出塞行》为二等之首。对这十三篇作品的讨论异常细致，比如，《挽彭德怀元帅》，或提出二、三句失粘，或以"阳关体"辩解，最后达成共识：这种拗体七绝唐代名家多有，不独王维《送元二使安西》为然，不应以不合律苛求。然对"晚节月同孤"，则公认欠妥。但又认为，此诗主题重大，起句概括性强，三、四句尤深警，故仍按总分排次列入一等。对于所有入选作品，评委们都反复推敲，一丝不苟，提出过不少修改意见。但我们的原则是不改一字，按原作评选。

我国素有诗国之誉，举办诗赛，古已有之。收入《四库全书》的《月泉吟社诗》为我们留下古代诗赛的完备资料。此书首载征稿启事，包括书写要求，交稿时地，

诗题解释，评诗原则等等；次列
六十人之诗，每首前有评语；次
为摘句、赏格、送赏信及诸人复信。
这次诗赛由南宋遗民、月泉吟社
社长吴渭主持，以《春日田园杂
兴》为题，限五七言律体，共收
到二千七百三十五份诗卷。聘请
方凤、谢翱、吴思齐诸名家评选，
张榜公布名次。每人首列化名，
其下注明所属诗社、籍贯及姓名
字号，如"第一名罗公福"，下
注"杭清吟社三山连文凤伯正号
应山"。看来诗卷是密封的，化
名相当于我们的编号。王渔洋《池
北偶谈》认为入选诗"清新尖刻，
别是一家"，而次第不当，故又

重新排列，如把第一名降为二十一名、把第十三名升为第二名之类，变动极大。诗评家指出王氏所排名次也并不确当。把数十首、百余首在艺术上都达到完美境界的诗要一一区分高下、列出次第而得到公认，其难度之大，凡是懂诗的人都能理解。吴渭主持的诗赛，参赛者同作一题，同用律体，衡量标尺较易掌握，尚且如此。我们的诗赛题目自选，诗词曲各体不限，尽管诗卷密封，评委们秉持公心，反复衡量，而所列名次未必能得到所有作者、读者的认同，也是意料之中的事。较有把握的是：名次或前或后，一任当代和后代的王渔洋们调整，但选出的确是参赛诗中的佳作，虽然某些篇章不无尚可推敲之处，但从总体看，确有不少突出的优点和特点。

阅读这一百数十首入选作品，首先感受到的是改革开放的大潮扑面而来，经济繁荣，全民奋进，新事物层出不穷，给人以巨大的鼓舞力量。

1992年初春，邓小平南巡讲话有如时雨沛降，使改革开放的大潮平添万丈波澜。神州大地，勃发无限生机，处处欣欣向荣。这在入选的四首作品中得到了生动的反映。李儒美在赞颂"当代经纶仰北斗，中兴事业寄南巡"之后，讴歌了随之出现的大好形势，"九州生气山河动，十亿宏图日月新"。何泽翰既强调南巡讲话"一言兴邦""发聩振聋"的巨大作用，又概括其"事非师古唯求是，法贵随时岂有常"的精神实质，尤有深远意义。侨居美国的李伏波老先生闻讯喜赋七律，以"南巡忽报落狂飙，十八滩头又一篙"发端，以"欲卷诗书归去也，神州今日涌春涛"结尾，心潮澎湃，热情喷涌，表达了爱国华侨的共同感受。王巨农的五律，则借"观北海九龙壁"

抒写之。前两联概括了中华巨龙"久蛰""思高举"，"鳞爪"曾"露"而"终乏水云"的漫长历史，为第三联蓄势。第三联以"天鼓挝南国，春旗荡邓林"写南巡讲话，奇峰突起，气象万千。尾联以"者番堪破壁，昂首上千寻"展望巨龙腾飞的壮丽前景，兴会淋漓。全诗举重若轻，浑化无迹，取冠多士，当无异议。

更多的诗词反映了向现代化迈进的过程中涌现的新人、新事、新观念、新气象。史鹏的《参观塘沽万吨巨轮集装箱码头感赋》，首联因见"钢箱垒若墙"而讴歌"物阜年丰"，继赞集装箱之美，写铁塔舒臂、船船货满、巨轮列队远航，而以"红旗招展去，辉耀太平洋"收束，展现了中华民族走向世界的雄姿。陈永恒的《蝶恋花》写架线工"踏上青峦"，则"脚底朝阳吐"；"杆立山头"，则"恰似擎天柱"；"转动银盘"，则"银线"飞起，"穿云"远去。结尾由神采转向心态："暮入山村回首顾，群星闪烁荧屏舞。"往日穷困荒凉的"山村"，夜幕降临，一片漆黑。如今，则家家收看电视，处处电灯辉煌。这一"顾"中出现的神奇画面，怎能不使架线工豪情满怀？吴鼎文《鹧鸪天》所写的是一位"村姑"，但已看不出她有什么"村"气。从她的梳妆打扮，不难想见今日的农村已日趋城市化。更妙的是通过她"偎女伴，语缠绵"，将读者的视野从农村引向特区："伊人"来信，说他，"已把'嘉陵'换'本田'"，原因是"公司"又"分红利"。则公司之兴旺发达、特区之日新月异，都见于言外。魏福平的《计算机》"风骚独领真尤物，软硬兼施的可儿，漫道机心生器械，敢将电脑共思维"，属对工巧。谢堂的《八声甘州·赋电子计算机》"献尽囊中智，为我攻

关""不用眉头频皱，但灵机一动，便上尖端"，构思新奇。这种全新的"咏物"诗词，标志着电子计算机在我国科技、文教、国防、工农业生产等许多领域已得到日益广泛的应用，发挥着日益巨大的作用。

其他如杨孔皆的《鸡司令》、黄席群的《兰州绿化赞歌》、陶俊新的《锁阳台·新制玉潭春茶》、高述曾的《沁园春·亚运会颂》、孙临清的《阜新大清沟水库即事》、汪民全的《望海潮·北海深水港遐思》、陈仁德的《八声甘州·一九九一年抗洪》、陈剑恪的《蜡染时装表演》、谢孝宠的《水调歌头·观九二中国常州时装名模表演》、吕树坤的《南乡子·赴延边夜宿朝鲜族农家》、陈绛型的《江城子·金秋农村见闻》、吴占图的《清平乐·同步卫星》、邓志龙的《踏莎行·今日湖乡》、杨叔成的《上海南浦大桥观光》、姜宝林的《农科乐园漫笔》、陈卓华的《沁园春·津市港风光》、楚风的《乡村》、孙仲琦的《踏莎行·参观深圳》、佚名的《喜澳星发射成功》等等，都从不同角度表现了时代风采，令人耳目一新。

写景之作也新意盎然。熊东遨写洞庭湖广"纳细流"，"水云奔涌"，而以"尤喜国门开禁例，五洋通达任行舟"收尾。刘梦芙咏庐山五老峰，历写景随时变，如今则"幽岩绿润瑶池雨，芳林烂漫琪花吐，丽景迎来四海宾，风里飘飘羽衣舞"。顾兆勋的《水调歌头·登金陵饭店旋宫》，则通过"远眺""下视""微转"，展现了南京新貌。读这一类作品，可从描绘的景物中感受到改革开放的春风。

溯历史、忆伤痕、刺时弊的作品也引人注目。陈耀祥的《虎门怀林则徐》缅怀林则徐"禁毒""攘夷"的伟烈，以"追思往事情难已，似听当年激战声"结尾，发人深省。王翼奇的《杭州马坡巷龚自珍故居》，则对支持林则徐禁烟，并在诗界、思想界开一代风气的龚自珍的悲凉身世寄予同情，引人深思。金英生的《马江海战一百周年》，追写福建海军中的部分官兵在清廷引狼入室，让法国舰队进入马尾军港击沉中国战舰的情况下进行的一次反侵略战斗。"横眉轻寇敌，喋血壮山河。舰冒兼天焰，雷掀万顷波"，写得有声有色。梁自然的《翠亨行》在描绘了孙中山先生故里风光之后，抒发了继往开来的壮志："拓荒怀往哲，踵武赖群英。慷慨奔前路，

长歌续远征。"入选诗词中的好几首溯历史、怀往哲之作，都能给人同样的思想启迪和精神鼓舞。

苏仲湘的《华夏行》，从"猿人坐啸燕山月"直写到"三中全会举明灯""改革开放春潮涌"，可算华夏历史画卷的缩影。中间突出地写了列强侵略、神州再造、十年浩劫。张榕的七绝以《游颐和园》命题，却未单纯流连风景，而由湖光山色引发"遐思"，发出诘问："未知黄海沉师日，可是颐园祝寿时？"清廷腐败，列强蚕食鲸吞，给中华民族造成的苦难，使每一位有血气的炎黄子孙难以忘怀。正因为这样，许多参赛者选取与改变这种命运有关的重大题材而加以提炼，吟成各有特色的佳作。童家贤的《贺新郎·南湖船》、吴军的《八声甘州·碾庄战地怀陈总》、吴方的《光辉历程》、杨启宇的《挽彭德怀元帅》等都是这方面的例子。至于从"反右"以来，特别是"文革"中造成的"伤痕"，则是改变民族命运过程中付出的一种特殊代价。好了伤疤忘了痛，无助于吸取教训。何况入选的这一类作品，都是以讴歌拨乱反正、改革开放的热忱抚摸伤痕的，周毓峰的《出塞行》、熊鉴的《玉楼春·平反》、张毓昆的《感事》、邵庆春的《南吕一枝花·祭田汉》、雷德荣的《悼念红学家吴世昌先生》，无一例外。至于意境、风格，则各显个性。熊鉴的词以高度凝练、意在言外见长。邵庆春的套曲酣畅、泼辣，不失元人散曲本色。《出塞行》则继承叙事诗传统，通过男女主人公的悲欢离合，反映了四十余年的历史变迁。情节曲折，人物栩栩欲活，作者所写的也许是真人真事，却有高度典型性，同时代的许多知识分子都可从中看到自己的投影。男主人公在治沙造林、忽成"右派"、"发配极边"、"几番濒死"之际,"尚有丹忱一片存","等把沙滩变绿洲";在又遭浩劫,林毁妻亡之后,犹"无怨""无悔",一遇云收雾散,"政策英明",立刻"奋起牛棚","力挽前功追岁月"。在这种崇高的精神境界里,不也闪耀着同时代知识分子优秀品质的光芒吗?

敢于直面现实,形诸吟咏,体现鲜明的倾向性,这是我国古代诗歌的优良传统。《诗大序》把这种倾向性概括为"美"(赞美)和"刺"(讥刺)。入选作品中的大多数属于"美"的范畴,"刺"时弊之作极少,却更值得重视。周心培的《朝天子·迎检查》以"检查、视察,官儿小,架势大"开头,然后写四处张罗,竭力款待,供"官儿"大吃大喝,才可能得到好评,弄块"花牌"。这样一"刺",对大刹吃喝风也许有些好处。华钦进的《官家"便饭"》所写的是同类题材,但内容不同。一是档次更高:论吃,则"桌上菜名巧,吃遍海陆空";论喝,则"可乐冲啤酒,汾酒对参茸";吃喝之后,还有鲜果、名烟,女郎伴舞。二是前者只请"官儿",后者"主人沾客福,一客九主东","吃完记笔账,反正吃阿公"。真把"累禁吃喝风"而"下级装耳聋"的原因揭露无遗。周绍麟的《感时》"建功何必到边庭,弦管强如军号声。一曲恋歌钱十万,英雄谁敢比歌星",蕴涵深广,耐人寻味。

祖国统一富强,乃是所有炎黄子孙的共同心愿。出于海峡两岸参赛者之手的许多诗词,如李庆苏的《临江仙·赠群姐》、王玉祥的《赠台湾友人》、钟佑杰的《念奴娇·中秋简留台故旧》、钱植莲的《次台北张白翎韵》、秦贯如的《欢迎延普表弟自台归来》、俞菲的《沁园春·海

峡两岸黔人书画联展》等都表达了这种心愿。李庆苏词中的"千里归来寻旧雨，向阳街里人家。一庭柑橘正扬花。端详揩泪眼，执手忆年华"；王玉祥诗中的"春深怕读登楼赋，阿里山高不见家"；钟佑杰词中的"海峡两岸波轻，乡思难遣，竟把归舟发。骨肉从无难解怨，况是情浓于血"都写得真情流露，感人心脾。

入选作品还写到其他多种题材，不乏隽句佳章，限于篇幅，不一一列举了。

归结起来，有如下几点值得强调：

（一）这次大赛具有十分广泛的群众性，参赛者遍及各地，多在基层，抚时感事，情动于中而形于言，故题材百花齐放，而以当代题材为主，有一些还涉及重大题材，因而能够生动地表现新时期的社会风貌。当然，改革开放进程中的重大题材多种多样，倘有更多的作品作更充分的反映，便能在更深更广的程度上体现时代精神。

（二）参赛者以振兴中华的高度使命感写诗，因而不论是咏史、怀古、写景、咏物，甚至感慨身世，其情感、观念都是新的，充溢着时代感。大量反映社会生活的作品，更从建设两个文明的高度着眼，"美"其所当"美"，"刺"其所当"刺"，足以感发人心，移风易俗。略显不足的是，刺讥时弊之作少了些，涉及面也不够广。

（三）参赛者根据题材、主题的特点，选用适于表现的体裁。诗则五七言古风、五七言律绝，词则小令、中调、长调，曲则小令、套数，众体咸备。正因为动用了千百年来形成的各种诗歌体裁，故能得心应手地表现大千世界的千姿百态。比如《迎检查》，如果用律、绝或词来表现，就很难收到泼辣嘲讽的效果；而用散曲《朝天子》，则恰到好处。《祭田汉》也同样发挥了套曲的特长。入选作品中只有几篇散曲，都相当精彩。散曲允许多加衬字，要求本色当行，适于大量运用口语，弹性较大，表现力很强，应提倡多作。

（四）入选的诗词曲大都在继承传统的基础上力求创新。题材新、主题新、感情新、语言新。部分作品，构思、属对、谋篇，乃至表现手法，也很新颖，这在"点评"中将扼要评析。显而易见的特点是：不用僻典，不用生僻词语，不以艰深文浅易。风格多样，而清新畅达，雅俗共赏，则是共同点。有些篇章，还达到了含蓄、雄浑、超妙的境界。"次韵"律、绝，在互相酬唱的场合也得写，有时还能写出好诗。但入选的《长寿歌》乃长篇歌行，却"用白居易《长恨歌》原韵"，并不是我们要提倡的。这篇长歌中有些句子套用原句，如"荔枝如面柳如眉，国破如何不泪垂"之类，自然是迁就韵脚所致。不过从整篇看，毕竟是写今事、抒今情，而且大体流畅，显示了作者的功力，故积分较高，名次较前。总之，入选的诗词曲既用传统体裁，符合格律，又都是今人写的今诗、今词、今曲，而不是假古董。

这次大赛是群众性活动，老一辈诗人，知名度较高的诗人，都热情祝贺，大力协助，而参赛者不多。为了比较全面地展示当代诗词创作的实力，特邀名家赐稿，编在入选作品之后。

"五四"以来，传统诗歌被目为"旧体"而受到不

应有的排斥，日趋消沉；近数年始有转机，诗会、诗社、诗刊，有如雨后春笋。这次大赛所起的轰动效应和入选作品所达到的艺术水平表明，传统诗歌仍有深广的群众基础和强大的生命力。"国运兴，文运隆。"诗歌创作与改革开放同步，从沸腾生活中汲取源泉，在继承传统的基础上大胆创新，必将迎来中华诗史上的又一次高潮。

在首届诗词大赛之后，"李杜杯""鹿鸣杯""回归颂""嵩山杯""黄果树杯""世纪颂"等多次全国性的诗词大赛，我都主持评选，深切地感受到中华诗词创作队伍一次比一次扩大、中华诗词创作水平一次比一次提高。由此可见，说我们"必将迎来中华诗史上的又一次高潮"，并不是一句空话。

我在《金榜集·序》中说过：我们举办首届诗词大赛之时，"九三高龄的陈立夫先生两次为大赛赠诗，并说要以中华诗词'促进海峡两岸的统一'"。陈老的意见是切实可行的。2006年12月，福建龙岩举办"海峡笔会"，就可以起到陈老所说的"促进作用"，因而当我接到请柬时虽然身体不适，还是由小儿有亮陪同准时赴会。

到龙岩后见到老友林恭祖，以及由他率领的近二十位台湾诗友，一一握手问好，记者的摄像机为我们留下了珍贵镜头，我也及时作诗留念：

龙岩海峡笔会赠台湾诗友

唐风宋雅见诗心，高会龙岩笑语亲。
一峡何堪分汉土，三生难改是乡音。
腾飞经济山河壮，蔚起人文草木馨。
四日同游千载史，联吟字字重南金。

草稿誊清后先交给大陆的诗友传阅，李汝伦、蔡厚示、刘庆云、侯孝琼等，都说"一峡何堪分汉土，三生难改是乡音"一联好。

台湾诗友传观后都说这一联表达了他们的心声，说出了他们想说却没有说出的心里话。于是争先"次韵奉酬"，一时传为佳话。

台湾来的诗友如林恭祖等，本来都是福建人，虽只"一峡"之隔，却好多年没有回来。这次回来，都想到处看看，笔会主办者也安排了多次参观游览。小儿有亮每次都跟大家一起去，认为龙岩很有特色，看得津津有味。我因身体欠佳，只看了几处"土楼"，大家游冠豸山、泛石门湖，我去了，作了四句诗：

偕海峡诗会诸公游冠豸山泛石门湖

乌云突起雨声稠，两岸吟朋共一舟。
雾散天晴风日丽，奇山秀水任悠游。

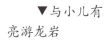

▼与小儿有亮游龙岩

笔会办得很成功。北京、河南、广州、湖南、湖北等地的老诗人都来了，福建来得最多。分手多年的老朋友又一次见面，握手言欢，不容易！

我主持了多次全国性诗词大赛，还主持了多次省级诗词大赛。

从1988年4月陕西诗词学会成立，我担任了十八年会长，经费、编制、办公室一直处于"三无"状态，除自筹资金按期编印《陕西诗词》而外，只举办过"桥山杯""长岭杯"两次诗词大赛，却办得很成功。获奖作品出版，我都写了长序。我辞掉会长后推举退下来的省、市老领导继任，变

"三无"为"三有"，举办了"三秦散曲""三秦百县赋""歌行体诗"等六次大赛，我都以名誉会长的身份担任大赛评委会主任。

2007年10月，应内蒙古诗词大赛评委会主任之聘，由长子有光陪同，飞抵呼和浩特。大赛主办者派车来接，游览市容后直奔鄂尔多斯，主持终评及颁奖，还应邀作了关于振兴中华诗词的报告。内蒙古同胞生长于辽阔的大草原，诗风豪放，为人豪放，招待我们吃了烤全羊，送我们四处游览。临别依依，盛情可感。

第一次游内蒙古，大约也是最后一次游内蒙古，作诗四首，以志鸿爪：

呼 和 浩 特

初到青城眼倍明，雄楼巨厦入青冥。

年来惯饮蒙牛乳，始见草原无限青。

青　冢

筑冢如山更护林，胡人何故重昭君？

结亲自比交侵好，一曲琵琶万古心。

成吉思汗陵

威加四海马萧萧，"只识弯弓射大雕"？

壮丽陵园游侣众，各抒己见论"天骄"。

鄂 尔 多 斯

沙兴产业千家乐，地富能源四海惊。

更选羊绒织厚爱，人间处处送温情。

我从 1937 年 7 月开始创作抗战诗词到
1966 年 6 月"文革"前夕，共创作诗词近千首。
"文革"抄家时诗词稿本也被抄，"四人帮"
垮台后，托人找旧报刊复印，加上友人送来存

▼昭君青冢，
右为长子有光

稿，共得诗词四百多首，此后续有创作。2008 年初遵中华诗词学会之嘱，编为《霍松林诗词集》，被纳入"中华诗词文库"出版，不久即获大奖。现将《中华诗词》2009 年第 2 期刊载的《颁奖词》《作品集简介》和关于颁奖仪式的报道移录于后：

颁 奖 词

中华诗词学会名誉会长霍松林，1921 年生，甘肃天水人，是当代古典文学权威学者、著名诗人、词赋家、文艺理论家，是中华诗词学会的重要发起人和创建者之一。

长期以来，霍松林先生担任陕西师范大学教授、博士生导师、国务院学位委员会学科评议组委员、中国古代文论学会名誉会长、杜甫诗歌研究会会长，主要著作有《文艺学概论》《文艺散论》《唐音阁吟稿》《霍松林诗词集》等。1997 年创作《香港回归赋》驰誉海内外，有"一代鸿文"之美称。他与时俱进，率先垂范，倡导以新声韵写诗，为推动中华诗词创新发展产生了广泛而深远的影响。他甘为人梯，教书育人，是桃李满天下的诗词大师。为表彰他在诗词创作和理论建设上的杰出成就，经中华诗词学会二届五次常务理事会研究决定，授予"中华诗词终身成就奖"。

作品集简介

《霍松林诗词集》是霍松林先生的诗集。作为古典文学权威学者、著名诗人、词赋家、文艺理论家，他的这部诗集凡十三卷、词一卷，共 1200 余首。时间跨度 70 余年，见证了中华民族抗日救亡、艰辛建国，以及改革开放的全过程，可以说是历史的实录。

松林先生袭芬家学，少有夙慧，中学时代即主编刊物，发表诗作。其卢沟桥战歌、平型关大捷、南京屠城诸作悲愤激昂，发扬蹈厉，名动当时。1945 年考入中央大学，师从汪辟疆、陈匪石、胡小石诸先生专攻文史诗词，学益精进。时陪诸老雅集，深得于右任诸公器许，有西北奇才之目。综览全集，凡诗友交游、人生际遇、民族圣战、时局屯艰，以及改革新貌、山河美景、和谐壮图，一一生动精彩现于笔端。针砭时弊，赞助休明，何其壮也。千帆先生以为"松林之为诗，兼备古今之体，才雄而格峻，

▼与马凯同志合影

▶ 接受马凯同志颁奖

绪密而思清"，堪为当代诗坛茹古涵今、新机勃发之突出代表。此书之问世，必将对当代吟坛产生重要影响。

记者韩丹伊报道："2008年12月20日，由中华诗词学会主办的中华诗词终身成就奖颁奖暨五位诗家作品集首发仪式，在全国政协金厅会议室隆重举行。国务委员兼国务院秘书长马凯在百忙之中前来参加盛举，亲自向获奖者颁奖，并发表了重要讲话。……马凯同志向五位终身成就奖的获得者颁发了金质华表奖杯。胡振民、李冰、陈昊苏、令狐安、李栋恒分别向获奖者颁发了证书。当代诗词大师霍松林先生代表获奖者作了情深意长的发言。……中华诗词终身成就奖是新中国成立以来，首次颁发的最高规格的传统诗词奖项，是中华诗词发展史上的一个里程碑。它必将为中华诗词的大发展、大繁荣起到巨大的推动作用。"

第 十 九 章

屐痕遍长安

　　我从 1951 年初来到周秦汉唐的古都长安，已经度过六十几个年头，因而说我"屐痕遍长安"，绝不会引起什么争议。下面只谈"屐痕"较多的几个点。

　　先谈钟楼。

　　钟楼位于古城中心，东、西、南、北四条大街在此交会，每次进城，我都在楼下留有"屐痕"。不仅如此，我还有幸在楼上也留下"屐痕"。二十多年以前，我应邀为钟楼撰写了一副长联，并用毛笔、宣纸书写，交了出去。大约过了一年，一位老朋友对我说："你为钟楼作了那么好的楹联，却挂反了。"我说："传统的挂法是自右至左，现行的挂法刚好相反，人家大概是按现行挂法挂的吧！"朋友说："如果上下联各写一行，反传统也说得过去；可是你的长联上下联各占两行半，上联从右到左，下联从左向右，这就是传统的'門'（用繁体字）字联，挂反了怎么读？"我说："噢！那真闹了个大笑话！"我和钟楼管理人员联系，一同去看，不但挂反了，字也不是我写的。管理人员解释说："这都是刻制楹联的人干的。"于是立刻叫来几个人，左、右交换，这才不闹笑话了。

　　我的这副长联有几位专家写了赏析文章。易生的《富丽堂皇　声情并茂——西安钟楼长联赏析》一文，原载 1993 年 6 月 5 日《中国楹联报》。史军的《意境深远　气势磅礴——西安钟楼长联赏析》一文，原载山东友谊书社 1992 年 6 月出版的《中国名胜诗联精鉴》。现录史军的全文如下：

　　　　八水绕西都，自轩圣奠基而后，周龙兴，秦虎视，
　　汉振天声，唐昌伟业，猗欤盛哉！赖雍土滋根，繁荣华胄，
　　历五千载治乱兴衰，古国犹存，继往开来张正气

　　　　四关通异域，迫清廷败绩以还，俄蚕食，日鲸吞，
　　英驱海舰，美纵骄兵，呜呼危矣！喜延河秣马，再造神州，

集十亿人经营创建，新风蔚起，图强致富展鸿猷

西安钟楼，位于古城中心，明万历十年（1582）建。画栋飞檐，碍日摩云。联坛大师霍松林教授的这副长联，写登楼四望，神思飞跃，收雍州山河于眼底，现中华历史于笔端。上半联以"八水绕西都"领起，先为西安钟楼定位，写登楼所见的地理形胜而历史变迁亦蕴含其中。一提"西都"，谁都会想起周、秦、汉、唐崛起雍州，创造中华文明的光辉业绩，而中华民族的始祖轩辕黄帝，其陵墓正在附近，自然会联想而及。因而以"自轩圣奠基而后"引出"周龙兴，秦虎视，汉振天声，唐昌伟业"两组排句，雄丽精切，大气包举，仅十四字便展现了周、秦、汉、唐四个朝代由勃兴而极盛的宏伟画卷，于是以"猗欤盛哉"抒发赞叹之情，而民族自豪感已跃然纸上。古雍州的黄土高原乃是周、秦、汉、唐的发祥地，"雍土滋根，繁荣华胄"而冠以"赖"字，是对贬抑"黄土文化"谬论的有力批驳。接下去即就"华胄"立论，指出世界文明古国多数已不存在，只有中华古国"历五千载治乱兴衰"而巍然犹存，其原因正在于我们有万古不灭的民族正气。所以当务之急，绝不是数典忘祖、全盘西化，而是弘扬正气，"继往开来"。

上半联开头由登楼所见写起，自远而近，以"八水"萦绕点出"西都"。下半联开头也由登楼所见写起，却自近而远，从"四关"开放通向"异域"。周、秦时代，"西都"与"异域"已有交往；汉、唐时代，中外交流极其频繁，促进了经济、文化的繁荣和发展。这一切，未作正面叙述，但以"迨清廷败绩以还"划界，则已于言外见意。"清廷败绩"以前的主要情况是互利互补的中外交流；"清

363

第十九章 屐痕遍长安

廷败绩"以后的主要情况则是外患频仍。接着即以"俄蚕食，日鲸吞，英驱海舰，美纵骄兵"两组排句概括了列强侵华史，又以"呜呼危矣"发出救亡图存的深情呼唤，其爱国情怀洋溢于字里行间，感人肺腑。行文至此，真所谓放之则弥六合；然而再不收，就难免离题太远。作者的高明之处，正在于善放善收，其放的出发点与收的归宿点，都是本地风光，所以尽管上下几千年，纵横数万里，仍然不离本题。正像上半联从本地风光中拈出黄帝陵，水到渠成般写出中华民族的发祥史一样，下半联从本地风光中拈出延河，又水到渠成般写出了中华民族的振兴史。"延河秣马，再造神州"前冠以"喜"字，民族自信、自强的满腹豪情喷涌而出，于是以"集十亿人经营创建，新风蔚起，图强致富展鸿猷"数句颂扬现在，展望未来。每一位登西安钟楼而纵目四顾的炎黄子孙难道不会触发这样的历史感、现实感和振兴中华的凌云壮志吗？

作对联，既要对仗工稳，又要避免合掌（意思雷同或类似）。然而二者兼顾，却很难。此联上半联讲周、秦、汉、唐，当然不费力；可是下半联拿什么对呢？"周""秦"两个主语分别以"龙兴""虎视"作谓语，化用班固《西都赋》"周以龙兴，秦以虎视"，典雅切当；可是下半联又拿什么对？每一位有楹联创作甘苦的读者，都会感到极难措手。所以当读到以俄、日、英、美对周、秦、汉、唐，以"蚕食""鲸吞"对"龙兴""虎视"的时候，谁能不拍案叫绝！

本联历史与地理统一，时间与空间叠合，自然景观与人文景观融为一体，意境深沉，气势磅礴，词采美与音乐美交融，具有震撼人心的艺术力量。

钟楼、鼓楼，原是以钟、鼓报时的，自西方钟表传入我国，钟楼、鼓楼已徒有钟、鼓之名。改革开放以来，大力宣扬传统文化。西安市文物局乃复制景云钟悬于钟楼，新制巨鼓置于鼓楼，特于1996年12月邀我撰写《西安钟鼓楼新制洪钟巨鼓碑记》，刻制嵌于钟、鼓楼壁间。1997年农历正月初一，举行盛大仪式，击鼓鸣钟，我和主佑及四个孩子光、辉、明、亮应邀参加了这一盛典，登鼓楼击巨鼓，上钟楼敲洪钟。又承记者跟踪采访，录像录音，现场直播，给我们的新年增添了不少喜庆气氛。下面是我撰写刻制嵌于钟楼、鼓楼的《西安钟鼓楼新制洪钟巨鼓碑记》：

▲与老伴击鼓

　　长安以钟鼓司辰，北周已然，庾子山之诗可证。唐京钜丽，宫阙连云。晓钟初动，万户齐开；暮鼓频催，六街始静。唐睿宗召名匠铸景云钟，亦欲以"警风雨之辰，节昏明之候"也。今西安之钟鼓楼，始建于明洪武时。海桑屡变，风凄雨晦，而民不失时者，赖有此耳。洎夫欧风东渐，计时咸用新器，晨暮不闻钟鼓之声

第十九章　晨痕遍长安

者久矣。兹逢盛世，百废俱兴；四化之建设方殷，传统之弘扬愈迫。政府投巨资维修两楼，新其彩绘。市文物局乃复制景云钟悬于钟楼，重制巨鼓置于鼓楼。钟鸣鼓应，发时代之强音；朝警夕惕，扬中华之正气。其鸿功显效，岂徒报昏晓而已哉！洵盛事也，故乐而为之记。

大唐长安，乃是当时的国际名都；改革开放以来的西安，乃是现代的国际名城。2003年春节，我又一次登上钟楼，纵目望远，吟成八句，以抒豪情：

喜见西安换盛装，钟楼高耸市中央。
朝阳破雾明金顶，新月飞光照画梁。
四海嘉宾争揽胜，千秋伟业正流芳。
凭栏望远心潮涌，国际名城想大唐。

再谈大雁塔。

大雁塔是古城西安标志性的建筑。在西安的名胜古迹中，我登览最多、题咏最多的便是大雁塔。1991年秋，大雁塔保管所倡议恢复中断已久的"雁塔题名"活动，约我参与，我欣然允诺，并且作了一首题为《雁塔题名感赋》的七言律诗，用四尺宣纸书写，以示积极参加。诗如下：

▼鼓楼

366

劫波阅尽傲穹苍，
携杖登临趁艳阳。
四海游人夸盛世，
十朝帝里耀新装。
铁轮银翼联欧美，
大厦雄楼压汉唐。
雁塔题名宏往哲，
百花齐放竞芬芳。

保管所在收到一千多件诗、书、画、联作品之后组成《雁塔题名作品选集》编辑委员会，推我任主任委员。《选集》编出，由奥林匹克出版社于1993年1月出版发行。下面是我为《选集》写的序：

367

慈恩寺始建于大唐贞观盛世，共十余院。东邻曲江，南接杏园，烟水空明，花卉繁艳。大雁塔在寺内偏西，巍然耸立，向为登览胜境。名流显宦，题名记游；新进士则推善书者题同榜姓名、刻石记荣。"雁塔题名"，遂为千秋佳话。惜乎沧桑屡变，兵火相寻，题名原貌，湮没已久；至今可考者，仅存残拓数卷而已。

改革开放，百废俱兴，雁塔维修，重现盛唐气象。保管所远绍题名韵事而更新内容，特于塔前设案备纸，供游人挥毫。

去岁九月以来，当场题诗作画者已逾千人。四海名家，闻讯神驰，远寄佳作两百余件。保管所乃择优展出，观者称善，遂请专家选编，影印出版，而嘱予作序。予通观斯集，琳琅满目。诗颂大唐胜迹，画赞华夏河山，书法各体兼擅，俱足以弘扬祖国文化精神，其意义之深远，非前人题名记游、记荣可比也。此集流传，影响必巨，行见万国衣冠，络绎而至，登塔览胜，即景抒情，题名之作必与日俱增，每年选印，由初集、二集以至无穷，则与雁塔相辉互映，共存天壤矣。

▲紫云楼

我还为大雁塔做过一点事。

大唐高僧玄奘赴印度取经，历经千难万险，往返五万多里，经历十七年之久，取回佛经六百五十七部，又以准确流畅的文笔，译出佛经七十五部，一千三百三十五卷。为了表彰玄奘的功绩，唐太宗撰写了《大唐三藏圣教序》；唐高宗为太子时拜读序文，撰写《述三藏圣教序记》。这两篇序文，由当时大书法家褚遂良手书，石刻名家万文韶镌刻，高宗创建大雁塔时，立碑于塔之底层券门西、东。虽然屡经沧桑，至今依然如故。

为了弘扬和推介《大唐三藏圣教序碑》的文物价值和艺术价值，大雁塔保管所编成内容丰富、印刷装帧精美的《大唐三藏圣教序碑》，由陕西师范大学出版总社有限公司于2012年出版。《前言》中说："唐太宗圣教序碑文的文采华章，书法大家褚遂良书法的艺术美，刻石圣手万文韶的镌工神韵，充分体现了大唐的宏伟气象。当代文学大师霍松林父子以其丰富的文学涵养，对大唐两代皇帝序、记进行了精辟译注，使得此书成为集大唐圣文、书法、名刻、当代名师名译为一体的碑拓文集稀有版本。"

我和大雁塔有缘，也和保管所的同人一直保持着密切的联系，他们编这本书，我当然乐观其成。至于所做的工作，不过是指导次子有明对两篇碑文进行了必要的注释和尽可能准确的今译，如此而已。保管所同人不仅在此书《前言》中对我们父子奖誉过当，而且在此书扉页的编委名单中赏我"名誉主编"的头衔，太客气了！

再谈紫云楼。

芙蓉园重建之初，主持者曾多次接我去征询意见；建成之后，又委托我为紫云楼撰写碑记，为各种重要建筑的门、柱撰写对联。下面是我作的碑记：

重建紫云楼碑记

举凡京都之所在，必有游息之景观。周文王都丰，丰京即有灵台、灵沼，《诗·大雅·灵台》描述甚美。先秦儒家鼓吹仁政，宣扬民本主义，孟子见梁惠王立于沼上观景取乐，即引《灵台》之诗因势利导，略谓：文王与民同乐，故用民力为台为沼而民欢乐之；夏桀殃民祸国，故民欲与之偕亡，虽有池台鸟兽，岂能常享！自汉武帝独尊儒术以来，儒家思想影响深远，然而历代帝王所建之池沼楼台真能与民同乐者鲜矣。必求一例以实之，其惟以紫云楼为标志之曲江风景区乎！

紫云楼始建于开元盛世，北邻曲江池，南对终南山，雄峙于芙蓉园北墙极顶，巍峨壮丽，碍日摩云。焦氏《易林》有"黄帝紫云，圣且神明"之论，开创开元盛世之李隆基以"紫云"名楼，或有取于斯义；而此楼之宏规伟构，亦堪与兴庆宫勤政务本之楼媲美也。每逢中和、上巳、重阳及新进士关宴，长安官民倾城而出，争赴曲江。钿车宝马，击毂摩鞍；锦帐绣帷，盈堤匝岸。泛舟碧波，流觞曲水，斗草踏青，载歌载舞，杂技百戏之属争胜竞奇，狂欢不可名状。太平天子乃乘銮舆而翼六龙，登紫云楼垂帘观赏焉。此与孟子所颂扬之文王与民同乐，庶几乎近之矣。

明皇晚年以骄奢荒淫导致安史之乱，大唐帝国由盛

▼国务院参事室副主任陈鹤在紫云楼给作者颁奖

转衰。继而宦官专权，藩镇跋扈，农民暴动，军阀混战，举国生灵陷于水深火热之中；而绵延近三百年之大唐政权与唐京之宫殿园林，遂葬送于熊熊兵火，紫云楼亦沦为废墟矣。曲江景区之开拓、繁荣、衰微与毁废，实与大唐王朝之治乱存亡息息相关；重温历史，岂无深层意蕴足以引人深思，发人深省者哉！

改革开放，巨龙腾飞。震大汉之天声，昌盛唐之伟业。再造曲江辉煌之梦想，弹指之间，已由宏伟规划变为光辉现实，紫云楼已高插云表，向海内外游人开放矣。大唐鼎盛之时，民富国强，当政者以开放之胸襟，辟曲江池为公共游览区，"轮蹄辐辏，贵贱雷同"，固已难能可贵；而芙蓉园则为皇家禁苑，紫云楼自非人人可登，天子于此遥观曲江大会以显与民同乐之义，虽有可取，然与今日之万民腾欢不可同日而语也。儒家倡导之民本主义实为优秀传统，然而时当封建，人分等级，亦不可与今日弘扬之"以人为本"精神相提并论也。倘"以人为本"之精神与时俱进，发扬光大，则吾国之富强康乐、曲江之锦上添花、紫云楼之维修加固，亿万斯年，无有穷期；中华文化亦如日月经天，光照四海焉。炎黄子孙于登楼览胜之时言念及此，其民族责任心必如烈火之燃烧，其历史使命感必如鲜花之怒放，自不满足于为休闲而休闲、为娱乐而娱乐也。

此记脱稿于 2002 年 3 月，是重建紫云楼竣工之后撰写的。这时，我为芙蓉园撰写的十二副楹联大多数已刻制悬挂。登紫云楼参加宴会和学术会议，也有多次。下面是我参加学术会议之后作的三首七言绝句：

入芙蓉园登紫云楼参加唐文化论坛（三首）

楼殿巍峨唐气象，园林壮丽汉风神。

回黄转绿新天地，锦绣神州乐万民。

振衣直上紫云楼，渭水秦山一望收。

汉韵唐风开万象，振兴华夏展新猷。

盛唐文化萃唐京，国际交流播四瀛。

海阔山高天远大，自强不息放光明。

再谈西安交大东亭。

西安交大校园的东南角，曾经是唐代大诗人白居易的住宅。白居易在这里建有"东亭"，种了一大片竹子，特意作了一篇寓"养才"于"养竹"的《养竹记》。西安交大是以善于"养才"蜚声四海的高等学府，自然对白居易的《养竹记》感兴趣，便请我书写，刻石嵌于壁间。就近新建一亭，请北师大启功教授书"东亭"匾额，刻制悬挂。绕亭移竹千竿，已长新叶。这就为百花争艳的美丽校园增添了人文景观。教师们来壁前观摩，考虑如何"养才"；学

▼左为潘季书记

子们来壁前阅读，考虑如何"成才"。效果之好，出乎校领导的意料。因此，1996 年春天派人把我和老伴儿接去，由该校党政领导及有关教授作陪，游览东亭及校园各处，还参观了图书馆、博物馆，晚间盛宴相款。据跟踪录像录音制成的电视片，多次在该校播放。该校党委书记、全国人大常委潘季教授和我并立《养竹记》碑廊前摄影留念。

▲后排右一，长子有光，西安交大教授、博导，档案馆长；右二，儿媳顾利民，交大副教授，化工学院书记；右四，孙女天翔，归国博士，中石油高管；右三，孙婿周岩，归国博士，刚与天翔结婚；左一、左二，天翔的公公、婆婆

我重点研究唐诗，对白居易有感情。我的大儿子有光和大儿媳顾利民在交大任教，孙女天翔和外孙赵天飞在交大学习，对交大有感情。白居易的《养竹记》由我书写刻于交大校园，我感到很高兴。

再谈兴庆公园。

兴庆公园是在唐代兴庆宫的遗址上修建的，风景秀丽。"文化大革命"以前，我和主佑都还年轻，每年都带领光、辉、明、亮来这里游玩，春季在沉香亭前赏牡丹，夏天在九龙池划船，秋日在南薰阁、缚龙堂、花萼相辉楼一带赏菊花、看红叶，留下了许多美好的记忆。"文革"祸起，首先"革"我这个"资产阶级反动学术权威"的"命"，无限上纲，层层加码，抄家、扣发工资、批斗、劳改，株连全家，长达十余年之久，哪有可能游山玩水？幸而从死亡线上挣扎过来，迎来了改革开放的春天，在苦难中经受千锤百炼的孩子们终于苦学成才，找到了对象，建立了美满的小家庭。1995年春节期间，在日本讲学的有明、小辉回来探亲，合家团聚，心情畅适，重游兴庆公园，拍摄了全家福。我们从沉香亭西门出来，下了几十个台阶，穿过牡丹园，走到桥上，请游人为我们拍照。所以队伍是自然形成的，我和老伴儿未占中心位置，光、辉、明、亮四家成员也未站在一起。前排右一是长子有光，现为西安交大教授；右二是有光的妻子顾利民，现为西安交大副教授；右四穿浅红上衣的是有光的女儿天翔，现为中石油高管。后排左一是女儿有辉，曾为《西安晚报》主任编辑；右一是有辉的丈夫赵雁碧，现为西北工业大学教授；右二是有辉的儿子天飞，已获博士学位，在西工大工作。后排左二戴眼镜的是次子有明，现任陕西师大博士生导师，曾任日本信州大学教授；

前排右三戴眼镜的是有明的妻子鱼小辉，她是陕西省社科院研究员，有突出贡献的中青年专家。后排左三黑发覆额的是小儿有亮，曾为陕西师大电子计算机系副教授；有亮右侧是他的妻子高一农，四川大学博士后，现任陕西师大文学院教授、博士生导师；前面正中独占鳌头的是有亮的女儿天航，大学毕业后在北京化工大学学习。

喜迎新世纪之际，我应兴庆公园负责人之邀，为沉香亭作了三副对联：

一

亭号沉香，想亭前花艳、亭上人娇，尽有遗闻话天宝；
园名兴庆，看园外春浓、园中日丽，岂无盛世迈开元？

二

历史纪新元，广厦已淹双凤阙；
江山留胜迹，游人争泛九龙池。

三

妃美花香，征歌新谱清平调；
民康物阜，勤政曾登务本楼。

沉香亭东、西、南、北屋檐下各有一块匾，朝南的一块，是我题写的"终南积翠"四个大字。

再谈松园。

1989年秋松园建成，负责人邀我游览，嘱作碑记，写楹联。在碑记、楹联刻制竣工之后，又多次邀我聚会。下面是我撰写的楹联和碑记：

西 安 松 园

负郭开园，种菊栽松娱晚节；

临河建屋，吟诗作画寄豪情。

松 园 碑 记

松以名园，园因松秀，松阴满地，松籁清心，此西安市老年人游憩之所也。四凶既殄，日月重光，改革开放，花繁果硕。老年人幸沾厚泽，遂能息影怡情，娱其晚节。

园中凿小池，碧波澄明，有赤鲤数百，锦鳞闪耀，往来嬉游。池东北建怡乐厅，棋子频敲，琴声远播，射覆、投壶，杂以百艺。迤西为迎爽榭：倚槛看山，晴翠扑眉；凭窗待月，清风拂袖。出榭北向，入翰墨斋，几净窗明，笔精墨好：苏黄书画，倘可追踪；李杜歌吟，或能接响。池南池西，曲径通幽，花圃、茶寮、健身房之属，掩映于松篁深处，人声鸟语，共传好音。

园在大南门西侧，占地仅十八亩，而巧借外景，小中见大。环城路界其南，绿树蔽空，广厦隐现。护城河萦其北，画舸轻摇，虹桥飞跨。桥外崇垣弥望，护以林带，雉堞摩云，楼阁得日。每当时雨初霁，登高纵目，则八水之潆洄、洪河之浩渺、大小雁塔之挺拔巍峨、终南太华之雄奇壮丽，与夫原野绣错、村邑星罗、古迹历历、名胜处处，无不入指顾而豁心胸。因想汉唐之往烈，豪气勃发；瞻四化之前景，壮心不已。

　　此园动工于丁卯仲夏，领导支持，各界襄助，越两年而老年人已相偕来游，庆其落成。盖不独老有所养，抑且老有所乐、老有所寄，非遇明时，曷克有此！首事者嘱作记，因缀芜辞以志崖略，兼抒所感云。

　　四郊的风景区，多数也去过。特别是翠华山，由于我曾应邀为主要景点撰联题诗，管理处负责人多次接我偕家人去避暑；2001年7月在那里住了好多天，作了一首五言律诗：

翠华山度假偕主佑有亮一农天航

双松迎远客，避暑翠华山。

林海绿涛涌，云峰素练悬。

千壑惊异态，万石叹奇观。

荡桨天池上，晴空月正圆。

　　在阵阵凉风中波翻浪涌的林海，从高插云际的奇峰飞泻而下的瀑布，还有千姿百态的奇石和碧波摇漾的天池，真令人赏心悦目，流连忘返。我们多次天池荡桨，有一次阵雨初霁，我们从天池上岸，拍了一张彩照：老伴儿像喝了五粮液，其实她滴酒未沾，而是被天伦之乐和风景之美陶醉了。

▼翠华山避暑

第二十章

致力学科建设
培育华夏英才

一

我作为全国哲学社会科学"七五"规划委员会委员，1986 年
11 月 1 日在北京人民大会堂参加了中央领导同志接见出席全国哲
学社会科学"七五"规划会议的全体同志的摄影，然后回京西宾馆，

▲与老学长程千帆（左三）、钱谷融（左四）等共泛松花湖

与其他委员一起，讨论、拟定了文学学科"七五"规划。

全国哲学社会科学"七五"规划委员会委员，同时也是国家社会科学基金会成员。作为基金会成员，我曾参加过两次评定文学学科基金项目的会议。其中一次在吉林市吉林宾馆召开，会后游览了松花湖。另一次在国务院一招举行，会后游览了颐和园。

参加全国文学学科的"七五"规划和全国文学学科基金项目的评定，对我从事我校文学学科建设有极大的帮助。

我校中文系第一次申报硕士授权点的学科是文艺理论和中国

古代文学，古代文学即获批准。第二次申报前，文艺理论组的刘建国要求将我作为文艺理论的学科带头人写入申报材料，我当然同意。结果，这次申报也获批准。前面讲过，当时的中文系主任，还是那位在历次政治运动中揪住我不放的人，我的工资多年未变，当时还是五级，他大约是要看我的笑话，硬要我填表申请博士生导师。我说："你们都已经看见了，一、二次评上的博导，多数是一级教授，个别是二级教授；哪有五级教授当博导的？我不填表。"谁知人家替我填了表，每次都报上去了。

出人意料的是，1985年初，国务院学位委员会居然聘我出任第二届学科评议组成员。1986年5月下旬至6月初，在北京京西宾馆参加国务院学位委员会学科评审组评审会，北师大名教授朱德熙、复旦大学名教授章培恒为小组召集人，轮流主持会议。评审的程序是：每天开会前，秘书处送来两份申请表和申请人的主要论文和专著；成员们在审阅了某一份材料后便开始评议；最后投票表决。我们这个组的成员中只有我和复旦大学的蒋孔阳还不是博导，评议和投票时要回避。还有，第一、第二两次评审只看申请者的条件，从我们这一次开始，还要看梯队。如果只是申请者通过而梯队未通过，则申请者虽然得了博导资格而本单位并无博士授权点。在评审我的申报材料时，大家看到的只是基本空白的申请表，未附论著，我看过申请表后对大家说："表是中文系负责人填写的，不但学术论著一栏没有填，而且连是否指导过硕士生一栏也未写一字。章培恒先生可以证明，您去年还为我指导的硕士生作过学术报告。"章先生对大家说："不管申请表是如何填的，霍先生的学问人品大家都知道，国务院学位委员会的领导当然也知道；如果不知道，怎么会聘请他出任学科评议组的委员呢！"接下去，就要评议、投票了，我便离开会场。不久，我被叫回，朱德熙先生宣布："陕西师大申报的中国古代文学博士生导师及博士学位授权点全票通过。"又补充说："梯队太差了，连一名教授都没有；可是，如果不通过的话，霍先生到哪里去招生？"就这样，我为我所在的学校拿到一个博士授权点。当我们中文系的那位"文革"遗老知道，由他填表申请的博士点居然获得批准之后，不但不感到内疚，反而得意扬扬地到处胡吹："我们中文系古代文学的教师队伍就是强呀！大家拾柴火焰高呀！"可是，实际情况究竟怎样呢？当时的校党委书记谢振中在晚年所写的《往事杂忆》中是这样叙述的：

> 三是"抢救"两个旗帜性的重点学科博士授权点，推动学科和队伍建设。当时我校仅有三个博士授权点，而最有代表性在国内学术界影响最大的"历史地理学"和"中国古典文学"两个点都有较多问题。以著名历史地理学家史念海先生为带头人的"历史地理学"，后继

人才相对较多，但能立即接班顶替的带头人尚未凸显出来。更令人头疼的是史先生本人，因不满学校处事不公，执意调离师大，而山东大学正千方百计要挖他走。他真走了，这个点还能继续生存吗？另一个是著名中国古典文学家和文艺理论家霍松林先生为带头人的中国古典文学授权点，除了霍先生本人，再无第二位教授，完全处于后继无人的严重困境。

1990年6月下旬，我参加了在北京京西宾馆召开的又一次学科评议会，保存了一张1990年6月29日在北京人民大会堂所摄的党和国家领导人与国务院学位委员会学科评议组第四次会议全体代表合影留念的照片。

我作为国务院学位委员会第二届学科评议组成员，于1991年任职期满，国务院学位委员会颁发了精美的金属纪念牌，中间的三行金色大字是："向为建立和完善中国学位制度做出贡献的同志致以崇高的敬意。"下边的三行金色小字是："霍松林同志1985—1991年任国务院学位委员会第二届学科评议组成员。特此纪念。"

　　1994 年 11 月 24 日至 27 日，由国家教委主持的国家文科基础学科人才培养和科学研究基地评审会在京召开，我被聘为评委。当时，我的首届硕士研究生马歌东任中文系主任，力劝我前往参加，我答应了。22 日由他陪同，乘 36 次火车绕道山西赴京。上车后天气突变，寒雾乍起，入山西后夜间行车，寒冷难眠，但想到有机会为改善我系办学条件而尽心尽力，心里还是热乎乎的。

　　住进宾馆，已到会的和陆续赶来的评委们，多半是老朋友，有些以前虽未见面，但都神交多年，相见异常亲热。

　　数月前教委通知文史哲三系有一个博士点或五个硕士点以上的，始可申报。从申报材料看，委属院校十五个中文系中，有七个博士点者两系，六个博士点者一系，四个博士点者一系，二至三个博士点者八系，我系只有一个博士点，处于明显劣势。教委确定评选原则为"扶重保强，合理布局"。我系非"重"非"强"，不在"扶""保"之列，看来只能在"合理布局"上做文章。我抓住这一点，在评审会上作了半小时发言。开头说"我系僻处西北，条件较差，从博士点的数量和教学设备的完美等方面来看，显然不能与兄弟院校的中文系相比；但是，我有充分理由，要求各位评委必须给我们评上文科基地"。接着申述理由，着重汇报了我系数十年来狠抓基础教育，在培养合规格的中学语文教师方面所做的大量工作。我如实地指出：我系毕业生虽然有分配在北京等地工作的，但百分之九十以上则遍布西北地区，为发展西北教育做出了不可磨灭的贡献。如今，西北的"孔雀"只想"东南飞"，东南的"孔雀"还有多少愿意飞向西北？实际上，广大西北地区的语文教师至今仍然主要靠我系培养，我系每年的毕业生人数众多，不仅大批走向陕西各地的工作岗位，还有不少人远赴甘肃、宁夏、青海、新疆，甚至西藏。目前国家正大力发展西部，而发展西部的关键是发展西部教育。从"合理布局"的原则考虑，西部的中文系至少应有一两个文科基地，而我系在发展西部教育方面所肩负的重任，是无法取代的，必须大力改善办学条件……

评审会上的发言是并不鼓掌的，而我的发言却赢得了热烈的掌声。

投票以后，教委文科处长、副处长立刻来到我的房间，对我以古稀之年参加评审会表示感谢，谈话间喜笑颜开，十分兴奋。看来，他们也是希望给西北地区的中文系评一个文科基地的，只怕条件较差，投票通不过。

总算不虚此行，为我工作四十多年的中文系争来了文科基地。

评审会结束时合影留念，照片中除了几位教委负责人和工作人员，其他都是文史哲三个学科的评委。前排右五戴眼镜的是我，满面含笑，这是喜悦心情的自然流露。

在回西安的火车上，我作了六首诗：

广育英才未敢忘，岂容西部久荒凉！

为谋发展求基地，破雾冲寒过太行。

京华重到喜盈杯，旧友新知次第来。
百校文科评甲乙，竟随强将夺金牌。

扶重保强观念新，图强争重费经营。
得来基地原非易，慎勿虚抛百万金。

育人先育品行高，金浪商潮不动摇。
继往开来肩重任，勿谋私利损风标。

教学先教好学风，精研博览跨高峰。
披荆勇辟新天地，致用须求济世功。

品学应知相辅成，熏陶涵养重力行。
昔贤时彦典型在，富国丰民献至诚。

1981年暑假前，我指导的五名硕士生通过答辩获得学位，选拔其中三名留系任教；1989年暑假前，我指导的十名硕士生通过答辩获得学位，选拔其中的两名留系任教。此后，从我指导的历届博士研究生中选拔留校的博士不下十人。不但"后继无人的严重困境"早已不复存在，而且堪称"英才济济"。我们的中国古代文学，被教育部评为国家级重点学科，我们的中文专业，被教育部评为一级学科授权点，我也被聘为文学院名誉院长。2000年9月，在我校为我庆贺八十寿辰的开幕式上，中共陕西省委常委栗战书同志用"学而不厌，诲人不倦""欲无所求，业有所创"概括了我的"人生真谛"。赵世超校长，作了以《一代学术宗师》为题的长篇发言，其中说："霍先生是海内外著名的中国古典文学家、文艺理论家、诗人、书法家，是我校学科建设的奠基人。……半个多世纪以来，他把自己的全部智慧和心血都奉献给了我国的学术事业和教育事业，特别是为陕西师大的建设和发展做出了难以估量的贡献。"2010 年 10 月，在我校为我庆贺九十岁生日的开幕式上，房喻校长发表了热情洋溢的讲话，从学术研究、人才培养、学科建设、人品学风等方面，对我作出了过高的评价，还希望"我校学人学习霍先生创新求是的开拓意识，培养高素质人才的教学经验，一丝不苟的敬业精神，坚持真理的顽强品格，无私奉献的学者风范，使我校的教学和科研再上一个新台阶，让陕西师大多出学术大师。"时隔十年，两位校长的讲话都体现了我校尊师重教的校风。领导尊师重教，教师敬业爱岗，这是我校在教学、科研和学科建设等许多方面开拓进取、勇攀高峰的决定性因素。我绝不辜负校领导的有力鞭策和热情鼓励，将继续为我校教育事业的迅猛发展，为中华民族的伟大复兴奉献余热。

388

二

先秦儒家的代表人物之一孟子认为："君子有三乐"，"得天下英才而教育之"，乃是"三乐"中的"一乐"。

我已活到九十多岁，除了读书，主要就是教书。教过小学，教过中学，教过大学，教过硕士研究生、博士研究生和博士后，还指导过几十位进修教师和访问学者，确实品尝了"得天下英才而教育之"的无穷乐趣。

对于我来说，读书是与教书相辅相成的。不读大量必要的书，怎能教好书？当然，读书与做好各行各业的工作也是相辅相成的。我由衷地赞美书：书，是人类文化的载体，是聪明才智、嘉言美德的结晶，是开辟草昧、创建文明、斥恶扬善、除暴安良的记录，是究天人之际、穷古今之变、驾驭客观规律、美化人类生存环境的经验总结，是火种，是灯塔，是知识库，是百宝箱，是打开成功之门的金钥匙。

因此，我一贯劝人读书。上世纪60年代初，《西安晚报》为我辟《奋勉集》专栏，每篇介绍一个古人勤奋读书的故事，辅以插图。读者曾有"图文并茂"之类的评语，反映很不错。后来被天津人民出版社的同志看到了，要我再增写若干篇，编成一本《古人勤学故事》寄去。到1964年1月，这本书就和读者见面了，在全国不少中学里，曾经是老师规定的课外必读书。"四人帮"垮台后，陕西人民出版社改名《勤学苦练的故事》，由江碧波插图，1980年1月第一版、1981年12月第三次印刷，印数三万六千册。这使我得出一个结论：读书劝学的书，是会受到读者欢迎的。

从1951年初到1954年初，我主讲文艺学概论、现代诗歌和现代文学史。从1954年初到"文化大革命"前夕，我主讲古文论选、唐宋文学、元明清文学。讲文艺学概论，自己写讲稿，后来出了书。讲唐宋元明清文学的诗文，不仅自己反复背诵，而且作注释，写赏析文章。《水浒传》《三国演义》《西游记》《儒林外史》和《红楼梦》等长篇小说，也都发表过论文，写有详细的讲稿。赵世超校长在《一代学术宗师》中讲过："霍先生有句名言：'我的岗位工作是教学，所谓研究，其实是备课。'"确实如此，为了提高教学质量，我的备课是非常认真、非常充分的。还有一点更重要：要提高教学质量，既要临时备课，又要有渊博的学识作后盾。渊博的学识哪里来？来自博览群书，来自博览与精研相结合。我教了十多年本科生，教学质量高是公认的，教学效果好也是公认的。教学质量之所以好，一方面，由于教得认真，另一方面，是要求学生背诵诗文名篇，多读课外书。《散文选刊》1999年第

3 期选载的《背诵》一文，是 1962 级本科生李天芳追忆我上课时喊她背诵《卖柑者言》的情景的。天芳是我的得意门生之一，后来是优秀的散文家、陕西省作家协会的副主席。

从建国初期到"文革"前夕，我校中文系培养了数以千计的优秀中学教师、大学教师和其他专业人才。其中不少人毕业多年后还怀念我这个教书的。下面摘录几段他们的文章。

田天佑、段国超、程正江《忆念霍老师》：

> 我们这些五十年代在西安师院（陕西师大前身）中文系上学的人，都有同样的美好回忆，那就是霍松林老师讲课。
>
> 那时候，教师少，任务重，唐宋文学、元明清文学等好几门课，都是霍老师讲的。他讲课的特点：一是目的明确，简明精当，要言不烦，绝不像一般人那样胡拉乱扯，所以能够准确地掌握进度；二是从同学们的接受能力出发，对不同的作品采取不同的教学方法；三是语言生动，新意迭出，启发诱导，深入浅出，不仅能把听课者引入作家所创造的艺术境界，而且能唤起听课者的联想与想象，捕捉作品的象外之象、言外之意、弦外之音。
>
> 霍老师讲古文、诗、词，从来是边背诵，边讲解，根本不看本子，却一字不差。讲长篇小说，像《三国演义》《水浒传》《西游记》《儒林外史》《红楼梦》等等，介绍情节简要生动，通过某些典型场面分析人物之间的性格冲突，常常将四五个人物的对话结合表情一一复述出来，不看本子，也一字不差。因此，同学们私下交谈霍老师的教学艺术时，总会提出一连串疑问：他的讲解为什么这样深刻、精辟？他的记忆力为什么这样超人？他的知识为什么这样渊博？这些疑问，后来逐渐得到解

答：同学们每到霍老师家里去请教，总看见他埋头写讲稿，光《红楼梦》讲稿，就有两大本。我们问："老师有讲稿，为什么不拿不看？"老师十分认真地说："低下头念讲稿，教学效果不佳；把经过充分研究写出来的讲稿记熟了，面对学生讲，才能讲得有条有理，有声有色，与学生们思想交流，情感共鸣，教学效果自然好得多。"

这时候，霍老师不过三十多岁，却已经成果累累，不仅《光明日报·文学遗产》和《新建设》等重要刊物上经常有他的论文发表，而且《西厢记简说》《文艺学概论》等著作也相继出版。可是，正当霍老师风华正茂，才华横溢，我们正被他带进神圣的文学殿堂、流连忘返之时，"大鸣大放"开始了，接着是"反右"。"鸣放"之时，我们中文系同学贴出了许多"大字报"，有一些是自发地为霍老师鸣不平的："他教学效果那样优异，科研成果那样突出，为什么还当讲师，工资那样低，生活那样苦？"到了"反右"开始，写这些大字报的同学不仅自己惹祸，而且给霍老师带来麻烦。我们知道：霍老师是经过多次批判、检查才免于扣上"右派"帽子的。而且，有了这一笔"旧账"，此后一有"运动"，他就首当其冲，"文化大革命"中更陷于灭顶之灾！

我们毕业之后，分散四方，各有不同的坎坷经历。在漫长的十年浩劫里，我们在五十年代受教于霍老师的同学们，只要偶然相遇或互相通信，总要谈起霍老师。他是被《红旗》杂志点了名的，他患有严重的哮喘病，无穷无尽的批斗、游街和无休止的监督劳改，他能受得了吗？说真的，当时误传："霍老师被整死了！"

以上所引，只是全文的一小部分。三位作者都是渭南师院的

教授，其中的段国超著述颇丰，以专著《鲁迅家世》出名。

师长泰《春风化雨润心田——霍松林先生的教学艺术》：

我是先生50年代后期的学生，曾有幸师从先生学习中国古典文学，历时一年有余。早在我入学之前，先生已因发表诸多学术论著而享誉学界。我们入校后，高年级同学又生动地描绘了先生精彩的教学场景，遂使人益生仰慕之情。及至聆听了先生的讲课，更为自己能得到名师的真传而庆幸、自豪。四十多年过去了，但回忆起当年先生讲课的情景，仍然觉得历历如在目前。

松林师当年身形清瘦，精神健爽，衣着简朴，风度儒雅。讲课语速舒缓，吐字清晰，轻重得当，故能字字入耳。他有很好的口才，讲课生动流畅，思路敏捷，条理清楚，逻辑严密，语言简洁。把听他讲课的笔记稍加整理，就是一篇文采斐然的好文章。举凡一首短短的绝句或令曲，一经他点拨，也立即显得有声有色，有情有味，使人陶醉在作品所展现的优美的境界之中，在获得知识的同时，也获得了审美的愉悦。大家都这么说："霍先生讲课，本身就是艺术。听霍先生讲课，是一种美的享受！"上课时如沐春风，十分轻松愉快。一堂课不知不觉过去了，下课后仍觉余意未尽，令人品味。及至回到宿舍，模仿先生语调的"练讲"之声，往往不绝于耳。

1979年10月，我所在的西安师专（西安联大前身）中文系，假政法学院礼堂，邀请松林师讲课。听讲者除师专中文系师生外，还有慕名而来的市区中学青年教师，政法、外院等校的学生，更有闻讯远道赶来的周至、咸阳、渭南等地先生教过的老学生。能容纳七八百人的大礼堂，座无虚席，气氛热烈。那时是在先生历经多年磨难而重返教坛不久，他虽患有哮喘病，但目光炯炯，透露着坚毅与执着，讲起课来风采一如当年，一首汉乐府《陌上桑》，一首李商隐的《马嵬》，虽为大家所熟悉，他却讲得新意迭出，精彩纷呈。课后我们许多当年的老学生又聚首一起，回忆、议论着先生的讲课，很多人都说自己现在授课的方式、方法，乃至表情、语调都是学霍先生的，足见先生的教学感人之深，影响之大。这或许就是名师的效应吧！

以上所引，只是全文的开端。作者是西安师专、西安联大中文系主任、教授，王维研究会负责人。

王巨才《高直耸秀仰青松》：

1963年秋，我以第一志愿考入陕西师范大学中文系。

正式开课前，学校照例安排一段时间对新生进行"巩固专业思想"的教育。这期间，中文系组织了一次师生见面会。那是一个晚上，地点在学生宿舍楼16楼门前的空地上，师生们自带方凳依次坐在冬青墙的后面。隔着一条走道，楼门口的台阶上，就着防雨檐上十五瓦的灯光，摆了一张桌子，算是主席台。那天到会的，有系主任高元白等许多教授、讲师，其中有几位在主持人介绍后被请上主席台作简短的讲话，霍松林先生即是被请上台的一位。他年纪在四十开外，中等身材，鬏鬙的头发不大驯服地梳向脑后，使略带倦容的面部显得稍长。所讲的内容主要是：中国古典文学是中文系学生应当学好的一门基础课程，而要学好这门功课，没有捷径可走，必须下苦功夫、笨功夫。他语重心长地强调指出：在四年时间里，每个学生务必背诵四百首诗词，六十篇古文，精读十部古典文学名著，等等。给我

留下深刻记忆的，是他讲话时挺直的身姿和飞扬的神采。特别是从他那种抑扬顿挫、节奏分明的语调中显示出的学养深厚的洒脱与自信，使同学们受到强烈的感染和激励，会场的气氛顿时活跃起来。散会以后，有位宝鸡来的学生便模仿他讲到"古、典、文学"时一板一眼的语气和情态，还真惟妙惟肖，逗得大家直乐。事实上，他的许多高足讲课，不仅教学内容、教学方法，就连语调、神态都是学他的。那天的会时间不长，但学生和教师们都显得异常兴奋。

这是全文的第二段。作者曾任中共陕西省委宣传部长，后任中国作家协会党组副书记、中华诗词学会名誉会长。

弓保安《恩师霍松林》：

恢复高考，填写高考志愿表时，第一志愿我便填的是陕西师大中文系，原因是那里有个霍松林。入学后见到霍先生，那种激动的心情是无法形容的，只觉得他朴实、亲切、慈祥得像中国千千万万的老人，又有一种罕见的令人肃然起敬的学者气质和风度。于是，我怀着崇敬而激动的心情，不放过选修课等一切机会聆听他的教诲。特别是霍先生的学术报告会，我不仅自己听，还将消息告诉给外校的朋友。报告会举行时，不仅本校的学生涌向大礼堂，而且附近院校如外院、西安师专等院校的学生也纷纷赶来，大礼堂里座无虚席，连走道里、窗户上都挤满了人，大礼堂外，甚至附近的路上，也站了许许多多的学生。这盛况是惊人的，置身大礼堂里，我感到心潮澎湃，热血沸腾，看着霍先生亲切的面容，听着他亲切而感人的话语，我有一种幸福感，也有一种豪情，心里想，霍先生的今天，应该是他的学生们的明天，即使达不到先生的成就，也应该一辈子像先生那样去努力。

离开大学以后，我便把古典文学研究作为我业余生活的一部分，而霍先生，一直在关心和指导着我。我写出了第一部书《宋词三百首今译》，霍先生便认真地阅稿，给以指点，并作序题签书名，在我的研究路上热情地扶了我一把。先生给我的好几部书都写了序。我对先生的感激，是无法用语言表达的。特别是先生对我要求非常严格，从不迁就。他看了我的《女词人佳作译解》一书，便致信批评了书中的缺点和不足。这使我非常感动，我从他的批评中感受到了他的伟大人格。

这是全文的中间两段。作者是陕西人民出版社副总编、作家。

改革开放之初，我还为本科生讲过历代韵文、历代散文、杜甫研究等选修课，不久，便专门培养研究生了；但我对高踞讲台与济济英才谈诗论文、赏奇析疑的乐趣，还是恋恋不舍的。

从 1979 年秋天开始，我培养了二十一位硕士；从 1987 年秋天开始，我先后培养了七十多位博士，他们自称"霍门弟子"。韩愈在著名的《师说》中说："弟子不必不如师，师不必贤于弟子。"我力求通过有效的培养，使我的弟子比我强；我甘愿作"人梯"，使我的弟子站得比我高。

我培养研究生，始终强调"品学兼优，知能并重"。做好学问，首先要做好人，人品是第一义的。在品、学两方面，我对研究生要求同样是"严"字当头。在做人问题、作风问题上发现问题不仅个别谈，必要时还开小会，让他们开展批评和自我批评，效果很好，甚至传为佳话。"知能并重"的"知"，当然指知识。对于研究中国古典文学的硕士生、博士生来说，首先要有中国文学史的系统知识和历代作家作品的丰富知识。然而仅有这样的"知"，

还是跛脚的，应该进一步化"知"为"能"，比如，有了赋的知识，还要能作赋，有了诗词的知识，还要能作诗词。知与能、研究与创作，是互相促进的，有了丰富的创作经验，才能对历代名家的名作有更深刻、更精细的理解。人民文学出版社1984年出版了我的《唐宋诗文鉴赏举隅》，中国社会科学出版社1999年出版了我的《唐宋名篇品鉴》，中国社会科学出版社2000年出版了我的《历代好诗诠评》，中国青年出版社2011年出版了我的《唐诗鉴赏举隅》和《宋诗鉴赏举隅》，这几种书中的鉴赏文章，以及上海辞书出版社出版的《唐诗鉴赏辞典》《宋词鉴赏辞典》《唐宋词鉴赏辞典》《元曲鉴赏辞典》《古文鉴赏辞典》中所收的我的鉴赏文章，都受到广大读者的喜爱和评论家的赞许，主要原因即在于，我对历代名作在反复熟读背诵的基础上，根据几十年的创作经验探微抉奥，阐发其深层意蕴和言外之意、弦外之音。

我所说的"知"，还有"博"与"精"的要求；我所说的"能"，也不止"创作"一个方面。"霍门弟子"都了解得很清楚，践行得很努力，收效也很显著。关心研究生培养的校领导经过周密考查，曾作出扼要的阐发和评价，下面是赵世超校长《一代学术宗师》中的相关部分：

> 霍先生指导研究生，强调品学兼优，知能并重。在指导研究生治学方面，他着重指点治学门径和治学方法，同时提出在各方面必须达到的严格要求，然后放手让他们自己去读书、去研究、去创新，从而最大限度地调动他们自学的积极性、主动性和创造性。在指导研究生树立高尚人品方面，他着重要求他们弘扬疾恶扬善、爱国爱民，"以天下国家为己任"的中国文化精神，同时对他们在学风、文风、生活作风方面出现的问题，也从不放过，不但耳提面命，有时还要开会批评。因此，霍先

生培养的研究生，绝大多数都能自觉地向品学兼优的方向努力。关于知能并重的"知"，霍先生既要求"博"，又要求"精"，"博"是"精"的前提。对于研究中国古代文学的人来说，其眼光和知识领域，既不能局限于某一作家、某一作品，也不能局限于中国古代文学。当深入研究某一课题的时候，必须从当前的先进观念和时代精神出发，放眼古今中外，广泛搜集、钻研有关的资料，从纵向与横向、宏观与微观的结合上提要钩玄、探微抉秘，才能有所创获，才能走向"精"。关于知能并重的"能"，指的是"能力""创造力"。霍先生所强调的"能力"，包括三个方面。一个方面指学术研究的能力、发现问题和解决问题的能力。如果学问很渊博，却不能发现问题、解决问题，写不出像样的论著，那就是有知无能，也就是古人讥笑的"两脚书橱"，对学术文化的发展起不了重要作用。这种能力，是在不断研究、不断写作中培养和提高的。因此，霍先生要求研究生勤研究、多写作，出成果；如果有人在一段时期或长时期不出成果，即使早已毕业了、当教授了，一见面还要批评。霍先生所说的"能"，还有一个方面，那就是文学创作。霍先生在谈治学经验的文章中指出：从事中国古代文学教学和研究的人，应该搞一点创作。比如，讲汉赋，最好自己能作赋，讲诗、词、古文，最好自己能作诗、词、古文。当然，不一定古代的每一种文体都会作，都作得好，但至少要有一点创作经验、创作甘苦，才能比较深刻地理解文学作品，为讲课和研究打好基础。霍先生培养的博士生，有不少人会作诗词，也会写文言文，研究与创作互相促进，相得益彰，这是霍门弟子的一大特色。霍先

生所说的"能"，还指"学以致用"的"用"。他一贯强调培养"有用"的人才，每当他的弟子有机会担任教学行政或学术文化方面的领导职务的时候，他都鼓励他们勇于承担，以便发挥才能，做出更大的贡献。霍先生"品学兼优""知能并重"的培养方法，实际上是一种高素质人才的培养方法。正如他以前的博士生、现任东南大学教授的徐子方在《霍师、霍门、我》这篇文章中所说："对霍先生这种高屋建瓴的指导，我们不但很适应，而且简直是'如鱼得水'，很快就跳出了多年来'被动学习'的牢笼，最大限度发挥了自学的积极性和主动性。因此，我们不仅出色地完成了学位论文，而且毕业后能迅速适应新的环境，独立地开展工作。就我个人而言，来东大数年，不管是个人钻研还是单位工作，从来不敢懈怠。除了出版百余万字的专业著述而外，还作为中文系首任系主任和校文科学报首任主编，大力主持了东大文科中两个部门的创建工作。"

对学生的培养，"言传"很重要，"身教"更重要。霍先生在他强调的"品学兼优""知能并重"方面，都能"以身作则"，起"表率"作用。……

赵校长说，我在"品学兼优，知能并重"方面，对我的弟子"言传身教"，起了"表率"作用，还举了许多例证，我当然"愧不敢当"。实际情况是：我们师生之间论学谈艺，其乐融融，互励共勉，亲密无间。因而他们离校多年，还思念我，一有机会，便来看望我，在学校为我祝贺八十寿、九十寿时，他们都来了，献花、聚餐、合影，开座谈会，追忆美好的过去，展望光辉的未来，依依惜别，恋恋不舍。相对于在"知识愈多愈反动"的叫嚣中学生批斗老师的场景，这才是最美好的师生关系。在这种师生关系的基础上，才可以建构美好的和谐社会。下面引几段我的研究生怀念老师的文章。

刘怀荣《师门求学记》：

记得1990年夏天，我在读书报告的基础上写了一篇题为《盛唐气象的理论内涵及其精神实质》的论文，拿去给松林师审阅。几天后，他将批阅过的稿子转给了我。我翻开一看，只见好几页的边框上都写满了工整的小字。有几处对我论文中不够严谨的地方作了严肃的批评，在文末又对论文的长处与不足作了详细的总结。像这样手把手的指点对我在学术上的成长所产生的影响是不言而喻的。这篇论文虽早已发表，但我至今仍保留着写满了松林师批语的论文初稿，这不仅因为作为书法家，松林师的字本身就给人以独特的美感，而且还因为这里面记录了我们师生间的一些美好的回忆。

与在具体学术问题上的严格要求不同，在学术兴趣、学术观点上，松林师又总是给予我们以极大的自由。比如毕业论文的写作，不少导师要求学生按早已设计好的题目来写作，或者在已确定的大题目里选一个子题目。松林师则是要求我们最大限度地发挥个人的长处，尽力写出特色，至于选哪一方面的题目并不加以限制。我在第一次报论文选题时，是想将建安至盛唐作为一个诗歌发展的完整阶段，来研究盛唐诗歌的形成及其特征。但在准备过程中，我却由殷璠"兴象说"入手，对"兴"的问题产生了浓厚的兴趣，最后将论题从诗歌研究转向了诗学研究，而且重点探讨的又是中国诗学的发生问题。这在某种程度上已偏离了我原来唐宋文学的研究方向，同时，因为其中涉及许多原始文化、艺术及宗教等方面

的问题，而这些方面又非我所长，这样一来，论文写好的把握就大大地打了折扣。但我的想法却得到了松林师的支持。他认为题目虽比原来的难，但很有价值。在他的鼓励下，我走上了一条全新的学术之路。毕业论文完成后，又是在他的力荐下，被收入了台湾文津出版社的"大陆地区文史哲博士论文丛刊"中。这几年来，中国诗学的研究也成了我的主要研究方向。可以说，我在学术上走过的每一步都与老师的教诲和扶持分不开。

徐子方《霍师、霍门、我》：

霍门弟子无论在校期间还是离校之后，所取得的成就都相当突出。其实，这一点早在六年前就有了公论。1993年夏，我为已完成的博士学位论文找出路。当时台湾以出版"文史哲大系"而名闻中外的文津出版社，正集资出版"大陆地区博士论文丛刊"一百种，苦于学术专著出版难的国内文史哲众博士自然趋之若鹜，对方的遴选标准无疑也极严，然而，霍门弟子中有七部博士论文被选中。文津社主编邱镇京先生来信就直言不讳地称道："在我社审过的博士论文中，发觉贵校霍教授、川大缪钺教授、吉大金景芳教授三位所培养的博士生最具水平。"看到这里，我想，再说其他任何话都是多余的了。……

……先生在一些关系到研究生素质的问题上特别严格，有时看起来竟似不太近人情。记得1984年我们几个元明清文学硕士生入学以后，他要求无论将来搞什么，首先的任务是将整个元杂剧作品统统看一遍，写出读书笔记。当时正值思想界、学术界新作派活跃，年轻学子普遍浮躁，能坐下来安心啃古籍的的确不多。但霍师不管这些，强作要求，没有讨价还价的余地。就这样整整花了我们一个学期，不但将其全部啃完，而且都写出了即使今天看来也算不太坏的读书笔记。

祝菊贤《欲推后浪兼天涌》：

当我们去霍先生书房，看着他书架上那一本本线装的、平装的经典；当我们听着他准确无误地随口引用某书中某一条资料；当我们聆听他的学术演讲，阅读他写的诗歌鉴赏文章，欣赏他创作的诗词散文时，我会不由自主地想，如果不是把读书、做学问、创作化为生活第一需要，从中感受到无穷乐趣，他笔下的诗词歌赋怎么会那样出神入化，慷慨动人？他对中国古诗词的解读怎么会那样深入切贴，新意迭出？他对我们论文中哪怕是一点点疏忽怎么会那样明察秋毫呢？如果不是在生活中充满审美的体验，他怎么会不论在风雨如磐、民族危难的三十年代，还是在住牛棚被改造的六十年代；不管是繁忙的学术会议期间，还是漫长的旅途劳顿中，都能捕捉住生活中美的瞬间，把那么多的鸿文妙篇留给人们呢？

张新科《"严"字当头》：

博士，是国家的高层次人才，肩负着历史的重任，时代的使命。不仅要有较高的知识学问，而且必须要有高素质。要做文，先做人。先生常常结合专业特点，用古代文学中的人文精神教育弟子要有"先忧后乐"的思想，要在"德"的方面起表率作用；还用他在"文化大革命"中受到的不公正的待遇教育我们说，人生总不会是一帆风顺的，会遇到各种各样的困难和挫折。要树立崇高的目标，要有战胜困难和挫折的信心和决心。如果没有使命感，没有健康的心理，玩世不恭，迟早要被社会淘汰。

我深深地感到，先生不只是教给我们知识，更重要的是教我们如何做人，而且做对国家、社会有用的人。正因此，先生对弟子们的一些不良行为予以严肃的批评和教育，及时而且得法，真正做到了既教书，又育人。也许有人认为这样做太严肃了，没必要，但我体会到，这是先生对弟子一生的负责，是对国家负责，是导师的不可推卸的责任。博士不是小学生，但如果有缺点和错误，也应像教育小学生那样，严肃认真。"科技以人为本"，这个"人"，必须是高素质的人，是一个真正的大写的人！

李浩《立雪琐记》：

霍门人才济济，前面毕业的师兄们的论文水平极高，仅台湾文津出版社的大陆博士论文丛刊所收，就有近十种，在学界多有定评。这一方面给我指出了向上一路，另一方面也为我竖起一个标杆。以我之愚拙，自不敢与师兄们相比，但至少不能相差太远，辱没松林师的清誉。经过三年的艰苦努力，我的学位论文《唐代关中士族与文学》始克成篇，同行专家及答辩委员对拙文多所肯定，鼓励有加。松林师又向文津出版社鼎力推荐，使拙作得以忝列隋唐文化研究丛书，很快面世。回过头来看，要是没有霍师对我选题的鼓励支持，我是不敢选择这样一个跨度大、难点多的项目作为学位论文的题目的；要是没有霍师悉心指引、严格把关，论文就无法避免许多错误。可以说，字里行间无不倾注着松林师的心血。

……

陕师大一位老师讲过这样一件事，一次全国性的学术讨论会组织专家游览名胜古迹，主人盛情招待来宾，并请来宾赋诗词留墨宝。来宾多谦让退避，北京大学的王瑶先生感叹道：如此场面，只有霍先生能应付自如。

松林师对古典文学有深刻体悟和精湛研究，但成就又不限于古代文学。他的诗词创作曾受到民国元老于右任先生的赞赏，书法亦自成名家，但雅不愿别人称他为诗家、书家。将古代文化的各种学问技能打通，百川汇海融而为一，出入四部，游戏六艺，才具有大师风范，这正是我们这一代学人的致命伤，也是前辈大师的不可企及之处。

王素美《霍门受业记》：

先生之为师还关心着无数少年儿童的成长，先生六十年代初就写过《打虎的故事》和《古人勤学的故事》，以满足少年儿童成长的需要。九十年代，先生又曾为少年版的《水浒传》《三国演义》《西游记》《红楼梦》作序，以推动中国古代文学在少儿中的普及工作，并为《颜氏家训辞典》作序，以弘扬中国古代家庭教育的传统。尤其值得一提的是：先生不仅为中小学教师暑期讲习班讲课，还为小学生讲课，《陕西日报》曾以《大学教授给小学生讲课》为题，报道过先生的感人事迹。

从 1980 年开始，多年来有不少来自兄弟院校的进修教师跟我进修，1986 年经国家教委批准，我开始指导访问学者。这些学者或访问半年，或访问一年，一进校就和我商定研究课题，然后利用我校图书资料进行研究。离校时，一般都能完成一两篇学术论文或一部学术专著。经我指导的进修教师和访问学者，至今已有好几十人，都成为所在单位的教学、科研骨干。

我教过数以千计的本科生，指导过数以百计的硕士研究生、博士研究生、博士后、进修教师和访问学者，堪称"广育华夏英才"。人才是致富图强、提升综合国力的决定因素，竭尽全力为国育才，是我的最大愿望。

愿望能否实现，还要看客观条件。

我快七十岁的时候，每年春节校领导来拜年，我都说："我早该退休了，接到通知，我就退。"领导说："这是学校考虑的事，您就安心工作吧！"过了十年，学校不但没有让我退，还为我祝八十寿。又过了十年，学校仍然没有让我退，还为我祝九十寿。两年多过去了，我还在培养博士生。正因为该退未退，多干了二十多年，才能实现"广"育华夏英才的愿望，才能享受"得天下英才而教育之"的快乐。感谢校领导的大力支持；祝愿我校开拓创新，繁荣发展；祝愿我校师生"厚德积学，励志敦行"，为中华民族的伟大复兴多做贡献。

第 二 十 一 章

终生写字　养性怡情

四年前，我作过一首《题梅村〈走近唐音阁〉》的诗，前半篇是这样的：

行年八十九，碌碌何所成？

除却革文命，唯与书结盟。

读书求真理，教书育众英。

钻研有心得，写书手不停。

简单地说，我这一辈子的主要活动，就是读书、教书、写书。书，是一个字一个字地写出来的。不光是写书，开会签名，离别后写信，游山玩水时题诗，都得写。参加这样那样的考试，更要写试卷。所以旧时代的读书人都重视写字。作为我的启蒙老师，父亲在鼓励我把字写好时总要说："字是读书人的门面。"门面，当然越漂亮越好。

父亲考秀才时文章好，可考取前三名，只因字不好，终于屈居第八名。后来得到一位大书家的指正，才把字写好了。他从自己的切身经历中总结了教训，用来指导我写字，从描红到看帖到临帖，进行了严格的训练，所以进步比较快，十一二岁，邻居们就要我为他们写春联了。

在上小学、中学、大学的十多年间，课

余都写字。如果说，上大学以前写字是为了搞好"门面"，那么，上大学以后，写字越来越成为一种爱好，一种娱乐。边写边欣赏，悠然自得，宠辱俱忘。

我上小学和中学，由于学校离家近，写字是在父亲指导下进行的。父亲看重唐楷，他先教我临摹欧阳询的《九成宫》，着眼于每一个字的间架结构。父亲认为，写楷书，最重要的是搞好间架结构，正像修房子，间架结构没搞好，就立不稳，垮掉了。

在我反复临摹《九成宫》，父亲认为已经得到结构谨严的好处之后，他教我临摹柳公权的《玄秘塔》，着眼于寓韶秀于劲健，又教我临摹颜真卿的《多宝塔》和《颜家庙》，着眼于既雄浑，又有骨力。

当然，父亲更重视的还是"二王"的法帖，尤其是王羲之的《兰亭集序》。他说："《兰亭集序》是'天下第一行书'，好是好，但不能一开始就写行书。写好楷书再写行书，那就得心应手，水到渠成。"

我在南京上中央大学的几年里，有幸与好几位书法大师结缘。首先是胡小石老师，他是我们中文系的系主任，又为我们班讲《楚辞》，因而有机会到他家去请教。他是国学大师，也是大诗人、大书法家。我经常在《中央日报·泱泱》和《和平日报·今代诗坛》发表诗词，引起胡老师的注意，所以我每次到他家去，他都很热情，在回答了关于《楚辞》的提问后，便谈他刚作了一首什么诗，

边谈边提笔写，我告别时便把这张手稿送给我。我把他先后送我的十多张诗稿及汪辟疆老师在同样情况下送我的四五十张诗稿卷在于右老、齐白石的好几幅字画中，锁在一口皮箱里。"文革"一开始，便和万卷藏书等等被口喊"革命无罪，造反有理"的红卫兵抢去了！

我认真写了一幅楷书请小石师指正，他逐字看过，然后说："你写唐楷功力很深，已经打好了继续深造的基础。唐人楷书成就极高，重法度，主整齐，自有优长；但比较而言，却逊于北碑之自然天趣。"他建议我临摹《郑文公碑》与《张黑女墓志》：临前者，着眼于坚实严密；临后者，着眼于空灵秀美。我一直偏爱帖学，但接受小石师的指点，在临摹北碑方面也下过功夫。

小石师也开过书法课，著有《中国书法史》讲义，虽已定稿，惜未出版发行，"文革"祸起，亦被抄掠。数十年研究书法之丰硕成果，仅存《书法要略》（见《胡小石论文集》第一册）而已，殊堪浩叹。

我的初中同学好友王无怠是全班的高才生，也爱好书法，我上国立五中高一时曾应邀住在他家后花园，晚饭后一同读书、写字，直到深夜。他叔父王新令先生早年在南通师范读书，深受以清末状元身份而办教育、兴实业的张謇器重。多年后又受监察院院长于右老器重，聘任监察委员。我上国立五中时，他回过一次家，无怠领我去拜见，在谈论升学问题时他力主我考中央大学。后来我在南京中央大学学习，常到他家去吃饭、聊天，欣赏大书法家沈尹默先生临摹的《兰亭集序》长卷。新令先生也是大书法家，与书法大师沈尹默先生同走二王的路子，因而以书结缘，成为亲密无间的好友。沈先生从上海来看望他，他约我去拜见。沈先生和我一见如故，给我讲了"永字八法"和他的"执笔五字法"，以及他临摹《兰亭集序》的体会，使我终生受益。十年前，陕南汉阴县修建"三沈纪念馆"，主持者知道我和尹默先生的关系，特邀我为纪念馆大门撰书楹联，我撰书的楹联是：

新学导先河，珠联鼎峙尊三沈；

法书开觉路，凤翥龙腾变二王。

他们收到楹联后立即刻制悬挂，派专人开车接我参加开馆典礼。我非常想去瞻仰三沈遗像、游览地灵人杰的汉阴，却因忙于要事未能成行，至今犹感遗憾。

沈先生在"文革"中的遭遇异常悲惨。多次被抄家，百般折磨，困顿不堪。挣扎到 1971 年，在极度痛苦中把他保存的得意墨宝用水泡烂，倒进抽水马桶冲掉，呕血而亡。

我师从于右老学习的经历，在第四、第五两章中已经谈过。这里只从学习书法的角度谈谈我的感受。看书法大师写字，是学习书法的最佳机遇。右老写字，我多次给他拉纸，仔细地看他如何执笔，如何用墨，看他结字的来龙去脉，看他运笔的提按使转，真如醍醐灌顶，茅塞顿开。

看右老写字，有时一幅字即将收尾，却抓起来抛向一边，换纸另写。低声说："要写好一幅字，真难！"别人求之不得，他却把那么好的一幅字抓烂了！曾经有这么一种传说：抗战时期，右老在重庆的住宅很简陋，门外墙角，常有人撒尿。右老用浓墨大纸写了"不可随处小便"六个大字，刚贴出去，就被人揭去，

经过剪接，精裱成"小处不可随便"的条幅挂在客厅，见者无不羡慕。

在中央大学求学的三年，既从好几位书法大师那里得到不少教益，也天天练字。尹默先生和新令先生都认为，搞书法应在继承"二王"的基础上融会百家，求变求新，并指导我由褚遂良上溯"二王"。我依照他们的指点，反复临摹褚遂良的《雁塔圣教序碑》和《孟法师碑》，然后上溯"二王"。于大王（羲之）书，集中临摹《乐毅论》与《东方朔画赞》；于小王（献之）书，集中临摹《十三行》。大王的《兰亭集序》和唐僧怀仁《集王羲之〈三藏圣教序碑〉》，也临摹过好多遍。

上世纪 50 年代前期，我买了一部《淳化阁帖》，后来又买了一部《三希堂法帖》，有暇则广泛观摩，选优临习。"文革"中丧失人身自由，百业俱废。改革开放以来，政通人和，心情舒畅，天天写字，陶性怡情，作了一首七言律诗：

> 童年习字父为师，洗砚门前柳映池。
>
> 壮岁犹思追索靖，浩劫那许继张芝。
>
> 岂知地覆天翻后，又展龙翔虎卧姿。
>
> 室亮桌宽情绪好，笔飞墨舞颂明时。

张芝：东汉书法家，甘肃酒泉人，善草书，世称"草圣"。索靖：西晋书法家，甘肃敦煌人，草书继承张芝而有创新。这是两位甘肃老乡，也是"二王"以来历代大书法家的老前辈，所以，我举他俩指代历代书法大家。

1993 年 12 月，老友李正峰教授创办《书法教育报》出刊，聘我为艺术顾问，我作诗祝贺：

《书法教育报》创刊

> 六书造文字，八法创艺术。
>
> 实用兼审美，神气贯骨肉。

骨健血肉活，神完精气足。

顾盼乃生情，飒爽若新沐。

刚健含婀娜，韶秀寓清淑。

浑厚异墨猪，雄强非武卒。

或翩若惊鸿，或猛若霜鹘。

虎啸助龙骧，风浪起尺幅。

变化固在我，成家非一蹴。

入门切须正，一笔不可忽。

功到自然成，循序毋求速。

文字本工具，诗文载以出。

书写传情意，字随情起伏。

情变字亦变，万变宜可读。

东涂复西抹，信手画符篆。

自炫艺术美，谁能识面目。

觥觥李教授，书道久精熟。

办报传法乳，风行越四渎。

寄语学书者，照夜有明烛。

拾级攀高峰，放眼视正鹄。

买椟要得珠，求鱼勿缘木。

新秀争脱颖，艺苑花芬馥。

芜辞聊祝贺，玉罍泛醽醁。

正峰作答谢诗："……《书谱》今有续，雷电击幽荒。书道何奥妙，公已发其藏。谆谆诲后生，足堪导迷航。击节久玩读，其味愈深长。……"

这算是我的第一首"论书诗"。我还有几首诗，也是论书的。例如：

第二十一章 终生写字 养性怡情

赠某书家

刚健见骨气，婀娜蕴情意。

毋徒耗精神，形体求怪异。

有几位资深书法家"老年变法"，只在形体上玩花样。一位写横、竖、撇、捺，都不一笔送到，而是写得弯弯曲曲。古人论书有"一波三折"之说，这位书法家远远超过了"三折"，七曲八弯都有了。另一位资深书法家也在撇、捺上打主意：不一笔送到，而是忽粗忽细、忽断忽续，正像老年人大便。这位大书法家的一位粉丝请我评论，我说："这才是'人书俱老'啊！"粉丝听了，喜形于色。

我的体质本来很弱，活出"文革"，活到改革开放，我已经很满意。别人有各种娱乐，我的娱乐只是写字。娱乐就是娱乐，毫无功利目的，所以从来没有出书法集的想法。然而一切都有缘，2004年夏，省上有关领导和大批书画家同赴宝鸡参加以"绿化"为主题的笔会，我也去了。到了会场，或作书，或画画，辅以研讨，议论风生。会上遇见宝鸡市委宣传部长吕晓明，喊我老师，很热情，说他在师大中文系上学时听过我讲课，我即给他写了一幅字。他十分认真地说他要给我出书法集，我给他讲了我从来没有想出书法集的原因，他说："老师写字是自娱，出了书法集，便可娱人。既自娱，又娱人，岂不更好！"我说："宣传部是清水衙门，你的工资也不高，哪儿有钱给我出书？"他说："只请老师提供书法作品，出书的事，我自有办法。"

回西安不久，陕西人民出版社弓保安来访，说他与吕晓明是大学同学，已经商量好为老师出书法集，编辑、出版都由他负责，希望我提供作品。就这样，八开本印刷精美的书法集，便于2006年5月与读者见面了。这本书法集包括一百几十幅作品，由中国书协主席沈鹏题诗，中国书协副主席兼北京市书协主席林岫题签，中国书协副主席钟明善、陕西省书协名誉主席茹桂写序，陕西人民出版社副总编弓保安作跋。我原定的书名是《霍松林自书诗文词联选》，林岫题签时自作聪明，写成《霍松林诗文词联书法选》。

2006年12月5日，省文史研究馆、省书法家协会、省诗词学会主办的《霍松林诗文词联书法选》座谈会在省政府黄楼省长办公会议室举行，省市文史界、书画界、诗词界的不少名流争先发言，《陕西师大报》的特约记者李卫东写了详细报道。

2007年秋，陕西省文联、书协、文史研究馆等单位主办"三老书展"，又举行座谈会，非常隆重。邱星九十有四，当然

▼看三老书展，两边是女儿有辉、小儿有亮

是大老；我八十有六，叶浓八十有三，也都"老"了，加起来便是"三老"。省文联、书协、文史研究馆等单位的领导不惜资金、劳力和时间，为我们三位老人办书展，彰显了敬老尊贤的厚意深情，令人感动。我有几十幅作品参展，都是主办单位精裱的，非常感激。

由于我天天写字，朋友们便为我出书法集，办书法展，开座谈会，还发表了多篇评论文章。在我看来，这都是对我的鼓励，鼓励我精进不已，做一个实至名归的书法家，自娱娱人。

为了牢记朋友们的鼓励，日有进益，很想在这里附录几篇评论文章，可是篇幅有限，只能摘录其中的若干片段。

李正峰《霍松林先生的书法艺术》（原载《三秦书画报》1994年第27期）：

我一直很喜欢霍先生的书法，尤其佩服的是以下两个方面：

一是典雅。先生以大半生的精力，从事唐代诗歌的研究，因此，唐诗那雄阔的意境、悠扬的情韵，不仅滋养了他的诗风，也渗入了他的书风。欣赏他的书法，令人感到温文尔雅，洋溢着浓郁的传统文化气息，既有骨力，又有风姿，正如他在《论书诗》中所说的那样："刚健含婀娜，韶秀寓清淑。"其中弥漫着一派书卷之气，而绝无时下常见的某些书法作品里的霸气、野气和江湖气。

二是独特。霍先生的书法，虽然来自对晋唐书法的继承，却不囿于某家某派的风貌，能够广取博收，为我所用，得心应手，自出机杼。从他的字里，很难找得到模仿古人的痕迹，而古法却时时优游于笔端。古人云："妙在能合，神在能离。""合"，是在法度和神韵上与古典书法的一致性；"离"，是在体态和笔致上的独特性。

能做到这两点，才是出神入妙的高超境界。霍先生作书，运用之方，全由己出，无法而有法，已进入此等境界。

在当前的书法界，由于许多人对中国书法这门传统艺术缺乏足够的认识，失去了正确的书法审美标准，扬弃了至关重要的"文化内涵"方面的要求，而片面地追求"视觉形式"，求异务怪，邪说丛生，导致了良莠不分，鱼龙混杂，"蚂蚁缘槐夸大国"，"著名书法家"遍地皆是。在这种情况下，我来谈霍松林先生的书法，认定他为名副其实的书法家，是想使年轻的朋友们，从中悟得学习书法的正途。

钟明善《草圣薪传是此翁——霍松林先生的诗与书》（原载《新大陆》1995 年第 3 期，澳门《华侨报》1995 年 9 月 18 日转载）：

书法是"诗文载以出"的载体、工具。言必己出，自书诗文更是历代文人书法的优秀传统。我们看霍先生的大量书法作品都是书写自己的诗文。老一辈的诗人、作家、学者，几乎无一不是书家。但他们又不是以书家自诩，因为他们大都是无意成为书家的。临帖习字是他们初入学堂的第一门功课，而后的漫长岁月他们继续用毛笔写诗，他们大多数绝无今日书坛青年朋友的焦躁情绪，也不怎么费脑筋要急欲打出自己的书法天地。他们没有那么多自觉的专业书法家的意识，他们只是写字，一边写，一边有意无意地自然地扑捉美的笔势、字势、韵味。在几十年的岁月中，他们在渐变中逐渐有了书法中的自我和自我的书法面目。霍松林先生也像他们这一辈学者文人中的大多数一样，没有成为书家的初衷，只是在"诗文载以出"之后留心于"书写传情意"。这样的内涵是他书法的极丰厚的文化积淀。这也是我辈青年学子所难以企及的。我常想，古代大书家李太白、怀素、苏东坡、黄庭坚等都以自己的笔写自己之诗文，而今天我们为什么还老是写唐诗、宋词呢？如果长此以往，几十年后，我们的后人就会嘲笑我们这一代人没有诗没有文没有文化，那岂不太可悲了吗？学习霍松林先生这些老一辈学者、书家，最要紧的我以为就是"书家学者化"，用中外文化的精华、精神去充实自己。

从书法形式美的角度讲，霍松林先生有他深厚的由父辈手把手教出的基本功，更有青年求学时期极好的文化环境的影响。他的字也像他的诗一样"刚健含婀娜，韶秀寓清淑"。笔法严谨而笔势活泼多变。纵笔挥洒，波澜起伏，留笔敛气，蓄势画末，方圆兼备，疾涩得体，寓刚于柔，潇洒自若。结字中宫紧收而舒放其笔，斜侧取势而中心平稳，险绝而归于平正，直率而不拘成规。在当今学者书家中已形成自己独具的面目。

欣赏他的书法作品，我总觉得有一种和读他的诗一样的感觉：清新，明丽，自然，冲淡，典雅，舒放中时时透出刚健、豪放、浑厚之气。对一位闻名遐迩的学者、诗人、教授霍松林先生来说，书法也不过是"余事"而已。然而，他的书法也像他的诗一样"卓然自立，学古人而不为古人所限"。此诗翁的诗文、书法确是得了当代草圣于髯翁等老一辈学者、书家、诗人的薪传，而成了当今文坛、艺坛的翘楚。

茹桂《学为人师，德为世范——读〈霍松林诗文词联书法选〉》：

霍先生曾言："涉足于任何学术领域，倘要做出成绩，都得练好基本功。"大凡成功的书家就不能不从笃学苦练开始，去掌握娴熟的表现技巧。霍先生幼承家学，读书临池成为他经常坚持的日课，十岁以前就开始描红、读帖，继而遍临欧、虞、褚、李、颜、柳和《兰亭序》《圣教序》等，练就了坚实的基本功。在长期繁忙的教学、科研和理论与创作工作的同时，从未丢弃书写实践，由功力而性情，由实用而审美，由技术操作层面到心灵参与的文化态。诚如先生所说，书法是他"忙里偷闲的一种娱乐"。谢却世俗名利，既以自娱，且以娱人，在对劳苦的学者生涯的调节、娱乐和消遣中，多年来，先生陆陆续续创作了大量的书法作品，为社会提供了珍贵的精神食粮，也使我获益匪浅。

东汉赵壹曾说："有超俗绝世之才，博学余暇，游手于斯。"用此来鉴证霍先生的书法，可谓恰如其分。

唐张怀瓘认为，书法家应当"身兼文墨"，并且强调：

"论人才能，先文而后墨"，更符合霍先生的实际。

宋苏东坡提出："书者诗之余。诗不能尽，溢而为书，变而为画，皆诗之余"，简直可以看作是对霍先生临池染翰的精神写照。

这，我们就不难明白：在诗坛领袖、学界泰斗之外，还有一个书法大家霍松林。他的知识学问固然令人倾心向往，而正直、豁达、谦和、宽容的性格与卓然自立的人格力量更是让人敬服。文如其人，诗如其人，书如其人。作为一位有才有学有识有德的"身兼文墨"的学者、诗人，霍先生虽然是戏笔自娱，却能识锐于内，振华于外，应目会心，自出手眼。因而笔墨之中浸润流注着的人生感悟、文采诗情、高怀雅尚和个性气质，构成了他书法作品的文化内涵与精神意蕴。这，才是中国书法艺术应当具有的深度的美。霍先生书写的都是自己的诗文词联，这是他胸中独具的山川，他把这一切转化为笔性墨情，以敏捷的矫健姿态与清劲的灵动意趣作了感性显现，书卷之气自然溢于行间，使作品具有一种蕴含深广，玩味无穷的醇正之美。

这种深度的醇正之美，外在形态相应地体现出气势浑厚、恬和淡宕、造型圆备、体态开张、劲峭健朗、堂正典雅、磊落大方等特点。由于先生的广积约取，博学善化，因而在其笔下将王的道劲秀美、欧的谨严刚断、颜的雍容大度、柳的峭拔清丽，以及章草的险劲朴厚熔冶一炉。取法众长而又能化古为我，以情驭才而才不露，既沉着稳健，又生动飞舞，各种矛盾因素在这里得到恰到好处的协调和适中。清整秀劲，快捷飞动，飘扬洒落，疏密有度，如《苍茫一画辟鸿蒙》《海岳风华集序》《雷简夫荐三苏碑记》；点画若屈铁，苍劲老辣，刚柔并济，奇正相依，如《题石廪峰》《从化温泉六绝》《黄海即兴》；浑厚祥和，意与境合，体势开阔，风度天然，如楹联《集兰亭字》《酷暑偶得》《香港回归联》；笔实力劲，健朗苍迈，宽绰舒展，如横幅匾额《仁泽长流》《智灯普照》《长松沐雨》；其中一些扇面也写得矫健玲珑，活脱飞舞，长短间隔，随行环转，含滋蕴采，显得悠然意远而又怡然自足。这正是儒雅的学者气度和诗人情怀的体现，笔墨中所流溢的文学素养与诗情，向我们说明：真正意义上的"书卷气"，实际上来自书法家的学者化，诚所谓"笔墨佳处，机遇与造化争衡；意兴浓时，情思与诗歌齐驱"。惟其如此，方可摆脱工匠度数，由技经由艺而进乎道，机遇、造化、意兴、诗意，化为线与形而交织在飞动的节奏韵律之中，加之匠心智慧的布局，表现为活跃流贯的生命感，而成为道的显现。

钱明锵《龙章凤彩，瞩目生辉——读〈霍松林诗文词联书法选〉》：

"晋人尚韵，唐人尚法。"所谓"尚韵"是指书家对高雅情趣、潇洒风度的崇尚和对书法萧散风韵、隽逸格调的追求，也是指书家艺术主体意识的自我觉醒和个性的自我流露。这一切都与书家的学养、情操有关。"腹有诗书气自华。"霍老是一代诗宗，文坛泰斗，"身兼文墨"。他的学养、才调、品貌、风度、言论、智慧、识鉴、情操，都融合沁透于他的书法作品中，使他的书法作品洋溢着"书卷气"。霍老的书法，纯朴自然、毫不雕饰、

率意经营、略无凝滞、恬静自得、舒卷自如，故而每多安闲洒落之韵趣，实令人赞赏不已。这不仅是他诗文学养和道德情操的内蕴与外露，也是他感情与个性的内蕴与外露。书法艺术表现的，不是物欲（名利）的社会需要和人的虚荣心理的满足，而是人的内心感情的一种愉悦和快慰。一等的学养、一等的人格、一等的气质情操，才能写出一等飘逸多情、风神绰约，既流畅又遒劲，以流动美为主导的全新风格的书法作品来。当年的"二王"父子是如此，而今霍老又何尝不是如此。这当使那些"胸无点墨"，急功近利的书坛"匠爷"们感到汗颜。

"笔挟风云斡造化，酒兵十万助戈予"，"千秋书史开新派，一代骚坛唱大风"，这是霍老壮志凌云、气吞山河的诗句。诗句博大，书法也雄奇。霍老的书法卓荦纷披、遒劲跌宕、崩云垂露、墨绪鸿飞，其气势之豪迈，笔力之雄健，直包举他的业师于右任先生之遗韵，披览之余，不禁令人振奋，令人鼓舞。这种浩瀚恣肆、流畅天成的灵气，体现了文人书法的最大特色。

霍老学富五车、才雄八斗、诗唾珠玑、笔精墨妙，可算当今独步，谁得与之同流？这本诗文词联佳什，均是他原创力作。其中句句篇篇，皆清新高雅，雄健风流，逸奇蕴藉，藻缋芳腴。读赏如此的美文、美诗，原已是一种美的享受，更何况霍老书法在用笔、结体、章法、墨法等技巧方面的优化，使这本书法集的内容与形式，诗情与书韵达到高度的统一，实乃独具一格，难能可贵。毋庸讳言，如光从书法技巧和外在的形式方面来说，当代自有超过霍老的书家；但从诗境与书境的有机统一，从两者珠联璧合，相得益彰方面来看，这本诗文词联书法选在当代堪称独领风骚，首屈一指。这应该不算夸张吧！因为在当代，罕有书法家的诗文功力能与霍老相匹敌，更别说自己不会原创作品，一味抄袭唐、宋，或以毛泽东诗词为书写内容的那些所谓的书法"家"了。

我多年来只以写字为娱乐，从未参加任何书法组织，只参加过两次书展，其他所有得到请柬的书展都谢绝了。"三老书展"是省文联等单位关爱老人的生动体现，

陕西各界庆祝中国共产党建党80周年书画大展

特别奖

主办：陕西省人大常委会办公厅
陕西省文化厅
承办：陕西书画艺术协会
二〇〇一年六月十九日

自然乐于参加。省人大常委会主办陕西各界庆祝中国共产党建党八十周年书画大展，我作为有数十年党龄的中共党员，自然以参加为荣。万万没有想到的是，我提供的行书条幅，竟然荣获"特别奖"，入选《陕西书画精品集》。

后　记

　　人老念旧，经常思念父母，也怀念乡亲。没有父母的抚养、教育，哪有美好的今天！没有乡亲们的关爱、护持，也很难活到"四人帮"垮台。"文革"祸起，众乡亲即为我担忧。得知我的长子、女儿被打成"黑五类"，插队后备受欺凌，即由大队书记出面，将孩子转到老家插队；又与公社联系，推荐女儿上甘肃师大、儿子上兰州大学。这不仅为孩子的发展奠定了基础，又给我以极大的精神支持，使我能够以百折不挠的勇气克服万难，活出十年浩劫。

　　我一贯热爱故乡，改革开放以来，我为家乡的建设做了不少工作。家乡人更对我关爱有加，逢年过节，乡长、村长都带上苹果、土豆之类的土特产来看望我；还修建了"霍松林故里"的碑亭，绿树成荫，环境幽雅，已是乡亲们集会的最佳场所。

　　好多年没回老家，

乡亲们想见我。2007年6月中旬，乡长王彦军开车来接，便由小儿有亮陪同，回乡探亲。先在父母坟前磕头、默哀，然后到乡政府与众乡亲聚餐、叙旧、摄影留念。王乡长已经作好准备，要我写"立党为公""执政为民""琥珀乡人民政府"三块牌匾，我写了，不久即刻制悬挂，给我寄来照片。时间过得真快，转眼已到下午五点，只好赶回麦积。虽然来去匆匆，却感到极大的安慰。爱亲爱乡，是爱民爱国的根本。人，是要有"根"的，不能"忘本"。我的"乡根"扎得很深，长得很壮。

▼前排左四为王彦军，右三为小儿有亮

▲小儿有亮与儿媳高一农

天水市也是我念念不忘的故乡。我在这里上初中、上高中，教小学、教中学，留下了许多美好的记忆。改革开放以来，我在促进天水市的文化建设方面做了力所能及的工作，原任天水市委领导，现任天水师院党委书记的杜松奇同志在《殷殷深情系桑梓——记霍松林先生二三事》一文中作了过高的评价。我将三千多册图书、七十七件书画和一百多盒音响资料及其他文物捐献给天水师院，该院即创建"霍松林艺术馆"，我的儿子、儿媳和我的博士弟子多人参加了隆重的开馆仪式。据说，开馆后参观者络绎不绝，已成为天水著名的文化景观，影响深远。

从1951年初到现在，我在我校任教六十多年，做了应该做的本职工作。校领导却给

▲陕西省委常委栗战书讲话

予了无微不至的关照，不但该退休而未让退，还为我祝贺八十、九十生辰。2000年10月举行的"庆贺霍松林先生从教六十周年及八十华诞学术讨论会"，省市领导、文化教育界名流，纷纷光临盛会；霍门博士弟子，也从全国各地赶来为老师祝寿。在大会开幕式上，省委栗战书常委、我校赵世超校长，分别发表了热情洋溢的讲话，来宾也争先发言，场面热烈，盛况空前。学术讨论会有多人参加，各抒己见，畅所欲言，也开得很成功。

特别值得一提的是：从1999年开始，大陆、港、台，以及美、日、新加坡的友人不断寄来祝寿作品，包括诗、文、词、曲、书法、绘画；霍门弟子也寄来《难忘师生情》等三十多篇祝寿文章。诗、词、曲、文三百三十篇，对联五十副，编为《霍松林先生八十寿辰纪念文集》，八百一十八千字，精装，陕西人民出版社出版。诗、词、联中的一部分，是用毛笔宣纸书写的，有的已经精裱；绘画中的一部分，也已经精裱或装入镜框。深情厚谊，令人感动不已。书画作品将近二百幅，编为《庆祝霍松林先生八十寿辰书画集》，陕西人民美术出版社出版。

九十寿辰的系列庆祝活动分为

▲与陕西省委常委栗战书在主席台上

"霍松林先生从教七十周年暨九十华诞庆祝大会""《霍松林选集》出版座谈会""词学国际学术研讨会""霍松林先生与弟子座谈会""名家系列学术讲座""唐音阁笔会"六个部分，规模宏大，《陕西师大报》出了专刊，用四个多版面作了报道。其《喜庆文宗大寿，勇攀学术高峰——我校隆重庆祝霍松林先生从教七十周年暨九十华诞》的报道占一个版面，摘录前数段如下：

　　10 月 18 日，"霍松林先生从教七十周年暨九十华诞庆祝大会"在雁塔校区崇鋈楼隆重举行。来自全国各地兄弟院校的领导、多家著名学府文学院

428

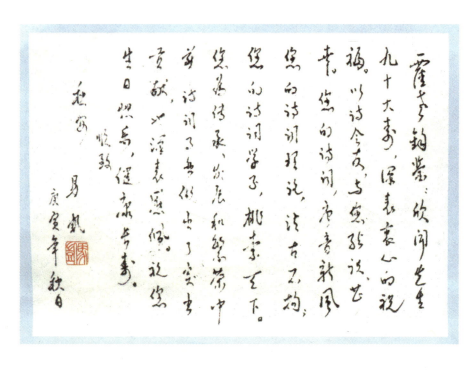

的院长、著名学者、霍门弟子、校内有关方面负责人，以及我校文学院师生代表二百四十多人出席了庆祝大会。原陕西省委书记张勃兴、副书记牟玲生，陕西省政协副主席李冬玉，及省市有关部门领导同志专程赴会为霍松林先生贺寿。庆祝大会由党委书记江秀乐主持。

文学院学生代表向霍松林先生及夫人胡主佑教授敬献鲜花。陕西省文史馆馆长李炳武宣读了国务委员兼国务院秘书长马凯写给霍松林先生的信，陕西省委副秘书长杨志刚宣读了代省长赵正永和陕西省委副书记王侠的贺信，天水市委常委、宣传部长王光庆宣读了霍先生故里甘肃省天水市委、市政府的贺电。陕西省人民政府副秘书长、省委宣传部副部长孟建国赋诗一首表示祝贺。

房喻校长发表热情洋溢的贺寿讲话。他从文艺理论及古典文学学术研究、人才培养、诗词及书法艺术创作、学风及人品等方面，对霍松林先生给予高度评价。他在讲话中表示，希望让学人们更强烈地感受到霍先生这一代学术大师的人格魅力。学习霍先生创新求是的开拓意识、培养高素质人才的教学经验、一丝不苟的敬业精神、坚持真理的顽强品格、无私奉献的学者风范，使学校的教学和科研再上一个新台阶，让陕西师大多出学术大师。

萧正洪副校长宣读了《陕西师范大学关于设立"霍松林古典文学奖"的决定》。"霍松林古典文学奖"每三年评一次，对海内外在古典文学研究方面有突出贡献的专家

▼照片中左为贾平凹，中为郑欣淼

学者进行奖励。

　　陕西省诗词学会名誉会长张勃兴，中华诗词学会顾问周笃文，中国书法家协会原副主席、陕西于右任书法学会会长钟明善，中国社会科学院《文学遗产》主编、博士生导师陶文鹏，陕西省教育厅厅长杨希文分别发表讲话。教育部高等学校中文学科教学指导委员会副主任委员、中国唐代文学学会副会长、武汉大学尚永亮教授代表霍门弟子向霍先生敬献祝寿词。贺信、贺电、致辞和发言盛赞霍松林先生对学术研究，人才培养和传承、发展、繁荣中华文化所做的杰出贡献，高度评价了先生把自己的智慧和心血奉献给祖国和人民的高尚情操，充分肯定了先生提倡并践行的"知能并重""品学兼优"的高素质人才培养的理念和方法，高度赞赏了先生在诗词赋联及书法创作方面取得的艺术成就，对先生坚持独立思考、坚守学术良心、坚定道德操守的君子风范表示崇高敬意，衷心祝愿霍先生健康长寿、学术之树常青。

　　人逢喜事精神爽。九十初度的霍松林先生发表了满怀深情的即席讲话，对各级领导、有关方面和各位师友的祝福表示感谢。

　　十年前，霍松林先生在《八十述怀》中曾有"高歌盛世情犹热，广育英才志愈坚。假我韶光数十载，更将硕果献尧天"的诗句。十年过去了，霍先生老当益壮，豪情依旧，他兑现了自己的承诺，不仅给学术界贡献了硕果，给国家培养了更多人才，也促进了学校事业的巨大发展。在庆祝大会的讲话中先生谦称自己与大家给予

热烈庆贺霍松林先生从

的赞誉和评价尚有差距，他认为，这些赞扬是对自己的鼓励和鞭策，自己有信心在有生之年争取接近甚至达到大家期待的目标。他在讲话中，还对我校以及文学院近年来取得的巨大发展感到欣慰。他表示，自己仍将只争朝夕，活到老、学到老、研究到老、育人到老，在有生之年为国家培养更多有用人才，为学术研究、文化繁荣和中华民族伟大复兴贡献更多的力量。他也发自内心热

切期待我校加快发展，勇攀高峰，再创辉煌。霍先生的讲话不时激起会场内的阵阵掌声。

《陕西师大报》对"《霍松林选集》出版座谈会"的报道很详细，摘录两段：

……10月17日，作为庆祝活动的重要组成部分，《霍松林选集》出版座谈会在启夏苑多功能厅举行。原文化部副部长，故宫博物院党委书记、院长，中华诗词学会

会长郑欣淼，陕西省作协主席贾平凹，陕西省人大常委会原副主任白云腾，陕西省文史馆馆长李炳武，中国书法家协会原副主席、著名书法家钟明善，我校校长房喻，副校长张建祥、萧正洪，以及来自全国各地的著名专家学者邓小军、李浩、杜晓勤、康震等五十多人参加了座谈会。座谈会由萧正洪主持。……

《霍松林选集》是目前收录霍松林先生资料最多，由霍先生亲自编选的最准确、最权威的读本。选集总计六百余万字，从1957年7月的《文艺学概论》到2010年6月的"中华诗词文库"本《诗国漫步》，时间跨度极大，全方位展现了霍松林先生的学术成果。十卷分别为：《文艺学概论·文艺学简论》《诗词集》《鉴赏集》《随笔集》《论文集》《序跋集》《译诗集》《诗国漫步》《西厢述评·西厢汇编》《历代好诗诠评》等。

10月18日，"霍松林先生与弟子座谈会"在启夏苑多功能厅举行，《陕西师大报》"霍松林先生九十华诞专刊"作了生动的报道。使我非常高兴的是，霍门博士弟子除了个别出国讲学的，其他都来了。久别重逢，握手言欢，一室生春。每一个人的发言，都引起我的回忆，想起当年师生对坐，互问互答，赏奇析疑，谈笑风生的美好时光。李浩在发言中说"青出于蓝而未必胜于蓝"，同学们表示同意。我对他们说："后来居上，这是历史发展的规律。我比你们多学了几十年，自然比你们强。我老了，你们才是中年，来日方长。一定要加强信心，勇攀高峰。我一贯甘作'人梯'，作'人梯'，就是要教学生比我强，比我高。教出的学生比老师强、比老师高，才是好老师。"座谈会结束了，仍然依依不舍。西安

▲与弟子座谈

的，附近的，见面不难。远在北京、南京、淮阴、武汉、厦门、广州、成都、河北、黑龙江等地的，但愿过几年还能见面！

近年崇尚"口述历史"，自己讲，别人写。我习惯于自己的事自己干，不麻烦别人。一只手，一支笔，几百张稿纸，两个月时间，写出了二十一章。叫什么名字呢？原来想叫《余生忆往》。我在"四人帮"垮台后所写的文章中曾自称"虎口余生"；改革开放三十多年了，人也活得旺旺的，何必还自称"余生"！

后记

还是叫《松林回忆录》，更切合实际。

我校出版社的领导同志得知我写回忆录，认为我在我校工作六十多年，回忆录的内容多与我校校史有关，所以登门约稿，并一再强调：不但无偿出书，而且出快出好。

这真使我喜出望外！既感激，又深感荣幸。

2013 年 3 月 8 日写于唐音阁